地域形成の論理

坪内良博編著

本書は、日本学術振興会より平成一一年度科学研究費補助金「研究成果公開費」の交付をうけて刊行された。

目　次

第I部　東南アジアの固有性

第II部　東南アジアの複合性

第III部　地域性の形成

序章

地域性の形成論理

坪内良博

一　東南アジアという地域

文部省重点領域研究「総合的地域研究の手法確立」(平成五年度から四年間)の計画班の一つとして「地域性の形成論理」研究班が組織された。本書はこの研究班の成果の一部を披露するものである。この研究班では、「東南アジア」を解明されるべき対象として意識しつつ、周辺という意味では東南アジアと類似する側面をもつネパールなどを比較のリファレンスとして組み入れながら研究会を行なってきた。この場合、「地域」という概念については、結果的に見れば、定義に迫ることを避けたまま作業を続けてきた。もっとも、そのなかで、たとえば桜井由躬雄が提唱するような「歴史圏」という用語が用いられたりしたこともある。この「圏」ということばで表現されるように、地域は、一定の枠に縛られた固定的な存在としてではなく、少なくともその範囲において重層的、流動的な側面を保有するものとして捉えられている。ここでは若干の留保を含みながらも東南アジアを一つの全体としてみながら議論を進めたい。

地域の概念に関連して、この重点領域研究でよく話題になったのが、高谷好一の「世界単位」である。(1) それによれば、東南アジアは「ジャワ世界」、「大陸東南アジア山地世界」、「タイ・デルタ世界」、「東南アジア海域世界」などに分けられている。このように分割されたそれぞれの世界単位と東南アジア全体とがどのような形、あるいはどのような論理で結びついているのかが問題となるところである。世界単位は生態的基盤を考慮に入れながら、「価値観を共有する単位」として捉えられるが、各々の世界単位の固有性を主張することは、東南アジアという地域の内部的な異質性を認めることにもなるからである。東南アジアを異質の要素の関係する全体として捉えるか、あるいは共通の要素の共有において捉えるかは、立本成文のことばを借りれば、「分ける論理」と「つなぐ論理」[2]の交錯するところであって、ここにある種の緊張をはらむことになる。

話が逸れるかもしれないが、「ジャワ」の位置付けについて少し述べておきたい。「世界単位」としてのジャワは、見事に灌漑された農村を周辺にもつ王都というイメージで捉えられる。そこは人口稠密社会である。このようなイメージはある時期のジャワの特定の部分から形成されている。この捉え方に対立するいくつかの側面を挙げてみよう。第一はジャワは人口稠密であったかという問いである。一九世紀はじめのラッフルズの記述によると、その頃のジャワは人口四五〇万人ばかりで、国土の八分の一が耕地化されていたにすぎず、もし人口が一〇〇年で倍増するならば、三〇〇年間の増加の維持が可能だという。[3]火山島のジャワでは、火山から山麓へと年中流れる豊富な水を利用して、生産性が高くかつ安定的な灌漑稲作を営むことが容易で、集落も共同性を基盤とする凝縮した形がその基本形であったと見なすことができるかもしれない。しかし、周辺には広大な未利用地が存在していたのである。この意味からすれば、ギアツがいう農業的インボリューション[4]が起こるのはより後の時代のことで、しかもオランダ植民地支配下の甘蔗栽培との組合せという特異な一時的現象と見なす必要がある。小人口状況と開拓のための余裕という観点から捉えるかぎり、ジャワとその他の東南アジアが分離するのは、比較的近い過去のことなのである。この論理を拡大すれば、日本でも、魏志倭人伝に描かれた小国分立の時代には同様の小人口状況があったともみられる。このような見方は、人口という要素だけで共通項を括りだすことは危険であるという注意と同時に、生態は常に固有の景観を生み出すかという疑問を提出する。

第二は、ジャワ世界はジャワ島にとどまるかという問いである。農業的インボリューションが顕著になる以前から、ジャワ人は東南アジア島嶼部の各地で活躍していた。スマトラのパレンバンやカリマンタンのバンジャールなどはジャワ人の影響が著しいところだし、カリマンタンのカプアス川を何日も遡った奥地のシンタン[5]なども、ジャワ人の商業拠点として成立している。このような外縁の存在と、ジャワ世界がジャワ島以外の地域との関係性の上に成り立っているという事実は、ジャワを東南アジア海域世界の一員として扱うべきことをも示唆している。要するに、ジャワもまた東南アジアにおける島嶼部世界の特徴を具備している側面があり、それが独自な発展に向かうのは、火山島としての生態が、生業や人口の在り方を強く支持したある時点以後のことなのである。

島嶼部東南アジアと大陸部東南アジアという区分も、差異を強調するか、共通項を強調するかという判断を前提にしている。大陸部東南アジアの性格をその人口の異常な少なさに求めた研究者がある[6]。この点では、大陸部東南アジアは島嶼部東南アジアと同質の側面を有している。ところで、大陸部東南アジアを農民の世界ないし小農の世界として特徴付けようとする海田能宏のような見方もある[7]。見かけは大陸部に含まれるタイ国のかつての商都アユタヤや、広大なチャオプラヤーデルタは、この見方からすれば、むしろ海域世界的な特色のゆえに島嶼部東南アジアの方に位置付けられる。巨大デルタは大陸部の生態の産物なのだが、デルタによって人の棲み方が違うとすると、ここでも生態環境の働きが一義的ではないといわねばならない。もっとも、デルタという生態の分類法自体が荒っぽすぎるともいえるが、そのことは大陸部という大掴みな区分を無力なものにしてしまう。

二　重層するキーワード

東南アジアの社会の特性については、従来さまざまなキーワードでそれを表現する試みが行なわれてきた。たとえば、エンブリーの「ゆるやかな構造」（これは日本の村落のまとまりを詳密に調査した後にタイ国を旅行する機会があったエンブリーが、印象記風にまとめたエッセイに由来する）[8]、ファーニバルの「複合社会」（これは基本的には、ジャワとビルマの多民族構成下における経済活動を念頭において用いられている）[9]、ギアツの「インボリューション」（インドネシアのジャワ島とスマトラ島の歴史的事例に基づいている）[11]など。それぞれのキーワードは、当然ながら、これらを用いた研究者が明らかにしようとした特定の現象との関連において妥当性を有している。しかし、一度創られたキーワードは、たちまち一人歩きを始める。これらのキーワードを一人歩きさせる前に、次のことに注意する必要がある。すなわち、(1)位相：どのような側面を説明しようとしているのか、(2)場所：どこに適用できるのか、(3)時間：どの時期に関して有効なのか、を明確にすることである。

一般に、モデルにはそれが索出された特定の歴史的背景ないし状況があり、それをどの範囲まで拡大・適用することが可能かを検討することが必要である。社会科学においては、この作業はかならずしも厳密に実行されることなく、世界全体を対象として普遍的な適用の可能性が求められてきた。地域研究においては、類似例を世界に求める前に、一応の目安をたてておくことは必須である。位相に関しては、他の位相との関わりにおける位置付けもなされねばならない。

地域という実体を研究対象とする地域研究にとって、抽象的に方法を論ずることは、無味乾燥かつ無意味な方向へと向かっていく可能性があることに注意しながらも、ここでは、上に述べたキーワードに加えて、若干の他のキーワードを取り上げて、東南アジアの社会の特性を紹介しながら、それぞれの関係を検討してみよう。

1 「小人口世界」「複合社会」「フロンティア世界」「稠密社会」

ここに挙げた四つのキーワードは、東南アジアの社会の特性を、自然環境と人口との関わりから捉えている側面がある。東南アジアが、隣接する中国やインドに比べて、はるかに低い人口密度を維持してきたことはよく知られている。一八五〇年という時点で見れば、一平方キロメートルあたり、東南アジアでは一〇人、中国（本土）では一〇〇人、インド（パキスタン、バングラデシュを含む）では五〇人というのが一応の目安である。[12] ちなみに、同時期のヨーロッパではインドよりやや低い四五人、日本ではその倍の九〇人程度であった。東南アジアにおけるこの低い人口密度が何に起因するかはかならずしも明らかではないが、それは、森の世界の諸特徴を人間の社会に反映させている。「小人口世界」という表現は、東南アジアが森の世界であるということを、より人間に引き付けて表現したものに他ならない。そこに住む人間のコミュニティは概して小さく、それは、やや誇張して表現すれば、都市のない世界であった。このようなコミュニティがその内部で、また相互の関係としてどのような特性を示すかが一つの目の付けどころになる。

一八世紀後半ないし一九世紀前半は、東南アジアにおいて人口増加が目立つようになった時期であり、「小人口世界」には、変質していくものと、伝統的な様相を保っているものとの分化が目立つようになる。「複合社会」の様相は、東南アジアにおける人々の居住が疎らでそれぞれのコミュニティが小さかった時代から、海岸や河川沿いに形成された交易の結節点を中心として存在していたが、その様相が顕著になったのは、植民地経営の進展との関係が深い。マレー半島などでは、大量の移民の到着のために、国全体が複合社会としての様相をもつようになっていく。複合社会の成員の社会関係の特徴は、並存と融合という相反する局面のうち、前者が優位を占めていることであるが、時間の進行とともにやがて後者も重要な意味をもつようになり、それなりの変容が不可避である。本書では、水島司がマレー半島の一地方都市クアラ・カンサルを取り上げて、そこで複合社会が成立していく過程を町の住民の土地台帳などにも目配りしながら記述している。また、山下晋司はジャカルタという大都市を取り上げてそれが、過去との断絶をはかる形で複合社会として創出される姿を示している。

人間と自然との関係においては、東南アジアでも人間が自然を自分の利用空間として取り込む活動の激化となって現われる。「フロンティア世界」は、一方では、都市の形成に伴う民族複合の接触点に見いだされるが、他方では、この人間と自然との接触点において観察される。それらは、閉鎖的なコミュニティにおける生活構造に対して対照的な諸特性を内包している。本書において田中耕司が、インドネシアの外島の一つカリマンタンを舞台に紹介するのはこのような世界である。そこでは、カプアス川に沿って、資源採取、商業活動、そして面的な開発が行われた来た過程が紹介され、「カリマンタン水系モデル」が提示される。また、石川登は、生態的にフロンティアとして位置づけられると同時に、二つの国家の境界にあって字義通りのフロンティア（国境地方）に生活して来た人々の姿を描き出している。他方、ジャワ島などでは、激しい人口増加が「稠密社会」の様相を形成していく。農業におけるインボリューションは、同時に社会関係におけるインボリューションを伴い、東南アジアという空間のなかで、開拓社会と稠密社会とが対立することになる。本書においては、加納啓良が、ジャワ島の農村を舞台に小人口世界が稠密社会に徐々に移りゆく過程をあとづける。

2 「ゆるやかな構造」「双系制」「圏」「ネットワーク」

これらの用語は、人間と人間、あるいは集団と集団の関係の特質を表現するために用いられる。前項に並べられたキーワードの代表する世界との関係においては、「フロンティア世界」および「小人口世界」ともっとも深い関わりをもつといえるが、これらとは位相が異なるので、同じ枠内に納まるわけではない。すなわち、「ゆるやかな構造」や「双系制」は、「フロンティア世界」の一局面である「開拓社会」的状況と相関性ないし親和性が高いが、「稠密社会」の状態が生じても、ある側面は、既獲得原理あるいは残存原理として維持されうる。このように見てくると、地域性に関しては、その形成に関わる要因と、維持に関わる要因との複合を考慮に入れなければならないことになる。

「双系制」という親族構造の原理が、「ゆるやかな構造」に重なるとすると、機能主義的な説明のためにはたいへん都合がよい。「双系制」のなかには、父方・母方に対する同等のウエイト、居住地の選択における夫方・妻方あるいは新居の選択可能性、相続における男女の子の同等の権利などが含まれ、それらは柔軟性と結びつく側面が多いからである。しかしながら、親族構造におけるゆるやかさと、コミュニティの枠の強さとは、ときには共存可能である。親族構造における厳重なルールの維持とコミュニティの枠の弱さという逆の組合せも存在しえないわけではない。チャオプラヤーデルタやケダー平野に急造された開拓社会という特殊な条件下においては、「双系制」と「ゆるやかな構造」との並立が見られる。「双系制」と「ゆるやかな構造」は互いに親和的、すなわち、同じ性質を共有するとしても、社会構造のすべての側面で相関・対応するわけではない。

「ゆるやかな構造」は、「圏」や「ネットワーク」の考え方との共通項が多い。「ゆるやかな構造」が主として個人の行動の観察から索出され、焦点を絞るのに対して、「ネットワーク」は、個人と個人のつながりの在り方を念頭において使用されるという側面をもつと同時に、集団と集団との関係を特徴付けようとする発想とも結びつく。「圏」が中心と周辺との関係を意識するのに対して、「ネットワーク」では、つながり自体が重要な着目点となる。東南アジアを論ずるとき、「圏」においても「ネットワーク」においても、その可変性と伸縮性が特に重要な特性として位置付けられる。「ネットワーク」の従来の使われ方は、その構造性と全体性の強調にあったと見做される側面があるが、この用語を東南アジアにおいて使用するときには、東南アジア的な性格の特異性をどのように表現するかが一つの課題として残される。東南アジアにおいては、構造性や全体性ではなく、関係性が重視されるからである。本書において、北原淳が、タイの都市＝農村関係を整理するために、共同体論および市民社会論という言説と並べて紹介する地方有力者（＝チャオポー）論は、一見奇妙な配列に見えながら、東南アジアの社会に伝統的にみられた「かならずしも永続性を要件としない関係性」という特質の生き残りの部分を強調することにもなっている。

以上に示した関係の性質に関するキーワードは、東南アジアの島嶼部あるいは大陸部デルタの一部を念頭において索出されたものといえる。大陸部の山地寄りの社会などへの適用の可能性が問われねばならない。これらの社会が東南アジアの社会の原型と呼べるのか、あるいは、東南アジアの社会とはこれらに新しい要因が付加することによって、新たに形成されたものなのかも合わせて検討されねばならない。この過程において、東南アジア地域の再区分が必要になる可能性もある。桜井由躬雄が、紅河デルタの地域性としてその生態との関係で摘出する集団性、平等性、集約性が、東南アジア全域から俯瞰した場合どのような意味で特殊な存在として位置付けられるかも興味深い。

3　「周辺性」

東南アジアがそのまわりの中国・インドの大人口、大文明にひきくらべて、人間の居住という観点からすれば、周辺的な性格を有することは最初に指摘した。東南アジアがどのような意味で周辺的な性格を具象化しているかは、きわめて興味深い側面である。周辺という観点の導入は、一つには俯瞰する位置を高める作業を要請するし、もう一つには、周辺であることによるその内部の構造の特性を明らかにすることを求める。1および2に挙げられたキーワードの多くは、後者に深く関わっている。特にネットワークとの関連において、他との関係（従属を含む）を前提とした独立性は一つの重要な視点になる。本書において石井溥は、インドに対して周辺としての位置付けを与えられるネパールと東南アジアを比較しながら、古い時代における両者の周辺的状況における類似性を指摘するとともに、新しい時代に互いに乖離していく姿を提示している。石川登の論文にもこのような側面が含まれている。

以上に紹介してきたキーワードの相互関係については、重なり方の態様と、因果関係についての検討を深めることが必要である。それは、同時に、重なり合わない部分に注目し、それらを統合する上位の包括概念の策定を要求する。東南アジアという地域が、一つの等質的な特性をもって存在しているのではなく、異質を含んで成り立っているという見方が取り入れられねばならない。ただし、この異質要素は、その分布の状況によっては、地域自体の分割を要求する場合もありうる。本書に収録したそれぞれの論考は、これらのキーワードの交錯のなかで、その一つあるいはいくつかに関わりながら執筆されている。

これまでに示したキーワードのなかには、既に限界近くまで検討されたり、使い古されて多義化したりして、今後の使用において有用かどうか疑われるものもないわけではない。たとえば、「ゆるやかな構造」などは、その概念の多義性と、事実の認定をめぐって、かなり前に一冊の書物が出版されたりしている。(13) 同時に、これまでの意味付与が不十分で、今後の検討が必要なキーワードもある。「フロンティア世界」「周辺性」等は、後者に含まれるかもしれない。これらのキーワードは、含蓄に富むといえば格好がよいが、同時に、多義的になる恐れを含んでいるので、系統的な整理が特に必要である。

地域性が、ここに示したような抽象的な、分析的なキーワード群によって示されることで、作業が完了するとは考えていない。それぞれのキーワードは、そのなかに具体的な固有文化事象との関係を含んでいるはずである。キーワードがこれらの固有文化事象から抽出された場合もあるが、逆に、キーワードのもつ抽象性が、関連する個別的な文化事象の索出ないし発見に役立つかもしれない。土地のことばによって表現された、独自の価値を含む観念、たとえば「フロンティア世界」として位置付けられる開拓社会との関係における「ハーナーディー」(良い田を求める意で、東北タイにおける開拓移住を表現する)、また、移住や移動に関わるスマトラのミナンカバウで用いられるムランタウ(「旅」に出るという語感をもっている出稼ぎ行動)、南スマトラなどで使われるマリンバン(金探しの意、出稼ぎ行動に拡大使用されることもある)、「周辺性」との関係における「ババ文化」(マラッカの土着化した中国文化)、「サムサム」(タイ・マレーシア国境地域で、タイ語とマレー語という二重言語構造をもつ人々)等に関わる研究が接続されることによって、地域性がその内容をもつようになるのである。

三　地域形成要因としての生態

地形や植生、そしてそこでの人間の適応を含む生態が、地域性にどのように関係するかを議論することは、単純な一対一の対応を許さない側面がある。あとで再び生態を取り上げることにして、地域性の形成に関わる他の側面に眼を転じてみよう。

東南アジアを旅していて、そのなかで特に違いが感じられる要素の一つに宗教がある。東南アジアに自生する宗教としてアニミズムを挙げることは自然であるが、世界の大宗教もまたこの地に大きな影響を及ぼしている。ある程度古い時代に遡れば東南アジア各地に大きな影響を与えたヒンドゥの跡をたどることは容易である。そしてより新しい時点では、仏教、イスラーム、キリスト教など世界の大宗教が伝播してきて、それぞれの特性を東南アジアのなかに確保することになる。

宗教的なコミュニティが、人種、民族、生態を越えてどれほど共通の基盤を形成しうるかは簡単に答えることができない問いである。東南アジアのイスラームは、その教典においては中近東のそれと同じだし、東南アジアからメッカやエジプトなどに留学して宗教を学ぶ者は多く、彼らは宗教の本質的部分と考えたものをやがて自分の国に持ち帰ってきた。一方では、固有の慣習との接合と調和が東南アジア的なイスラームを生み出していることが知られている。アバンガンと呼ばれるほとんど名目的なイスラーム教徒がジャワに存在することは周知の事実である。他方、狂信的とさえ呼ばれるイスラーム地域が、東南アジアのなかで成立していることも知られている。アチェ、西ジャワ、クランタンなどである。もっとも、これらの地域のイスラームは、その宗教的行動の強さとしてよりも、宗教をシンボルとした集団的結束で知られる側面がある。居住地の生態的条件が、イスラームの強さにある程度関係する。すなわち、海域世界のネットワークとイスラームとの関係にも注意する必要がある。同時に重要なのは、イスラームが東南アジアのあちこちで、異なった存在様式を示していることで、そのなかで、一部における原理主義の受容も不可能ではない。東南アジアの生態が、イスラームを完全にそれに適応したものとして変容させてしまった部分と、それとは別に純粋化されたイスラームが生き続ける側面が存在するということである。

宗教が時間の経過とともに地方の文化に呑み込まれていく姿は、東南アジアのヒンドゥにおいてもっとも顕著に認めることができるかもしれない。ある意味で同様の現象が、上座仏教をめぐって現われているといえる。このような変化の側面にもかかわらず、これらの宗教は、生態的基盤を越えて他の地域へ伝えられることが可能である。この意味で、宗教は生態の束縛から自由に地域形成に寄与することができる。宗教を大文明の一つと考えるならば、資本主義や社会主義もこの文脈で捉えられる。本書において桜井由躬雄はこのような役割をベトナムの社会主義に与えている。

民族を構成する要素は複雑であるが、民族所属は文化所属あるいは言語所属と連動し、東南アジアにおいては、地域を分断する単位として機能している。民族所属が根源的（Primodial）な性質を示すという見解もあるが、東南アジアでは民族の境界は可変的なものと理解したほうがよいように思われる。たとえば、マレー人になることはイスラーム教徒になることだと理解され、マレー半島などの原住民がこの過程を経てマレーとして受け入れられていったことが知られている。イスラームを奉ずるジャワ人やブギス人たちもマレー半島への移住と定着の過程を経て、マレー人としての認知とアイデンティティの形成を経験している。中国やインド系の民族の場合には、たとえば、福建、広東、潮州、客家などの出身地別に言語、通婚、日常生活などを共通にするコミュニティを形成していたものが、やがて、華人というより広い範囲のコミュニティに向かって統合されていった。それは、ある意味では他の民族からの視点、あるいは国家的な見地からのレッテルだが、その実体化でもある。同様の現象は、タイ国におけるタイ人の定義と意識をめぐっても指摘することができる。バンコクの華人がいかにしてタイ人となっていったか、東北タイのラオ人がいかにタイ人を名乗ることが可能になったかなど興味深い現象がある。

政治、経済の圏域もまた可変的である。加盟という手続きを通じて、アセアンという政治・経済的組織が形成され、拡大されていく。経済圏といえば、東南アジアの海域世界のように、そのネットワークがおぼろげに認識されるような形もある。「歴史圏」も勢力に応じた可変的な単位という意味では同様の性質をもつかもしれない。

上述のように移動性を内在する要因群に対して、「生態」だけが不動的な性質を有している。この不動の存在に巻き込まれることによって独自の現象が生起するならば、それは一種の触媒的な役割を演ずる実体として知覚されうる。生態だけが一義的な決定者ではないことは明らかである。と同時に、それが独自の働きをもちうることも想定されねばならない。「生態」が不動のものであるかどうかについては、断言はできない側面がある。東南アジア島嶼部を森林の世界として位置付けるとき、森林の消失は生態の変化を意味するからである。

それにもかかわらず、東南アジアにおける森林の意味を大きく評価することによって、東南アジア的な地域性形成への理解が進めやすい側面がある。高谷好一の世界単位の設定においても、世界単位を特徴付ける要素として、たとえばインドではヒンドゥが選ばれるように、文化的な要素に代表者としての役割を与えている場合があるが、東南アジアに関しては、海と森林という性格付けによって、生態的な要因の働きが強調されている。

東南アジアの地域性の形成にとって生態がどのような役割を演じてきたかを論ずることは興味深い。森林からの特有の産物と交通路としての海は、世界における東南アジアの物産産地としての性格をつくりあげた。しかし、東南アジアの社会や文化の性格に影響を与えたのは、森林の世界の一つの特徴である人口の少なさ、すなわち小人口という性格である。人口はこの意味で介在的な説明要因である。人口が少ないということは、どれだけの現象と関係付けられるか、以下、簡単に述べよう。

四　介在的要因としての人口

東南アジアの特性が森林にあるというとき、生態としての森林の理想型は無人であることかもしれない。しかし、地域の成立にとって不可欠の要素は、そこに人が居住するということである。地域性は、人間と自然環境との相互作用のなかで形成される。この意味で人間抜きの地域性は議論の対象にならない。しかし、ある地域のなかに住む人間がきわめて少ない場合でも、その地域は立派に人間を含む「地域」として捉えられる。多雨の熱帯は生物の繁殖に有利な条件を備えているが、人類の増殖にとっては、アメーバ、細菌、マラリア原虫、恙虫、各種の昆虫など、妨げとなる要素が多く、そこでは人は他の生物との生存のバランスを維持するのがやっとであった。このような状況のなかで、相対的な乾燥地、あるいは相対的な高冷地などに適地を見いだした人々は、その増殖の結果を少しずつ周辺の開拓へと向かって振り向け、開拓の結果としてそこを人の生存にとっての適地に変容させていったのである。

東南アジアの地域性の叙述にあたっては、この地域の人口の相対的な少なさに着目したい。現在の東南アジアは決して人口が少ないわけではない。それどころか、ジャワ島やバリ島はその人口の稠密さにおいて、世界でも有数の地位を占めている。もっとも、東南アジアのそれ以外の地域では、現在でも、人口はそれほど多くはない。ただし、それはこの地域を両側から挟みこむ中国やインドに比べての話である。人口が相対的に少ないという特徴が、その地域に住む人間の社会の特徴にどのように影響してきたかを見定めることは興味深い。非定着性ないし外縁拡大性、すなわち移動に対する積極的な態度、人間関係における成り行き任せの状況主義、集団形成における融通性、親族関係における双系的な思考法の優越、コミュニティの独立性とその反面でみられるコミュニティに対する執着の欠如、リーダーシップにおける個人の資質の重視、小国家の形成と不安定なネットワークの形成、中心と見做される勢力による支配関係の名目性などが小人口を介して出現したと見做すこともできる。

人間の数に対して土地が圧倒的に大きいこと、すなわち生産の手段として土地が無限に広がっているという意識が、上に述べた人間の行動の特性を生み出すと考えてみよう。この広大な土地は、不毛の土地ではない。豊かな森林を育て、条件によっては年中、食用作物の生育を可能にするだけの、降雨と温度を伴っている。このような土地に、どうして大きな人口が成長しなかったかは、一見謎である。よりもっともらしい理由付けが見いだされるまでは、既に述べたように、豊かな生物の生育環境が、微生物、昆虫、その他の動物を圧倒して人間が優位を確保することをある時点までは許さなかった、と解釈しておこう。ある時点が、医薬品の導入によって生じたのか、人間の数がある閾値を越えることが重要なのか、あるいは闘争の消滅などの社会条件がより高い増加率をもたらしたためか、なお今後の検討を要する問題が残されている。

小人口という状況が成立する背景はさまざまである。極地に近い氷原で狩猟によって生活を営む人々、乾燥度の高い草原で遊牧生活をおくる人々もまた、土地との関係において小人口の状況にある。しかし、これらの土地の人口扶養力は、きわめて限定されており、この点で東南アジアにおける小人口状況と本質的に異なる側面がある。こうした場所では、土地の生産力が低いために、わずかの人口が広い土地を駆使して生活を支える必要がある。小人口というのは単に面積だけで表現できる概念ではない。アメリカやオーストラリアなどの新大陸もまた小人口世界としての性格をもっていたが、これらは白人の入植という状況を経て別の開発過程をたどった。

フロンティアにおける生活は、東南アジアの社会の大きな特色となってきた。他の地域では、フロンティアは既に過去のものになっている場合があるが、東南アジアでは現在もなお相対的に少なくなったとはいえそれは存在し続けるのである。自然への関わり方、移動の日常性、対人関係の在り方などを含んで、フロンティアは東南アジアの地域性の形成の一つの大きな要素になってきたのである。小人口の世界では、大きな人口の塊が発生するのは、よほど後の時代になってからである。東南アジアの都市は、ヨーロッパや中国の都市と異なり、それ自体の長い歴史をもたず、それ自体を営む伝統を知らない。この意味で、東南アジアでは、都市もまたフロンティアの一つと見做すことができる。

フロンティアに生を営む東南アジアの人々の社会と文化は、そしておそらく政治や経済も、より広い世界との位置付けにおいて「周辺」としての性格を有している。「周辺」としての性格付けから東南アジアの地域性を見定めることも興味深い。特に、文化や宗教の側面においては、その伝播に伴う中心と周辺の力学が顕著な変異あるいは逸脱を温存させていることがある。逆に、純粋な観念が発祥地における固有の伝統や慣習の束縛から自由になって、周辺においてより見事に結実することもありうる。ボロブドゥールの形成をこの観点から捉えることも不可能ではない。一八世紀あるいは一九世紀という比較的近い過去において、小人口状況の下で、小国家がその独立性を維持する一方、同時に外部権威への名目的な依存性を示したりしている。伝統的なレジームの下では、東南アジアにおいては、星雲型の政体あるいは曼陀羅型の政体が存在したといわれる。重層する曼陀羅という見方で、周辺の曖昧さが表現される場合もある[14]。視点をかえて周辺の立場に徹すれば、このことは周辺に存在する小国家の自立性と、機会主義的な選択の可能性を意味する。このような構造が植民地政府あるいは独立後の中央政府の働きかけによって急激な変化を経験するのである。経済的な行動についても周辺性という位置付けから説明できる現象が多々見いだされるであろう。

小人口世界は、移民を受け入れた世界でもある。このことを契機にして東南アジアでは多民族社会、あるいは複合社会が形成された。小人口が複合社会形成の唯一の条件かというとかならずしもそうではない。対照的な大人口世界であるインドもまた複合社会として捉えられているからである。東南アジアに形成された複合社会とインドに形成された複合社会との違いは何か。複合の姿の重要な部分が都市に見いだされるように、複合成立後の社会はもはや小人口状況を脱したものとして捉えるべき要素があるのか。いずれにしても、結果としての複合社会とその在り方も、東南アジアの形成された地域性の一つの側面として検討されねばならない。

地域研究の目標の一つは、地域の固有性を描きだすことである。地域の固有性がどのように環境によって規定されているかを見定める仕事は、従来、気候学、生態学、地理学などの分担であった。人口の分布もまたこれらの分野から解明されるべき仕事であった。環境決定論の退潮は、この種の関心を必要以上に薄めてしまった。人口への着目は、いわば介在要因への着目である。人口は単に自然環境によって規定されるだけではなく、生産技術や医療水準に呼応して変化したり、逆に、生産技術や医療水準に変動を引き起こす要因となったりする。人口それ自体が変化することが、地域との関わりにおいて新たな様相を引き起こす。と同時に、客観的な状況変化にもかかわらず、小人口時代に培われた考え方が維持されることもある。

上に述べた意味において、ジャワ島の変化を追うことは興味深い。一八一五年に四五〇万人（これが過小評価であることは明らかだが）といわれた同島の人口は、一九〇〇年の二八〇〇万人を経て、一九九〇年には一億人をかなり上回った。一平方キロメートル当りの人口密度は、一八一五年で三四人、一九〇〇年で二一五人、一九九〇年には八一四人となった。小人口の特性は一九世紀初頭には顕著であったが、現在では過密の様相を呈している。そのなかで、ジャワ島人は、一方では相続や親族制度などに関して過去の考え方をある程度保ち、他方では、過密の発生とともに社会関係におけるある種の不適合現象を生じたともいわれる。家族計画の推進を取り止めて、人口増加の容認に傾いているマレーシアでは、小人口状況の認識が今も続いていると評価することもできよう。

五　相対的把握に向かって

地域性の形成の説明において、人口にどれだけの役割を与えるべきかについては、今後の検討をなお必要としている。地域性が複合的な全体として捉えられるなかで、人口という要因が個別に抜き出され、その果たした役割を分析的に論ずること自体ある種の矛盾を含んでいる。地域性の形成にとって、自然環境の果たした役割が、地球上のすべての地域において均等であったとも思われない。ある地域では、人為的な社会関係そのものが、自然環境から遊離して地域の特性の形成に大きく寄与しているかもしれない。都市の形成とそこから派生した思想は、その一例である。イスラームという宗教が東南アジアに渡来して、大きな影響を及ぼしたことは既に述べた。東南アジア島嶼部は、人口の数でいえば、中近東よりも多くのイスラーム教徒を擁している。この意味では、東南アジアの地域性をイスラームから説明することも必要である。そして、イスラームは、地域の自然環境を越えて、人々に受け入れられている。同じことは仏教やキリスト教についてもいえる。

地域研究が総合的な理解を目指すものであることは、冒頭に紹介した私たちの重点領域研究の基本的な立場になっている。そのなかにあって、「地域性の形成論理」というこの計画研究班の命名自体が、分析的な志向を表明しているようにも見える。この研究班は、「フロンティア」「周辺」「複合社会」などのキーワードを共通のテーマにしながら東南アジアの地域性について共同研究を行なってきた。これらはほんの入り口の作業にすぎないが、これらを手がかりにある意味では全体を見渡すこともできる。地域が複合的な全体像として認識されるとき、一つ一つの要素の果たす役割を、計量的、分析的に示すことにどれほどの意味があるだろうか。全体のなかで、それぞれの要素の働きが相対的に規定され、決して一様な役割を維持するわけではない。そしてすべてが時間とともに変化する。人口という要素もおそらくその一つであろう。

世界のそれぞれの地域において、人口が地域性に関連する様相を、一様に論ずることは無意味である。東南アジアにおいてたまたま取り上げた小人口的状況は、その自然環境と人間との相互作用が、固有の農業空間を展開していく過程のなかで、地域理解の有力な手がかりとして着目される。このなかで、人口が均一的な性質をもっているかというとそうではなく、たとえば、かつては〈河口部の交易者あるいは外来支配者〉対〈上流部ないし内陸部の資源採集者あるいは土着民〉という構造があったことにも注意する必要がある。また、小人口状況を前提に、中国やインドからの移民が複合社会を形成していく過程も無視できない。

地域が実体として存在するとしても、地域性が時間とともに形成され変容されるものであることは認めざるをえない側面がある。反対に、永遠の地域性という観念が、現在の姿に投影されながら知覚されることもありうる。地域の範囲、地域性の典型的な現われ方、その時に働いているもっとも大きな地域性形成の要因など、すべてが相対的な位置付けの下で理解されねばならない。そのなかにあって、変動そのものを追うのが歴史的な手法だとすれば、可能なかぎり不変の構造を抽出しようとするのが地域研究の態度かもしれない。さりとて、不変の構造に縛られることは、自縄自縛の硬直化であって、それは認識のための一つの手段であることの自覚が必要である。地域研究のもつ全体性と固有性への執着は、その客観性の確立までに、今後も険しい道をたどることになろう。それが過去の何でも屋的な総合性への回帰ではなく、新たな認識の方法論を確保するまでの道はまだ遠い。

註

(1) 高谷好一『「世界単位」から世界を見る』(京都大学学術出版会、一九九六年) 参照。
(2) 立本成文『地域研究の問題と方法』(京都大学学術出版会、一九九六年) 参照。
(3) Raffles, Thomas Stamford *The History of Jawa*, 2 Vols. London: Oxford University Press, 1817 (Reprinted in 1965) Vol. 1, p. 71
(4) Geertz, Clifford *Agricultural Involution, the Process of Ecological Change in Indonesia*. Berkeley: University of California Press, 1963.
(5) シンタンについては、坪内良博『小人口世界の人口誌』(京都大学学術出版会、一九九八年) 第一章参照。
(6) 海田能宏「小農民の世界——東南アジア大陸世界論」坪内良博編『〈総合的地域研究〉を求めて』(京都大学学術出版会、一九九九年) 参照。
(7) Zelinsky, Wilbur "The Indochinese Peninsula: A Demographic Anomaly", *The Far Eastern Quarterly*, 9-2, 1950.
(8) Embree, John Fee "Thailand — a Loosely Structured Social System", *American Anthropologist*, 52, 1950.
(9) Furnival, John S. *Netherlands India: a Study of Plural Economy*. Cambridge University Press, 1939 (Reprinted in 1967)
(10) Geertz, Clifford *Agricultural Involution, the Process of Ecological Change in Indonesia*. Berkeley: University of California Press, 1963.
(11) Geertz, Clifford *The Religion of Java*. New York: The Free Press of Glencoe, 1960.
(12) McEvedy, Colin and Richard Jones *Atlas of World Population History*. Penguin Books, 1979.
(13) Evers, H. D. (ed.) *Loosely Structured Social System: Thailand in Comparative Perspective*. New Haven, 1969.
(14) Tambiah, S. J. *World Conqueror and World Renouncer, A Study of Buddhism and Polity in Thailand against a Historical Background*. Cambridge University Press, 1976. Wolters, O. W. *History, Culture, and Region in Southeast Asian Perspectives*. Institute of Southeast Asian Studies, 1982.

第Ⅰ部　東南アジアの固有性

第1章　ジャワ型稠密社会の形成

――移動・拡散から固着・凝集へ

加納啓良

一　「小人口世界」から「稠密社会」へ

東南アジアは元来、東アジアや南アジアに比べて「小人口世界」としての特徴をもっていたと言われる。その中でジャワは、その人口稠密な点で、異例な空間を形成している。まずこのことを、近年の人口統計から確認しておこう。表1は、人口センサスの行われた一九九〇年の東南アジア各国の人口と人口密度を掲示したものである（参考までに同じ年の日本の人口も掲げた）。この表が示すように、東南アジア最大の人口大国インドネシアでは人口のほぼ六割が、面積では本州の三分の二程度しかないジャワ島に居住している。その人口一億余は、インドネシア以外のどの東南アジアの国をも大きく上回る。かつ、その人口密度は、都市国家シンガポールを除くどの国よりも群を抜いて高い。それは、世界的に見れば上位の高人口密度国に入る日本のそれよりも、なおはるかに高いのである。反面、ジャワ以外のいわゆる「外島」地域の人口密度は、ラオスを除く他の東南アジア諸国のどこよりも低く、マレーシア、ブルネイなどの隣国とだいたい同じくらいの水準にある。

これらの数字は、ジャワがインドネシアの中で極端な人口集中地域を形成しているだけでなく、東南アジア全体の中でも特異な人口空間を現出していることを端的に物語る。このことを、ここでは、他の東南アジア諸地域と比較したジャワ社会の特異性を示すキイワードとして、「稠密社会」という用語で表現することにしたい。しかしこの特異性は、超歴史的ないわば自然的現象なのではない。一八一〇年代に史上初めてジャワ全体の人口調査を試みた

表1　東南アジア各国の人口（10万人）と人口密度（1km² あたり人）

	1990年総人口	国土面積(千km²)	人口密度
インドネシア	1794	1919	93
うちジャワ	1076	132	815
うち外島	718	1787	40
ベトナム	662	332	199
フィリピン	615	300	205
タイ	561	513	109
ミャンマー	418	677	62
マレーシア	178	330	54
カンボジア	86	181	47
ラオス	42	237	18
シンガポール	27	1	4508
ブルネイ	3	6	44
東南アジア計	4386	4496	98
日本	1235	378	327

（出所）インドネシアは，Biro Pusat Statistik, *Statistik Indonesia 1994*, Jakarta, 1995から，その他は『世界国勢図会 1995/96』から引用．

イギリス人統治者ラッフルズ（T. S. Raffles）の推計によれば、当時のジャワの総人口は五〇〇万人に満たないとされた(1)。また、一八四〇年代に行われたオランダ人ブレーケル（P. Bleeker）の推計でも、ジャワの総人口は九五〇万人未満と見積もられている(2)。これらの数字には、大幅な数え漏れや過小評価があるとしても、一九世紀初めまでのジャワの人口が、今のジャワに比べればもちろんのこと、例えば同時代の日本の人口(3)と比べてもはるかに少ないものであったことは、まず動かぬ事実であろう。言い換えれば、この頃までのジャワは、「小人口世界」東南アジアの中にあって、今日のように図抜けて特異な空間を形成していたわけではないのである。つまり、ジャワの「稠密社会」化は、一九世紀以降のすぐれて歴史的な現象だといってよい。

このジャワの「稠密社会」化、つまり他地域に類例を見ない急速かつ持続的な人口増加の原因については、灌漑・水利設備の発展を前提とする労働集約的な稲作農業の拡大による食糧供給の増加、植民地化に伴う治安の安定と戦乱の減少、鉄道、道路など輸送手段の発達による飢饉対策の進歩、種痘の普及などによる医療衛生の改善、賦役負担の拡大に対する住民側の対応など、さまざまな要因が指摘されている。これらの要因のうち、どれがどれほどジャワの人口増加に寄与したのかを、定量的に明らかにすることは困難である。さしあたりは、それらの全てが複合してジャワの「稠密社会」化を促したと考えておくしかあるまい。

この問題についての立ち入った考究は他に譲るとして、この小論で取り上げてみようと思うのは、「稠密社会」化の開始局面にあって「小人口世界」からの離脱を始めたころのジャワ社会、ことに農村の変化の様相を、いくつかの角度から明らかにすることである。といっても、一九世紀初めのジャワ農村社会の様子を、具体例に即して示してくれる史料類はまことに限られている。ここで用いるのは、上に述べたラッフルズが、ジャワ史上初めて試みた地租制度の導入に当たり、課税額確定のため各地の地方官に実施を命じた「詳細査定」(detailed settlement)の報告書である。この報告書(以下、「詳細査定簿」またはたんに「査定簿」と呼ぶことにする)は、おおむね現在の県(kabupaten)に相当する地方行政区画ごとにまとめられ、バタビアの中央政府に提出された。その一部は、ジャカルタ郊外のラグナンにあるインドネシア共和国公文書館に今日も保管されている。[4] 筆者はそのうち、東ジャワのマラン(Malang)、バンギル(Bangil)の二県の詳細査定簿をマイクロフィルムに撮って持ち帰り、記載されたデータをパソコンに入力して分析する作業をこの数年間かけて進めてきた。[5] 以下、その結果の一部を用いながら、過渡期のジャワ農村社会の様相を上記二県の具体例に拠りながら示してみたい。

二　バンギル、マラン両県の地租詳細査定

バンギルとマランの隣接する二県は、現在の東ジャワ州都スラバヤの南方に位置している（図1）。うち、ジャワ海に面した北側のバンギル県は、現在の行政区画ではパスルアン（Pasuruan）県の西半分に相当する。内陸にあるマラン県の方は、現在も単独の県として存続している。両県は当時、バンギルの東隣にあるパスルアン県とともにパスルアン理事州に属していた。

図1に示したように、バンギル県の北東部は沿海平野から成るのに対して、南西部はアルジュナ（Arjuna）、ウリラン（Welirang）の二火山の山麓部に位置する。マラン県は面積的にはバンギル県よりもずっと大きく、中心部はブランタス川上流の広い高原盆地から成る。東側にはジャワの最高峰スメル（Semeru）山やブロモ（Bromo）山、西側にはバンギル県との県境のアルジュナ、ウリランの他にアルゴワヤン（Argowayang）、カウィ（Kawi）、ブタック（Butak）など二〇〇〇～三〇〇〇メートル級の火山が屏風のようにマラン盆地を取り巻いている。北側はこれら東西二つの火山群の鞍部となっており、ここをバンギル、パスルアン、スラバヤ方面へ向かう街道が貫通している。また南側は、海抜数百メートル程度の低い丘陵地帯が中心部の盆地をインド洋から遮っている。波の荒いインド洋側には港がないから、マラン地方の海への出口は、事実上北側に限られる。

マラン盆地の北部は、かつて一三～一四世紀にシンゴサリ（Singasari または Singosari）王国の中心地として栄えた歴

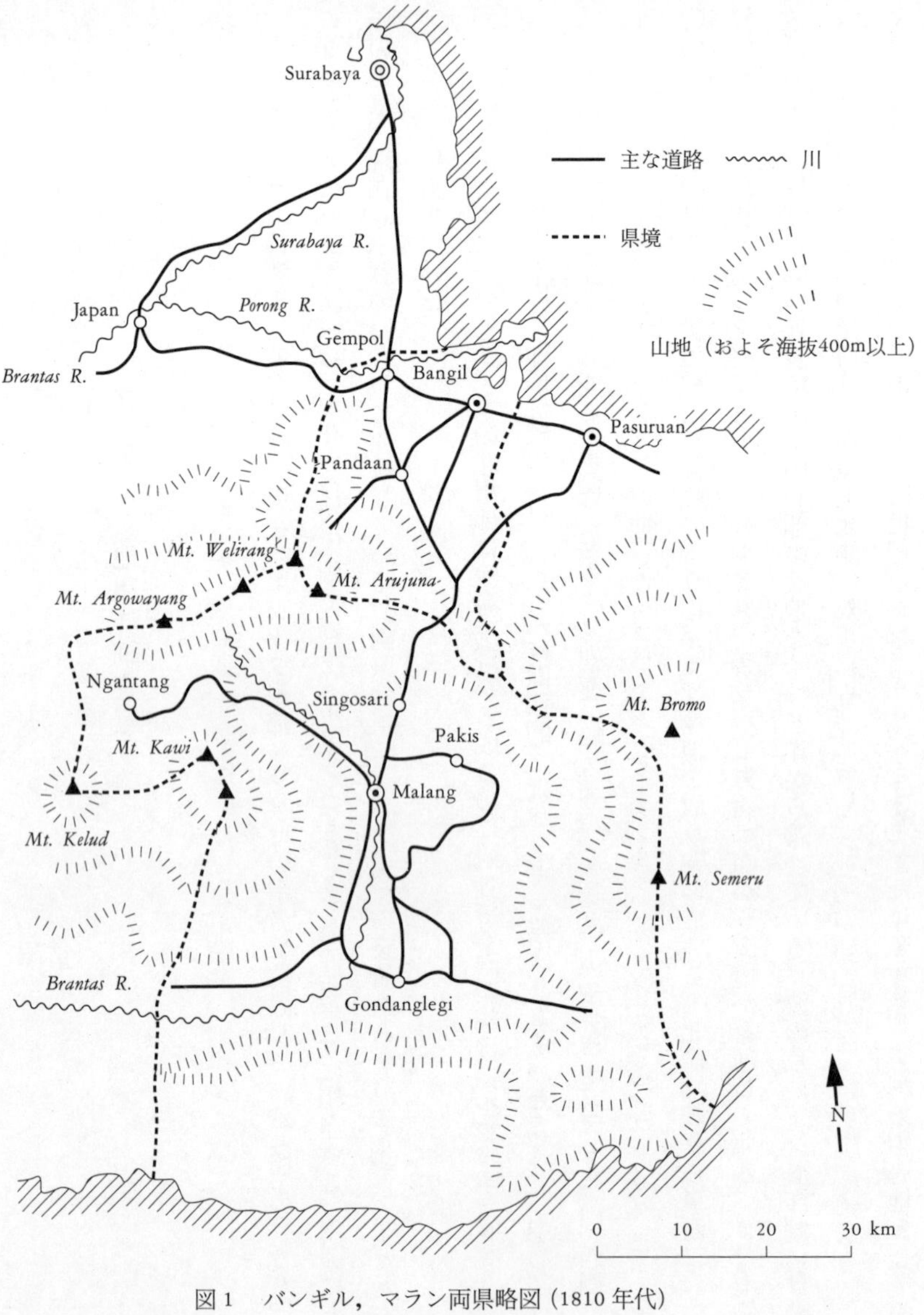

図1　バンギル，マラン両県略図（1810年代）

表2　パスルアン理事州3県の人口と面積（1810年代）

	地域		パスルアン	バンギル	マラン
a	村落数		N. A.	N. A.	465
b	全土地	(jung)	11204.75	3829.00	2923.50
c	耕地計	(jung)	6455.75	3138.25	1065.25
d	水田	(jung)	4375.50	2888.50	206.50
e	畑	(jung)	2080.25	249.50	188.50
f	耕作者		13380	6026	3239
g	人口		62421	34523	11868

（出所）a：マラン県詳細査定簿
b～g：T. S. Raffles, *The History of Java*, Vol. 2, pp. 278–279.

史をもつが、一八世紀以降は戦乱による破壊なども影響して荒廃し、一九世紀以降オランダの植民地支配下であらためて開発が進むことになる。したがって一八一〇年代の時点では、海沿いのバンギル県がすでに開発の進んだ先進地域を成していたのに対して、内陸のマラン県はようやく開発の手が届き始めた新開地という対照的な様相を呈していた。以後の分析で明らかになるように、このことは、両地域の農村社会の状況にも明瞭な違いを生んでいた。

すでに述べたラッフルズの推計によれば、一八一〇年代初めのパスルアン理事州の人口、耕地面積などは表2（b～g行）のようであった。この表の数値の読み方については、あとで詳しく説明することとして、とりあえず注意しておきたいのはg行の人口である。この地方の中心地であったパスルアン県の人口が断然多く、バンギル県がこれに次ぎ、マラン県は最少でパスルアン県の五分の一以下、バンギル県の三分の一強にすぎない。ちなみに現代（一九九〇年）のマラン県の人口は二二三万人、パスルアン県（一八一〇年代のパスルアン、バンギル両県を合わせた地域）のそれは一一八万人であるから、(6)かつてとは関係が逆転している。一八一〇年代のマラン県が、なお人口希薄な新開地であったことがよく示されている。

さて、このパスルアン理事州における地租制度導入のための「詳細査定」は、ラッフルズの命令を受けたイギリス人理事官（resident　理事州の長）ジュールダン（Jourdan）によって、一八一三年から遅くとも一八一四年初めまでの時期に実施された。その結果を編纂したものが、これから分析する二つの県の査定簿である（残念ながら、パスルアン県の査定簿はインドネシアの公文書館には残されていない）。そこでまず、査定簿の記載内容について簡単に説明しておこう。

どちらの県の場合も、査定簿は各郡（district, マラン県では六郡、バンギル県では三郡）ごとに郡内の村（desa）[7]の田畑面積および地租賦課額合計を記した表と、各村ごとに「耕作者」（cultivator）つまり地租納税者ごとの田畑面積、賦課額を記した表の、二つに分けて整理、記載されている。つまり、村ごとの集計表と各納税者ごとの個別表の二種である。ここでは、前者を「総括表」、後者を「詳細表」と名付けて区別することにしたい。

なお「田畑」と書いたが、「田」にあたるのは灌漑耕地であるsawah、「畑」にあたるのは非灌漑耕地であるtegalのことである。どちらの面積も、バウ（bau）を最上単位とする四進法数値で記載されている。面積一バウがメートル法に換算してどれくらいの広さになるのかは、難しい問題である。一バウというのは元来、一家族を養うのに十分な耕地の広さのことであり、必ずしも絶対的な面積を示すものではないからである。[8]これを絶対的な秤量単位として固定するため、一九世紀の初めに一バウ＝五〇〇ラインランド・ルードすなわち七〇九六平方メートルとする政令が出されはしたのだが、この時代にはそれが各地に浸透するには至っていなかった。つまり、地方ごとに一バウがどれほどの面積を指すのかは一定しなかったのである。したがって、ここで扱う二県の査定簿の田畑面積も、いったいどれほどの広さを示すのか厳格に換算することはできない。ただ一八二〇年代にパスルアン理事州の理事官を務めたオランダ人ドーミス（Domis）の記録によると、両県の一バウは一二八六・二五ラインランド・ルードすなわち一万八二五五平方メートルに等しいとあるので、[9]いちおうそのあたりを目安としておくことにしよう。

それでは、二県の査定簿に記載されている田畑面積と耕作者数の合計はどれだけであろうか。総括表の方から田畑面積を計算すると、バンギル県が三七三五バウ、マラン県が一五七〇バウとなる。また詳細表から耕作者数を数え上げると、バンギル県が四四六〇名、マラン県が三二九七名となる。これを、ラッフルズ『ジャワ誌』に現れる表2の数字（c〜f行）と比べてみよう。まず、マラン県の耕作者数は両者に大差がない。しかし、バンギル県については査定簿から得られる人数の方が、『ジャワ誌』の人数よりも大幅に少ない。これには、次の二つの理由が考えられる。

（a）『ジャワ誌』に記載された「耕作者」の中には、耕地をもってはいるものの地租の課税を免れた農民たちが含まれている。

（b）査定簿はバンギル県の全域をカバーしていない。あるいは、何かの事情で詳細査定はバンギル県全域に及ばなかった。

査定簿の記載様式を見ると、三郡四四六〇名分を合計してバンギル県全体の耕地面積と課税額を算出しており、そのことに何の注記もなされていないので、（b）の可能性は低いと思われる。後述のように、実際には「詳細査定」からは意図的に「目こぼし」された農民がかなりいたと解釈したい。

次に田畑面積の方を見ると、もっと奇妙なことがいくつか明らかになる。次のとおりである。

（1）表2に転記した水田（d行）と畑（e行）の面積の合計値は、耕地の合計面積（c行）と一致しない。その差は、バンギル県については無視しうるくらいに小さいけれど、マラン県の場合は甚だしく大きい。この食い違いについて、『ジャワ誌』は何の説明も加えていない。これについて、数年前に発表した別の論文で、筆者は次のように解釈した。[10] すなわち、政府が認知していたマラン県の田畑合計面積は、実はc行に記された一〇六五・二ジュンであった。しかし、新開地マラン県における農民掌握の難しさと開墾奨励の意図から、地租賦課の対象とする耕地面積は大幅に割り引いて認定された。ここで「水田」、「畑」として計上された数字は、現実の耕地面積ではなく課税目的の割り引かれた面積なのである、と。なお一ジュンは四バウにあたるから、課税対象としてのマラン県の田畑合計面積（d行とe行の合計）はおよそ一五八〇バウとなる。これは、査定簿から算出される上記の田畑面積合計とほとんど一致する。とすると、実際に地租の課税対象となった田畑面積は、全認定耕地の三七パーセント程度にすぎなかったことになる。

（2）『ジャワ誌』の記載するバンギル県の耕地総面積は一万二五五三バウと換算されるが、査定簿から計算される上記の面積はこれよりもはるかに小さい。上に述べたように、査定簿がバンギル県全域をカバーしていない可能性も考えられなくはない。しかしそれを考えに入れても、二つの数字の差は大きすぎる。おそらく『ジャワ誌』はバンギル県については、課税面積ではなく認知した田畑面積をそのまま記載しているのであろう。そうだとすると、課税面積の全認定面積に対する比率は三七三五／一万二五五三＝三〇パーセント程度と推計される。この数字は、マラン県の場合と大差がない。となると、実際には、開発の新旧にかかわりなく、地租の課税対象面積は認知された耕地面積の三〜四割前後に抑える措置が取られていたということになる。

この数字の検討から分かるように、導入期の地租制度の課税実態は、意図的かつ大幅な「目こぼし」を伴うものであった。貢納や賦役を近代的な地租に切り換えるというラッフルズの意図にもかかわらず、賦役や特産品貢納などの古い農民収奪の仕組みは実際には廃棄されずに存続していた。大幅な「目こぼし」なしには、地租制度の導入は不可能だったのであろう。なお人口希薄で人が土地に固着する志向が弱かった当時のジャワでは、地租制度の厳格な実施を可能にする条件が実は熟していなかったと考えられるのである。

表3　水田1バウあたり米納地租額別耕作者数（バンギル県）

水田1バウあたり米納地租額(H)	「耕作者」数 Kota	Pandakan	Gempol	計	% Kota	Pandakan	Gempol	計
4.500−	0	4	104	108	0.00	0.24	5.44	2.42
4.001−4.449	46	4	150	200	5.27	0.24	7.84	4.48
4.000	56	78	311	445	6.41	4.66	16.26	9.98
3.201−3.999	3	94	105	202	0.34	5.62	5.49	4.53
3.200	1	143	233	377	0.11	8.54	12.18	8.45
3.001−3.199	21	114	99	234	2.41	6.81	5.18	5.25
3.000	183	395	330	908	20.96	23.60	17.25	20.36
2.601−2.999	22	175	86	283	2.52	10.45	4.50	6.35
2.600	113	4	4	121	12.94	0.24	0.21	2.71
2.001−2.599	177	174	45	396	20.27	10.39	2.35	8.88
2.000	196	126	15	337	22.45	7.53	0.78	7.56
1.500−1.999	34	41	0	75	3.89	2.45	0.00	1.68
0.001−1.499	12	7	7	26	1.37	0.42	0.37	0.58
田租控除	9	0	1	10	1.03	0.00	0.05	0.22
水田なし	0	315	423	738	0.00	18.82	22.11	16.55
計	873	1674	1913	4460	100.00	100.00	100.00	100.00

次に、地租の課税基準について見ておきたい。査定簿に賦課額が記された地租は、水田にのみにかかる現物税(paddy rent 米納)と田畑の双方にかかる金納税(money rent)の二本立てであった。ただしマラン県の場合は、海岸地域から遠く輸送が困難な事情を配慮して、例外的に現物税は免除としたうえ、田畑の区別や等級づけも行わず一律に一ジュンあたり三二レアル、つまり一バウあたり八レアルの地租が賦課された。新開地つまりフロンティアに位置するマラン県では、生産性に基づくきめ細かな土地の等級づけによる査定は事実上不可能だったのであろう。これに対して、バンギル県ではこのような例外的方式は採用されず、現物と貨幣の双方の地租が賦課されたうえ、耕地の等級づけも相当に細かく行われた。

表3は、水田一バウあたりの米納地租額の多寡により、査定簿に記載された四四六〇名の「耕作者」をクラス分けしたものである。なお原史料の詳細査定簿では、H、Bの略語による単位で米納地租額を表示している。おそらくHはハマット(hamat)、Bはバウォン(bawon)の略と

思われる。ともに容積単位で、一ハマットは八バウォンに当たる。表3ではハマットだけに換算、統一した数値を用いている。この表で明らかなように、生産性が高く課税額の多い田をもつ耕作者は海岸に近いグンポル（Gempol）郡、ついで山寄りのパンダアン（Pandakan）郡に多いのに対して、県都のあるコタ・バンギル（Kota Bangil）郡では課税額の低い田をもつ耕作者が多い。このように細かい査定が行われたということは、マラン県に比べてバンギル県は開発が古く政府の行政的掌握がより行き届いた土地であったことを示すものである。

三　村落の新旧比較

マラン県の査定簿には六郡全体で計四六五の村落が、またバンギル県の査定簿には三郡で計四六八の村落が記載されている。ちなみに、現在のマラン県（マラン市 Kotamadya Malang を除く）には全部で四一三の行政村（desa または kelurahan）が、またバンギル県には一五五の行政村が存在する。マラン県ではかつても現在も村落の数にそれほど大きな違いがないが、バンギル県では現在の行政村の方がはるかに少ない。これは、過去百数十年間にバンギル県では行政村落の統廃合が何度も行われたことを示している。

そこで、かつての村落（以下「旧村落」と呼ぶ）と現在の行政村（以下「新村落」）との間の異同を、村名の比較により検討してみよう。マラン県についてはすでに別の論文で詳細な検討を行ったので、(11) その方法をバンギル県についても準用したところ、表4のような結果を得た。この表から分かるように、開発の古いバンギル県の新村落の方が

表4　現在の行政村（新村落）と1810年代村落（旧村落）との地名の対応

	行政村数	旧村落と地名の対応する村落数			対応率（%）	
		確実に対応	可能性あり	小計		
	(a)	(b)	(c)	(d)	(b/a)	(d/a)
マラン県	413	86	22	108	20.8	26.2
バンギル県	155	46	31	77	29.7	49.7

旧村落に対応する比率が高い。

これをもっと細かく見るために、旧村落に対応する新村落の所在を地図で表してみたのが図2、3である。まず図2は、現在の地方行政区画で県と村の中間にある郡（kecamatan）の境界線を用いたものである。バンギル県一〇郡、マラン県三一郡の計四一郡を、郡内の行政村が旧村落に確実に対応する比率によって六等級に区分して表示してある。これを地形図（ここでは、その代わりに図1を参照）と比較してみると、平坦地で道路交通の便のよい地域ほど対応率が高いことが読みとれる。つまり、そのような地域ほど開発が早くから進み、一九世紀初頭にはすでに、現在にまで継続する安定性をもった村落が形成されていたことがうかがわれるのである。これに対して、山地や丘陵地帯では一般に新旧村落の対応率が低い。とくに、マラン県南部のインド洋に面した丘陵地帯ではそれが極端である。ここは開発が最も遅かった地域であり、一九世紀初めにはまだ安定した村落はほとんど形成されていなかったと考えられる。次に図3は、バンギル県の一五五村について、旧村落との対応の有無を図示したものである。やはり道路沿いの地域、とくにスラバヤ―マランを南北に結ぶ幹線道路とスラバヤ―パスルアンを東西に結ぶ幹線道路が出合う北西部のグンポル付近の村落の対応率が歴然と高いことが示されている。開発が先行したこれらの中核地域では、すでに現在にまで続く集落が形成されていたものと考えられる。一九世紀を通じる「小人口世界」から「稠密社会」への転換過程で、このような集落の安定化はしだいにその他の地域にも広がっていったと推測してよいのではないだろうか。

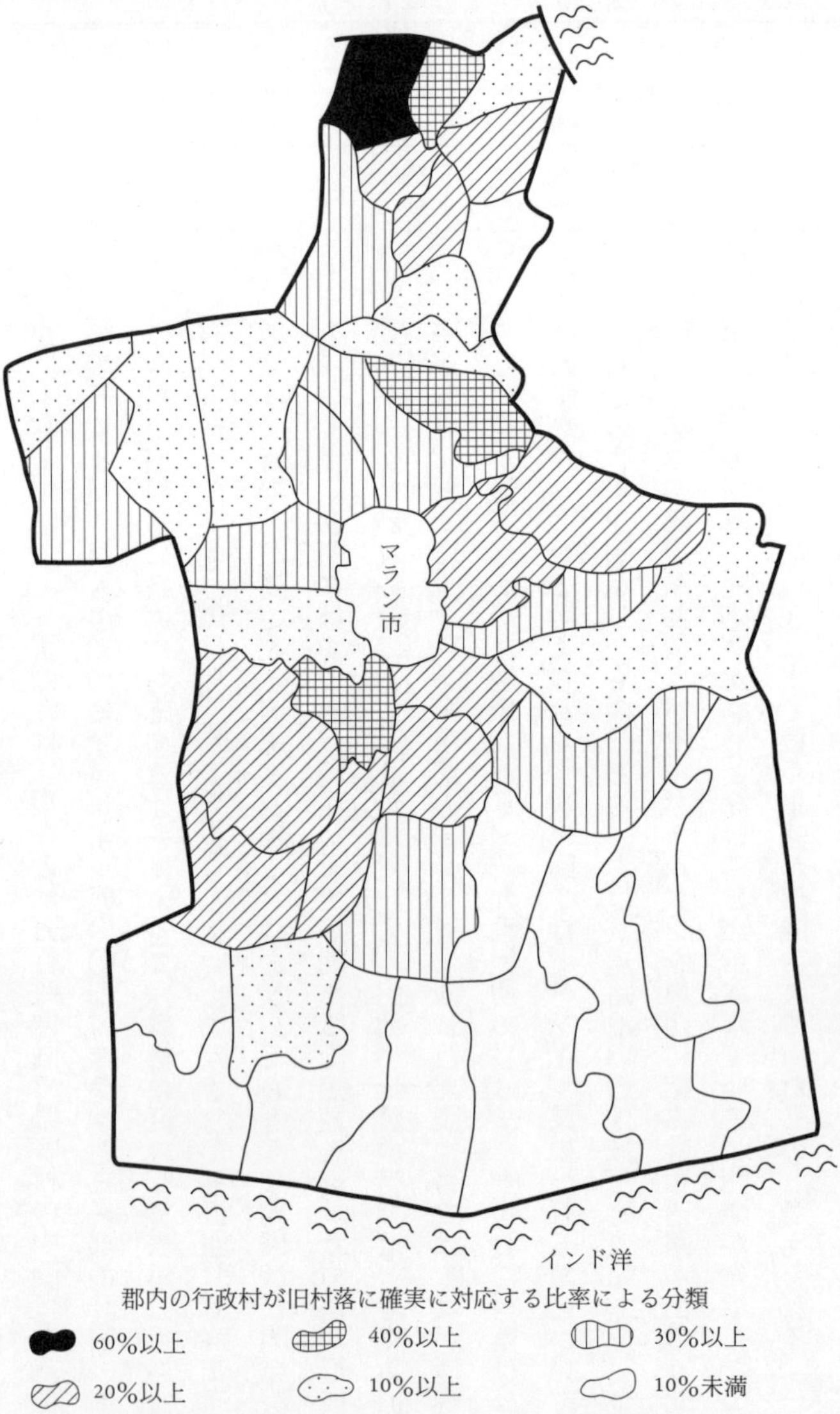

図2　旧バンギル県およびマラン県内の郡 (kecamatan) 境界図

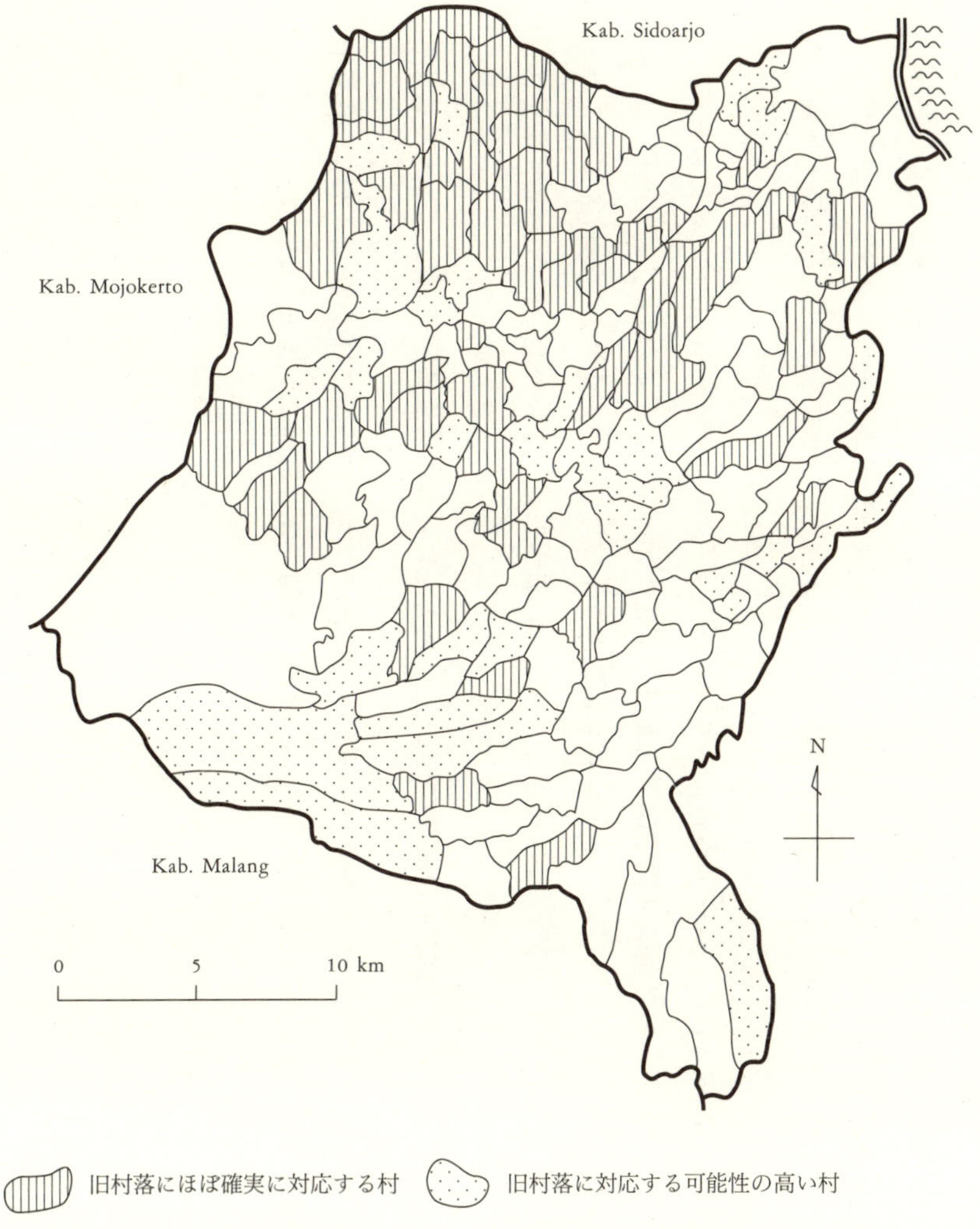

図 3　旧バンギル県 (Kab. Bangil) 相当地域内の行政村境界図

四　村のすがた

表5、6は、査定簿に現れる村落につき各郡・県ごとに、一村あたりの耕地面積、耕作者数と一人あたり耕地面積の平均値、最大値、最小値を算出したものである。この表からは次のことが読みとれる。

（1）一村あたりの耕地面積が概して非常に小さい。田畑合わせた平均値はバンギル県で七・九バウ、マラン県では三・三バウにすぎない。

（2）一村あたりの耕作者すなわち地租納税者の数も、バンギル県で九・六名、マラン県で七・〇名と非常に少ない。一村に耕作者が一人しかいないという村さえある。

（3）言い換えれば、これらの数字から読む限り、当時の村落の規模はきわめて小さかったことになる。しかし他方で注目されるのは、両県ともに、県都のある郡（Kota Bangil および Kota Malang）の村の規模が他の郡よりも断然大きいことである。

（4）また、面積で見ても耕作者数で見ても、村の規模には相当なばらつきが見られる。

（5）耕作者一人あたりの平均耕地面積（田畑の合計）には、それほどばらつきがないが、やはり全体に小規模である。一バウが一家族を養うのに十分な面積とすると、大半の耕作者は非常に貧しかったということにな

表 5　郡別の耕地面積（面積単位バウ）

県	郡	耕地総面積 水田	耕地総面積 畑	村落数	1村平均面積 水田	1村平均面積 畑	1村最大面積 水田	1村最大面積 畑	1村最小面積 水田	1村最小面積 畑
Bangil	Kota Bangil	497.4	—	18	27.6	—	60.8	—	8.0	—
	Pandakan	1,270.6	176.3	260	4.9	0.7	59.9	49.1	0.0	0.0
	Gempol	1,575.6	215.4	190	8.3	1.1	52.5	22.0	0.0	0.0
	計	3,343.6	391.8	468	7.1	0.8	60.8	49.1	0.0	0.0
Malang	Kota Malang (1)	195.9	21.1	13	17.8	1.9	35.9	22.4	5.6	0.0
	Karanglo	314.7	52.4	131	2.4	0.4	14.9	3.1	0.0	0.0
	Pakis	218.2	33.8	64	3.4	0.5	14.9	3.4	0.0	0.0
	Gondanglegi	148.3	71.4	110	1.3	0.6	8.0	5.2	0.0	0.0
	Penanggungan	274.0	67.6	112	2.4	0.6	19.0	6.5	0.0	0.0
	Ngantang	92.0	19.1	35	2.6	0.5	11.5	2.1	0.0	0.1
	計	1243.0	265.3	465	2.7	0.6	35.9	22.4	0.0	0.0

(1)　耕作者数の不明な 2 村を除く.

表 6　郡別の「耕作者」数と 1 人あたり平均耕地面積（水田と畑の合計，バウ）

県	郡	耕作者数	1村あたり耕作者数 平均	1村あたり耕作者数 最大	1村あたり耕作者数 最小	村ごとの耕作者1人あたり平均耕地面積 全郡平均	最大	最小
Bangil	Kota Bangil	886	49.2	85	19	0.56	0.71	0.28
	Pandakan	1674	6.4	73	1	0.86	2.71	0.06
	Gempol	1913	10.1	56	1	0.87	3.25	0.02
	計	4473	9.6	85	1	0.81	3.25	0.02
Malang	Kota Malang (1)	531	48.3	92	17	0.41	0.62	0.26
	Karanglo	706	5.4	28	1	0.52	1.75	0.13
	Pakis	576	9.0	31	1	0.44	1.50	0.07
	Gondanglegi	522	4.7	27	1	0.42	1.50	0.06
	Penanggungan	685	6.1	36	1	0.50	1.13	0.06
	Ngantang	207	5.9	24	1	0.49	0.88	0.08
	計	3227	7.0	92	1	0.47	1.75	0.06

(1)　耕作者数の不明な 2 村を除く.

る。

村落規模のばらつきをもう少し詳しく見るために、耕地面積と耕作者数の二つの基準により村の階層区分をしてみよう。その結果は、表7のとおりである。

まず耕地（田畑合計）面積から見ると、両県とも県都（Kota）の村は最低でも五バウ以上の耕地をもつのに対して、それ以外の郡では五バウ未満の村が圧倒的に多いことが分かる。これは一見すると、都市部よりも農村部の村落の方が多くの耕地をもつという常識に反する事態である。次に耕作者数を見ても、県都の村には耕作者一〇人以下のものは見られないのに対して、その他の地域ではむしろ一〇人以下の零細集落が圧倒的に多い。中には、耕作者が一人だけという村さえ相当数見いだされる。この傾向は、新開地のマラン県でとくにきわだっている。

この時代の村落が後世の村落に比べて、人口、耕地面積のいずれにおいてもはるかに小規模であったことは、ほぼ間違いない。しかしそれにしても、表7の数字を額面どおり受け取ってよいであろうか。そもそも、耕作農家が一戸しかないような集落（?）を「村」と呼べるであろうか。

すでに前節で示したように、地租制度導入期の「詳細査定」は対象地域の一部の耕地しか課税対象として捕捉しえなかったと推定される。とすると、「耕作者」にしても、現実の耕作農家の全てを網羅してはいなかったと考える方がむしろ自然であろう。この傾向は、県都から遠い辺境地域ほど著しかったのではないか。実際には、査定簿に現れない耕地や農民が多数実在していた可能性が高い。

さらに耕作者一人あたりの耕地面積を見ると、一村平均〇・五バウ未満の零細農型村落がきわめて多いことに印象づけられる。新開地のマラン県でとくに目立つ現象である。新開地の方が零細経営が多いというのも、これまた、

表7　田畑合計面積・耕作者・1人あたり田畑面積別　村落数

田畑合計面積（バウ）	Bangil				Malang						
	Kota	PNDN	GMPL	計	Kota	KRNL	Pakis	GDNL	PNGN	NGTN	計
≧50	1	2	2	5							
20－49.9	12	8	17	37	7						7
10－19.9	3	32	43	78	1	8	3	1	4	2	19
5－9.9	2	52	48	102	5	14	15	5	17	6	62
2－4.9		83	53	136		30	25	33	35	6	129
1－1.9		31	14	45		49	11	32	27	12	131
＜1		52	13	65		30	10	39	29	9	117
計	18	260	190	468	13	131	64	110	112	35	465

耕作者数（人）	Bangil				Malang						
	Kota	PNDN	GMPL	計	Kota	KRNL	Pakis	GDNL	PNGN	NGTN	計
＞50	7	2	1	10	4						4
21－50	10	8	17	35	5	6	5	1	4	1	22
11－20	1	28	49	78	2	12	13	8	13	6	54
6－10		65	44	109		19	24	26	26	4	99
2－5		117	68	185		69	16	60	51	20	216
1		38	5	43		25	6	15	18	4	68
不明		2	6	8	2						2
計	18	260	190	468	13	131	64	110	112	35	465

耕作者1人あたり田畑面積（バウ）	Bangil				Malang						
	Kota	PNDN	GMPL	計	Kota	KRNL	Pakis	GDNL	PNGN	NGTN	計
≧2.00		4	13	17							
1.00－1.99		91	62	153		15	2	5	5		27
0.50－0.99	14	98	73	185	2	63	25	41	54	20	205
0.20－0.49	4	51	25	80	9	47	35	51	51	12	205
＜0.20		14	11	25		6	2	13	2	3	26
不明		2	6	8	2						2
計	18	260	190	468	13	131	64	110	112	35	465

（注）PNDN＝Pandaan, GMPL＝Gempol, KRNL＝Karanglo, GDNL＝Gondanglegi,
PNGN＝Penanggungan, NGTN＝Ngantang

常識に反する事態であろう。査定簿に記載された「耕作者」にしても、その耕地の全てが課税地として捕捉されたわけではないと見るべきであろう。この傾向は、新開地すなわち地方行政の中心から遠い辺境地域ほど著しかったに違いない。つまり、「詳細査定」が地租課税の対象として捉えた人と土地は、県都から遠ざかるにつれて比率が下がる拡散性をもっていたのではないか。

では、いったいどのような農家が「耕作者」として、またどのような土地が課税地として権力によって捉えられたのであろうか。これを査定簿から読みとるのは難しい。おそらく、村に永らく定住し安定した租税負担力をもつ有力農民と、開発が古い生産力の安定した耕地のみが捕捉の対象になったのだと推定しておきたい。こう考えれば、辺境地で「耕作者」一名のみの村落が多数現れる理由も理解できるというものである。

以上の点を頭に入れて、史料から取り出した上記統計数値を読まねばならないのであるが、それにしてもこの時代のジャワ村落の規模には非常に大きなばらつきがあったと見られる。本章での実証の範囲を超えるので深くは論じられないが、同一時点の各村落間に大きな規模格差があっただけでなく、同じ村落が時間の変化の中で伸縮自在に規模を変化させるという点も、ジャワの村落の特徴であろう。少なくとも、例えば近世以降の日本の農村集落とは、ずいぶん様子が違っているように思われる。

五　「耕作者」のすがた

前節では、村落を主体として査定簿から取り出された統計数字を眺めてみた。では、もっと細かく個々の「耕作者」のレベルにまで降りて数値を編纂すると、どのようなことが見えてくるであろうか。

表8は、バンギル、マラン両県の「耕作者」約七六〇〇名について、査定簿から算出される耕地保有面積別に階層区分を試みたものである。また、表9は、各階層ごとの耕地保有面積の合計値を算出したものである。この二つの表から分かるように、「耕作者」の保有する課税地面積には相当大きなばらつきが見られる。まず表8の「耕作者」数の方から見ると、バンギル県の場合には一～二バウ、次いで〇・五バウ前後の層という二つの峰に分布が集中しているのに対して、マラン県の場合には〇・五～〇・七五バウ、次いで〇・一二五バウ以下、さらに〇・二五バウ前後と三つの峰に分布が集中している。ただし、このことから、マラン県の「耕作者」の方がバンギル県よりも平均して耕地保有規模が零細であったと結論づけるのは危険である。すでに述べたように、バンギル県よりも新開地で権力の統制が及びにくかったマラン県の場合、課税対象となる耕地面積がいっそう小さく見積もられた可能性が高いからである。次に表9の方を見ると、バンギル県では（課税対象となる）耕地保有面積の約三分の二が一バウ以上の上層「耕作者」に集中しているのに対して、マラン県の場合には、比較的開発が古いと見られる北部のカランロ県を除き、それほどはっきりした集中傾向が見られない。開発が先行し、生産力の安定した地域ほど、階層分化が

表8　田畑面積別階層分布（耕作者数）

田畑保有面積(bau)	「耕作者」数										
	Bangil				Malang						
	Kota	Pandakan	Gempol	計	Kota	Karanglo	Pakis	GDL	PNG	NGT	計
≧2	6	80	122	208	4	4	1	1	1	0	11
1.001－1.999	17	326	368	711	12	80	45	16	40	6	199
1	98	418	407	923	52	83	20	19	28	5	207
0.751－0.999	8	42	61	111	0	14	17	9	22	6	68
0.75	71	104	127	302	15	39	32	58	117	19	280
0.501－0.749	54	78	134	266	8	73	72	73	75	76	377
0.5	491	269	330	1090	184	75	71	46	102	45	523
0.251－0.499	57	93	111	261	8	23					31
0.25	64	151	87	302	151	50	140	63	111	9	524
0.126－0.249	5	35	50	90	0	13	1	2	7	1	24
0.125	2	51	85	138	119	174	104	81	90	11	579
0.001－0.124	0	27	31	58	55	78	48	92	43	6	322
計	873	1674	1913	4460	608	706	551	460	636	184	3145

田畑保有面積(bau)	「耕作者」数（%）										
	Bangil				Malang						
	Kota	Pandakan	Gempol	計	Kota	Karanglo	Pakis	GDL	PNG	NGT	計
≧2	0.69	4.78	6.38	4.66	0.66	0.57	0.18	0.22	0.16	0.00	0.35
1.001－1.999	1.95	19.47	19.24	15.94	1.97	11.33	8.17	3.48	6.29	3.26	6.33
1	11.23	24.97	21.28	20.70	8.55	11.76	3.63	4.13	4.40	2.72	6.58
0.751－0.999	0.92	2.51	3.19	2.49	0.00	1.98	3.09	1.96	3.46	3.26	2.16
0.75	8.13	6.21	6.64	6.77	2.47	5.52	5.81	12.61	18.40	10.33	8.90
0.501－0.749	6.19	4.66	7.00	5.96	1.32	10.34	13.07	15.87	11.79	41.30	11.99
0.5	56.24	16.07	17.25	24.44	30.26	10.62	12.89	10.00	16.04	24.46	16.63
0.251－0.499	6.53	5.56	5.80	5.85	1.32	3.26	0.00	0.00	0.00	0.00	0.99
0.25	7.33	9.02	4.55	6.77	24.84	7.08	25.41	13.70	17.45	4.89	16.66
0.126－0.249	0.57	2.09	2.61	2.02	0.00	1.84	0.18	0.43	1.10	0.54	0.76
0.125	0.23	3.05	4.44	3.09	19.57	24.65	18.87	17.61	14.15	5.98	18.41
0.001－0.124	0.00	1.61	1.62	1.30	9.05	11.05	8.71	20.00	6.76	3.26	10.24
計	100	100	100	100	100	100	100	100	100	100	100

表9　田畑面積別階層分布（保有面積）

田畑保有面積 (bau)	保有面積計 (bau)										
	Bangil				Malang						
	Kota	Pandakan	Gempol	計	Kota	Karanglo	Pakis	GDL	PNG	NGT	計
≧2	12.00	181.94	279.50	473.44	10.00	11.14	2.88	2.00	2.00	0.00	28.02
1.001－1.999	22.38	449.94	502.00	974.31	16.06	101.08	56.38	22.50	48.45	7.06	251.53
1	98.00	418.00	407.00	923.00	52.00	83.00	20.00	19.00	28.00	5.00	207.00
0.751－0.999	6.81	35.88	52.19	94.88	0.00	11.75	14.69	7.88	18.64	5.13	58.08
0.75	53.25	78.00	95.25	226.50	11.25	29.25	24.00	43.50	87.75	14.25	210.00
0.501－0.749	6.81	35.88	52.19	94.88	0.00	11.75	14.69	7.88	18.64	5.13	58.08
0.5	245.50	134.50	165.00	545.00	92.00	37.50	35.50	23.00	51.00	22.50	261.50
0.251－0.499	20.94	33.50	38.38	92.81	2.81	8.31	6.69	22.88	16.13	7.56	64.38
0.25	16.00	37.75	21.75	75.50	37.75	12.50	35.00	15.75	27.75	2.25	131.00
0.126－0.249	0.94	6.56	9.38	16.88	0.19	2.44	0.19	0.38	1.31	0.19	4.69
0.125	0.25	6.38	10.63	17.25	14.88	21.75	13.00	10.13	11.25	1.38	72.38
0.001－0.124	0.00	1.69	1.94	3.63	3.44	4.88	3.00	5.75	2.69	0.38	20.13
計	482.88	1420.00	1635.19	3538.06	240.38	335.34	226.01	180.63	313.61	70.81	1366.77

田畑保有面積 (bau)	保有面積計 (%)										
	Bangil				Malang						
	Kota	Pandakan	Gempol	計	Kota	Karanglo	Pakis	GDL	PNG	NGT	計
≧2	2.49	12.81	17.09	13.38	4.16	3.32	1.27	1.11	0.64	0.00	2.05
1.001－1.999	4.63	31.69	30.70	27.54	6.68	30.14	24.94	12.46	15.45	9.97	18.40
1	20.30	29.44	24.89	26.09	21.63	24.75	8.85	10.52	8.93	7.06	15.15
0.751－0.999	1.41	2.53	3.19	2.68	0.00	3.50	6.50	4.36	5.94	7.24	4.25
0.75	11.03	5.49	5.83	6.40	4.68	8.72	10.62	24.08	27.98	20.12	15.36
0.501－0.749	1.41	2.53	3.19	2.68	0.00	3.50	6.50	4.36	5.94	7.24	4.25
0.5	50.84	9.47	10.09	15.40	38.27	11.18	15.71	12.73	16.26	31.77	19.13
0.251－0.499	4.34	2.36	2.35	2.62	1.17	2.48	2.96	12.66	5.14	10.68	4.71
0.25	3.31	2.66	1.33	2.13	15.70	3.73	15.49	8.72	8.85	3.18	9.58
0.126－0.249	0.19	0.46	0.57	0.48	0.08	0.73	0.08	0.21	0.42	0.26	0.34
0.125	0.05	0.45	0.65	0.49	6.19	6.49	5.75	5.61	3.59	1.94	5.30
0.001－0.124	0.00	0.12	0.12	0.10	1.43	1.45	1.33	3.18	0.86	0.53	1.47
計	100.00	100.00	100.00	100.00	100.00	100.00	100.00	100.00	100.00	100.00	100.00

進み始めていることがうかがわれる。

しかしそれ以上に注目されるのは、どちらの県の場合にも、一バウ、〇・七五つまり四分の三バウ、〇・五つまり二分の一バウ、〇・二五つまり四分の一バウ、〇・一二五つまり八分の一バウなど、切りのよい数値のところに「耕作者」の分布が集中していることであろう。ただし、すでに述べたように、この「バウ」という単位をただちに一定面積（ドーミスによれば一万八二五五平方メートル）に等しいものと決めてかかることは危険である。当時の農民自身の伝統的観念にしたがい、「一家族を養うのに十分な収量の確保できる耕地の広さ」と理解しておいた方が無難であろう。言い換えれば、「詳細査定」は実地の測量によって課税地面積を確定したのではなく、農民自身の観念を受容してその相対的な広さを表現する便法に従ったと見る方がよい。重要なのは、二バウ、一バウ、二分の一バウ、四分の一バウなど、切りのよい分数で課税地の広さを捉え、それによって「耕作者」の格付けを行う習慣が行われていたことである。つまり、上層への土地集中の程度にかかわりなく、村落の中核的構成員としての「耕作者」の間には初めから階層序列が存在していたと考えられる。その意味で、農民社会にはもともと階層的編成原理が内包されていたと言ってもよいであろう。この階層的編成は、のちに土地売買などによって上層農家に土地保有が集中するという意味でのいわば近代的階層分化とは、異質な原理に基づくものである。なぜなら、土地売買の拡大は、二バウ、一バウ、二分の一バウなどの切りのよい数値での整然たる格付けを崩す結果となるからである。その意味でこのような階層編成は、元来土地の商品化とはなじまないものであろう。「古典的階層制」と呼んで、のちのち進むことになる階層分化(その萌芽はバンギル県やマラン県のカランロ郡にはすでに見えている)とは区別しておくべきであろう。

さて、もう一つ注意しておくべきなのは、その数を量的に推計するのは容易ではないが、査定簿には名前の現れない非「耕作者」世帯が村落の中に存在したに違いないということである。それはおそらく、(1)実際は耕地を保有していたが、生産力の不安定性などの理由から課税対象には組み入れられなかった農民、(2)耕地を保有しない非農家または小作・労働者世帯の二種類から成っていたことであろう。第二節で述べたように、『ジャワ誌』に記録されたバンギル県の「耕作者」数(六〇二六名)と査定簿に逐一記載された「耕作者」＝地租納税者数(四四二〇名)との間には、大きなずれがある。前者から後者を差し引いた数字(一二〇六名)が、上記(1)に区分した人々に相当する可能性もある。いずれにせよ、このような人々がすでにかなり存在していたとすれば、当時の農村社会の階層的編成はいっそう歴然とする。しかし、これについては別の機会にもう少し詳細に論じることにしたい。

六　結びにかえて

以上、二県九郡にまたがる九三三村七六〇五名の「耕作者」についての査定簿の膨大な量のデータを整理することにより、「小人口世界」から「稠密社会」への転換を始めつつあったジャワ農村社会の様相についていくつかの映像が得られた。最後に、いくつかの仮説も交えてその意味づけを行ってみたい。

ラッフルズ『ジャワ誌』の人口推計がいかほど過小評価を冒していたにせよ、一八一〇年代のジャワが、つい最近まで東南アジアの大半の地域がそうであったような「小人口世界」的状況を色濃くとどめていたことは間違いない。それは、当時の大多数の村落の人口規模が、現在とはおよそ比較にならぬほど小さなものであったことに如実に現れている。この時代にはまた、すでに開発された耕地の面積も限られており、その中にはまだ生産力の不安定な、いつ耕作放棄が起きるか分からないような田畑も多数含まれていたと考えられる。また、こうした不安定耕地を耕作する農民[12]の中には、より良い土地を求めて頻繁に移動する者たちもかなりいたことであろう。その結果、開発の古い中核地域は別として、新開の周辺地域の村落はまだ不安定な状態にあり、今日まで存続せずに消滅したものもかなりあると見てよい。二〇世紀末の今日のジャワでは、このような状況はすでに長らく見られない。しかし、ジャワ以外のインドネシアの各地には、類似の状況が今なお見られる場合が少なくない。

このような状態にあったジャワにラッフルズが地租制度を導入したとき、それには、社会の実態に合わせるためにいくつかの修正、手加減が加えられねばならなかった。近世の日本で検地制度が導入されたときに、ましてや明治の日本でそれが地租制度に再編されたときにはなおさらそうであったように、土地に課税するという制度は、成熟し安定した耕地とそれを営々と耕し続ける定住農民が存在しなければ導入不可能だからである。当時のジャワ農村社会はこの条件を十分に満たす状態にはなかったから、次のような手加減が必要であった。

第一は、地租の課税対象を耕地の全体ではなく、開発の古く安定した耕地に限らねばならなかった。

第二は、納税義務者（査定簿上の「耕作者」）を全ての農民ではなく、上述のような耕地をもつ一部の安定農民に限らねばならなかった。

第三は、個々の課税地をきちんと測量しその面積を確定することができなかったので、ジャワ側の伝統的かつ相対的な面積尺度である「バウ」という単位を用いて（おそらくは村の指導者からの聞き取りによって）耕地面積を記録し、これに基づいて課税額を割り出した。

このような修正が施されたものではあったが、ともかく地租制度が導入されたことによって、ジャワの村落は初めて国家と個々の農民をつなぐユニットとして行政の側に認知されることになった。個々の「耕作者」からの地租の徴収は、村長によって行われたからである。「デサはラッフルズによって発見された」などと言われるのは、このためである。

一九世紀から二〇世紀にかけて、ジャワは未曾有の人口増加を経験することになる。これに伴い、耕地面積も大幅に拡大していった。また、強制栽培や賦役の縮小、廃止により地租の税制上の重要性も増していった。これは、ジャワの農村社会にも大きな変化をもたらした。

第一は、安定した耕地と定着した農民、村落の増加である。その反面、土地をもたない農村世帯も増加した。第二は、村落の人口規模の大幅な拡大である。

こういう変化に対応するために、村落の末端行政組織としての整備が必要になっていった。また、地租課税上の「目こぼし」の幅を縮めることが要請されるようになった。

こうして、既存村落の合併による行政村の創設、村役人層を頂点とする村落社会の階層秩序の整頓が、一九世紀から二〇世紀にかけて一貫して進められることになる。その過程で、耕地をもつ担税農家の間では、むしろ保有規模の平準化が進んだ。古典的階層制を内包した人と人とのインフォーマルで直接的な結合体であったジャワの村落は、人と土地が一体となり、村役人―土地もち層[13]―土地なし層の三層から構成されるフォーマルな組織へと、いわば突き固められ再編成されていった。こうしてジャワの農村社会は、流動性と可塑性に富んだ「小人口世界」型社会から重く分厚い「稠密社会」への固着、凝集の道を歩むことになる。

ジャワ農村社会のこの変化は、ある面では近世から近代にかけての日本の農村の変化にも似ている。だが、植民地支配という外来の要因によって促迫された変化であったこととあまりにも急速な人口増加によって「小人口世界」的状況から抜け出したことが、日本の場合とはいろいろ異なる点をもたらすことになった。

その一例として、地租制度がしだいに整備されていったにもかかわらず、一筆ごとの耕地の正確な測量と土地登記による耕作農民の権利の確定は、植民地時代を通じて行われず、現在でも未完成なことが挙げられる[14]。植民地権力は、もともと農民の私有権の確定には不熱心であったうえに、あまりにも急速な農村人口の増加が、技術的にも測量・登記を困難きわまるものにしてしまったのである。日本やその植民地支配下に入った台湾、朝鮮などでの地租改正事業が、きわめて短期間に測量・登記の課題を処理したのとは、まったく対照的である。

人口密度の点で日本をしのぐ「稠密社会」を形成するに至りながら、ジャワの農村社会が日本農村のような制度・慣習の制約の「固さ」をもたずに今日に至っている一つの重要な原因も、この辺に求められるのではないだろうか。そこでは、成熟した「稠密社会」のファサードの裏側から、過去の「小人口世界」的状況から持ち越されたあれこれの遺産がしばしば顔をのぞかせるのである。

註

（1）T. S. Raffles, *The History of Java*, Vol. 2, London, 1817 (reprinted by Oxford University Press in 1978), pp. 241-291 の数値から合算。

（2）P. Bleeker, "Bijdragen tot de statistiek der bevolking van Java", *Tijdschrift voor Nederlandsch Indië*, 9th year (1847), I, pp. 39-41, and IV, pp. 1-25.

（3）一八〇〇年当時の日本の総人口は、およそ三〇〇〇万人と推定されている。例えば、次を参照。速水融・宮本又郎編『日本経済史1　経済社会の成立一七―一八世紀』岩波書店、一九八八年、四三―四四ページ。

（4）マラン、バンギルの他に、ブスキ、プロボリンゴの二県についての詳細査定簿の所蔵が、同公文書館の史料目録から確認される。International Council on Archives, *Guide to the Sources of Asian History 4: Indonesia*, Vol. I: National Archives, Part II: Local Archives, Ntional Archives of Indonesia, Jakarta, 1989, pp. 83, 90, 95. これらはみな手書きで、地名、人名などジャワ語固有名詞は、オランダ式でも現代インドネシア式でもなく、大半がイギリス式でつづられている。なお、筆者の知る限り、ラッフルズ時代の詳細査定簿は、オランダの公文書館、図書館には存在しない。イギリスの公文書館における所在については、筆者は未調査である。

（5）マラン県についての分析結果は、すでに次の二論文で公表した。加納啓良「『地代』制度導入期ジャワ農村の『耕作者』像――マラン県『詳細査定簿』の分析」『東京大学東洋文化研究所紀要』一一八冊、一九九二年。同「ジャワ村落と導入期『地代』制度――東部ジャワ・マラン県における展開」（石井米雄ほか編著『東南アジア世界の歴史的位相』、東京大学出版会）、一九九二年。

（6）*Penduduk Indonesia: Hasil Sensus Penduduk 1990*, Seri L. 2, Biro Pusat Statistik, Jakarta, 1992, p. 52.

（7）原史料では dessa と表記している。以下、これに限らず、本稿では現地語の単語は固有名詞も含め、全て現代インドネシア式綴り字法により表記する。

（8）以下をも参照。小島麗逸・大岩川嫩編「『はかり』と『くらし』――第三世界の度量衡」、アジア経済研究所、一九八六年、五三―五四ページ。

（9）H. J. Domis, *De Residentie Pasoeroeang op het Eiland Java*. the Hague, 1836, p. 46.

(10) 加納「『地代』制度導入期ジャワ農村の『耕作者』像――マラン県『詳細査定簿』の分析」、一二一一三ページ。
(11) 加納「ジャワ村落と導入期『地代』制度――東部ジャワ・マラン県における展開」、一四〇一一四二ページ。
(12) 定住の農業専業者としての「農民」にあたる tani または petani という言葉は、ラッフルズ時代のジャワではまだ日常語として定着していなかったと思われるふしがある。次を参照。加納啓良「農民――インドネシア語の petani をめぐって」(文部省科学研究費補助金重点領域研究『総合的地域研究』第一四号、一九九六年九月、三四―三五ページ。)
(13) オランダの慣習法学派の研究者たちは、これを「中核村民」kerndorper という用語で概念化した。
(14) 植民地時代の地租制度の変遷については、次を参照。加納啓良「植民地期ジャワの地租制度」(水野広祐・重富真一編『東南アジアの経済開発と土地制度』アジア経済研究所、一九九七年、四五―八〇ページ)。

第2章

フロンティア世界としての東南アジア

――カリマンタンをモデルに

田中耕司

一　はじめに

東南アジア大陸部の歴史を語るときに、「チャオプラヤ・モデル」とでもいうべき水系モデルが使われることがある。タイのチャオプラヤ川水系を上流部の山間盆地地帯と下流部のデルタ地帯とで対比的にとらえ、東南アジア大陸部の国家形成を論じようとするこのモデルは、「工学的適応」による水田耕作の展開とそれを基盤とした国家形成という経過をたどった上流部、そして、「農学的適応」によるデルタへの水田耕作の展開の一方で稲作には基盤をおくことなく港市国家を成立させた下流部というように、この二つの地域の歴史的な形成過程について魅力的な切り口を提供している。(1) この「チャオプラヤ・モデル」がモデルたる所以は、水系を軸にした分析視角によって東南アジア大陸部の歴史的展開を共通して語ることができるというところにあった。とくに、このモデルを適用することによって、デルタ開発前後の歴史について地域を比較しながら議論を進めることができるという点に、大きな意義があったように思う。

大陸部について使われたこのような水系モデルを東南アジア島嶼部においてもたてることができるのか、そのことを検討しようとするのが本章の第一の課題である。そして、この第一の課題には、ある水系モデルが想定できたとして、はたしてそれが多くの島々からなる島嶼部に一般的なモデルとして適用しうるのかという問題も、当然ながら、含まれることになる。

さらに、この第一の課題によって提起される島嶼部の水系モデルに依拠しながら、東南アジア島嶼部の地域性を「フロンティア世界としての東南アジア」という仮説[2]にそって考えてみようとするのが本章の第二の課題である。この水系モデルに依拠することによってフロンティア世界をさらに具体的に描き、この仮説に迫ろうというわけである。もちろん、標題にも示したように、本章の主要なねらいはこの第二の課題にある。

島嶼部の水系モデルを構想するにあたって対象とするのはカリマンタン（インドネシア領ボルネオ。行政区分としては、西・中・南・東カリマンタンの四州からなる）である。本書編纂の基礎となった文部省科学研究費による重点領域研究のプロジェクト（「序章」参照）とちょうど並行した時期に、カリマンタンの各地を三か年にわたって文部省科学研究費の国際学術調査によって調査する機会があった[3]。重点領域研究の研究班の課題であった「地域性の形成論理」という問題を考えるうえで、この国際学術調査からえられた知見がおおいに役立った。また、大陸部の「チャオプラヤ・モデル」と対比するうえで、東南アジア島嶼部のなかでまとまりのあるこの大きな島を対象とすることは、河川のサイズの対比という点で、それなりの意味もあろうかと思う。本章でこの島をとりあげることにしたのは、そんな経緯があったからである。

二　カリマンタンの自然環境と水系

ボルネオ島は、総面積約七四万六〇〇〇平方キロメートル、世界第三位の大きな島で、インドネシア領カリマンタンがその約七二パーセントの面積を占めている。インドネシア領とマレーシア領の国境がほぼボルネオ島の脊梁山脈となり、一〇〇〇〜二〇〇〇メートル級の山地が島の中央部を形成する。この中央部の山地を囲むように古い堆積岩からなる丘陵地が広がり、この丘陵地がボルネオ島のもっとも大きな地形単位を構成する。その周囲には、丘陵地や段丘、低地が入り組んだ複合地形が広がって、さらにその周囲に沖積土や泥炭が堆積した低地が広がる。島の中央部からちょうど四方に同心円を描くように、山地から低地へと各地形が展開している（図1）。

この地形に応じて山地から四方に向けて河川が発達している。カリマンタンでは、西カリマンタン州を代表するカプアス川が西へ、中・南カリマンタン州のバリト川が南へ、そして東カリマンタン州のマハカム川が東へというように、地形の傾斜にしたがって、中央部の山地から放射状に多くの河川が流下する（図1）。カプアス川は全長が一一四三キロメートル、ボルネオ島の最長河川であるだけでなく、インドネシア最長の河川でもある。低い丘陵地帯を流下するため、河口部から約九〇〇キロメートル上流の内陸部にいたっても比高わずか五〇メートルという緩やかな流れとなる。バリト川は全長九〇〇キロメートル、マハカム川が七七五キロメートルで、両河川ともカプアス川と同様に内陸部の丘陵地では緩やかな傾斜に沿って蛇行しながら流下する。

カリマンタンの主要な地形単位が丘陵地と、丘陵地や段丘、低地の複合地形からなるため、この地形上に広がる低地林（混交フタバガキ林）がカリマンタンのもっとも大きな植生区分となっている。そして、地形傾斜にしたがって、高標高の山地帯には山地林が、海岸部にはマングローブ林や淡水湿地林が広がる。これらの森林帯がカリマンタンの自然植生の基本を形成しているが、河川沿いの低地や丘陵地では、さまざまな人間活動とくに農地開墾や森林伐採による攪乱を受けて、森林が消失してチガヤ草地や荒蕪地が広がるところも少なくない。沿岸部でもマングローブ林が木材生産や養魚池開発のために開かれ、低地や丘陵地でも水田開発やプランテーション開発によって森

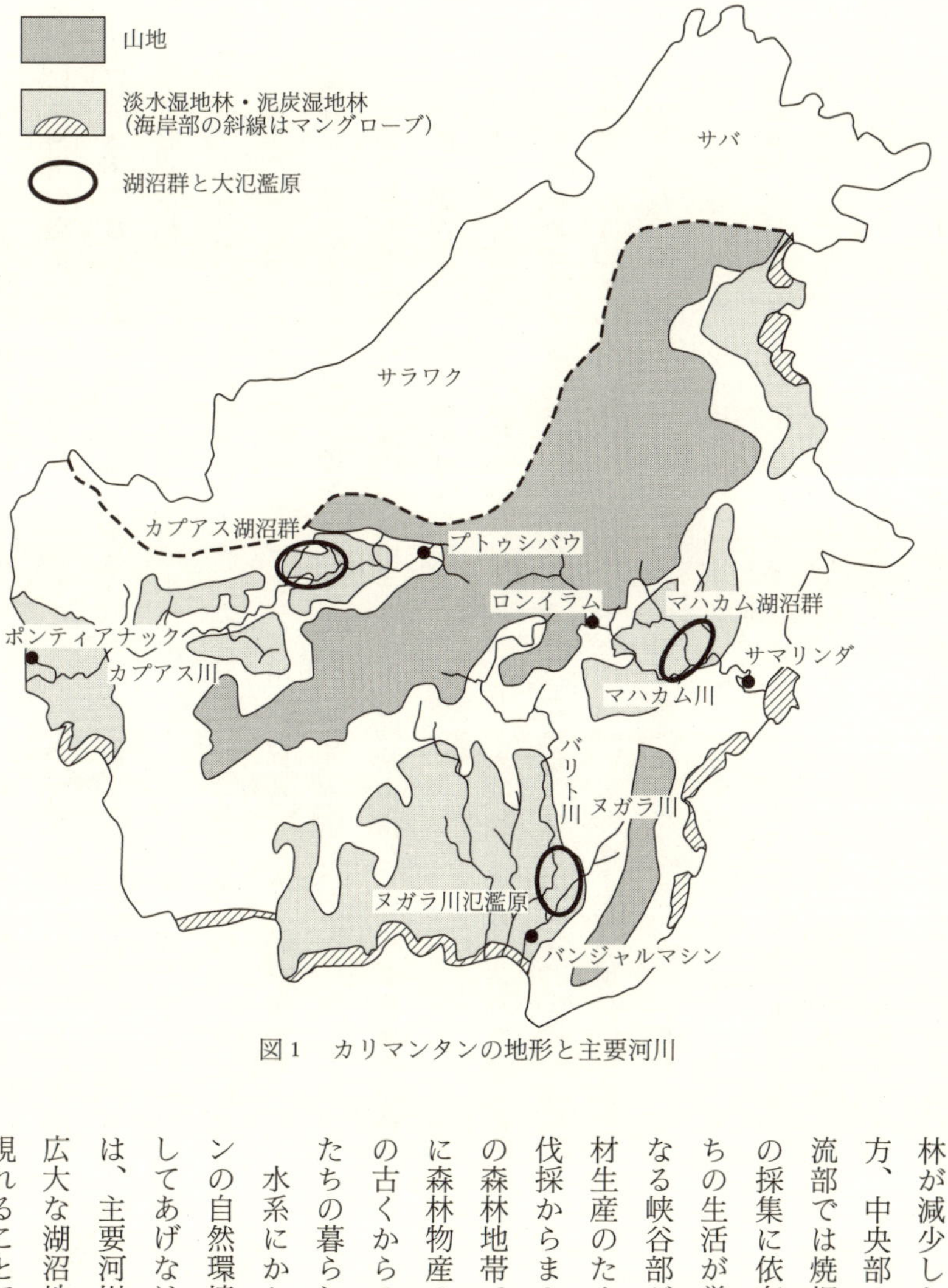

図1　カリマンタンの地形と主要河川

林が減少した地域が多い[4]。一方、中央部の山地を流れる上流部では焼畑耕作や森林物産の採集に依存する地元の人たちの生活が営まれる。急流となる峡谷部があるために、木材生産のための大規模な森林伐採からまぬがれた中央山地の森林地帯では、焼畑を基本に森林物産の採集や狩猟などの古くからの生業を続ける人たちの暮らしもある[5]。

水系にかかわるカリマンタンの自然環境の大きな特徴としてあげなければならないのは、主要河川の水系の途中に広大な湖沼地帯や湛水地帯が現れることである。先にも述べたように、主要な地形要素がそれほど高くない丘陵地やその複合地形となるために、流域の低地に湖沼が発達し、雨季には河川の溢水が湖沼面積を拡大させるだけでなく、広大な季節的湛水を伴う湿地を生じさせる。

カプアス川では、その支流タワン（Tawan）川との合流点から上流部に大小多くの湖沼が複合したカプアス湖沼群が雨季に形成される。雨季のカプアス川の水位上昇によって、カプアス川からタワン川へ逆流する河川水が氾濫原のような広大な（約二万七五〇〇ヘクタール）湖沼群をつくり出す。また、マハカム川でも、多くの支流が合流するコタ・バングン（Kota Bangun）の上流一帯にカプアス川と同様なマハカム湖沼群が広がり、バリト川では、バリト川とその支流ヌガラ（Negara）川との合流点からヌガラ川沿い上流域に、雨季に浅く湛水する広大な氾濫原が現れる。このような湖沼群や氾濫原には、河川から搬送される土砂が堆積した沖積層や植物遺体の堆積した泥炭層が発達して、湛水深の浅い湿性草原や淡水湿地林が形成されている。

カリマンタンの丘陵地帯は土壌の肥沃度が低く、しかも酸性土のため集約的な土地利用にたえる地域は少ない[6]。そのため、丘陵地帯の大部分では、長期休閑を伴った焼畑システムによって陸稲栽培に依存する生活が営まれ、人口の稀薄地帯となっていた。また、低地部でも、河川沿いの沖積土が堆積しているところに比較的人口が集中するところがあるものの、海岸部や内陸部の泥炭地帯や湿地林地帯も長らく人口稀薄なままであった。主要河川下流部のポンティアナック（カプアス川）、バンジャルマシン（バリト川）、サマリンダ（マハカム川）の周辺や、比較的古くから開けたシンカワン（Singkawan）やサンバス（Sambas）周辺の西カリマンタン州西岸部、バリト川下流部の南カリマンタン南部の水田地帯、そして石油ブームで人口が流入したバリックパパン周辺部を除けば、平方キロメートルあたり二五人以下というように、東南アジア全体からみても人口密度がたいへん低い地域が広がっている。

しかし、この人口の超稀薄地帯にもさまざまな形で人口の移動や流入が起こっている。とくにカリマンタンの多様な自然資源を求めて、外部からの人口流入が顕著になっている。カリマンタンの木材資源や石油資源がインドネシアの主要な外貨獲得源となって、この経済機会を求めてカリマンタン外部から多くの人たちがやってきた。また、石炭や金、ダイヤモンドのような鉱物資源、ロタンのような林産物や、沈香、燕巣、ナマコなどの特殊な森林物産や海産物など、カリマンタンの豊かな自然資源を求めて地元民だけでなく域外から多くの人たちが移動・流入するようになっている。

こうした人々の移動が「開発の時代」以降、とりわけ加速されている。上に述べた豊かな自然資源を求めての移動だけでなく、土地そのものの開発をねらって、多くの人々が流入するようになってきた。人口密度の低い地域には、当然ながら、未利用の土地あるいはかつて利用されたけれどもいまは放棄されたままになっている土地がある。こういう地域で大規模なプランテーション開発や政府のトランスミグラシ（中央政府または地方政府が計画する大規模な移住政策。以下、「移住政策」と記すのはすべてこのトランスミグラシを指す）がはじまって、人々が開発地へ向けて移動するようになってきた。さらに、自発的移住民[7]とよばれる人たちも自らの農地を得るためにカリマンタンへ移動している。

近年のカリマンタンの地域開発をめぐる変化が、カリマンタンの自然環境に大きな変化を与えていることはすでに多くの指摘がある[8]。本章でモデルとしてとりあげようとする河川流域も、流域の土地・資源利用や河川そのものの利用の面で、すでに大きな変化にさらされている。「開発の時代」のこうした大きな変化を念頭におきながら、「カリマンタン水系モデル」とでもよぶべきモデルを提示して、この地域の形成について考えていくことにしよう。

三　カリマンタン水系モデルと地域の形成

カリマンタンの水系モデルを検討する前に、河川一般についてその特徴を概観しておこう。河川はその流路の傾斜や流量によって大きく様相を異にする。山地の上流部は一般に流量は少なく、下流に向かうにつれて各支流の水を集めた本流の流量が増大する。一方、上流部の流れは速く、下流部に向かうにつれて流れは緩慢になっていく。そして広大な低地が広がるところでは、流れが下流へ向かわずに、洪水となって河川敷から溢水し、低地全体に大きく拡散して、その流れが滞留するところがある。いわゆる氾濫原である。さらに最下流部では、海岸部に広がる低地が広ければ、河川は多くの分流にわかれる。海面の干満差の影響を受けて満潮時には上流部へ、そして干潮時には下流部へと流れを変える河川もある。このような感潮河川でも川の流れが滞留しやすくなる。このように、河川にはその水が「流れている」ところと「滞留している」ところがある。

カリマンタンの各水系ももちろんこうした河川の一般的な特徴をもっている。すなわち、河川の流れがときには上流部から下流部へ向けて流れるところと、なかなか下流部へ流れずに、逆流したり、滞留したりしているところがある。しかも、先述したように低い丘陵地やその複合地形が広大に広がり、流域全域にわたって年間降水量に恵まれているカリマンタンでは、河川のこのような特徴が現れやすくなる。さきにカリマンタンの水系の特徴として述べた、流域途中での湖沼群や湛水地帯の存在もその一つである。たとえば、西カリマンタン州のカプアス湖沼群

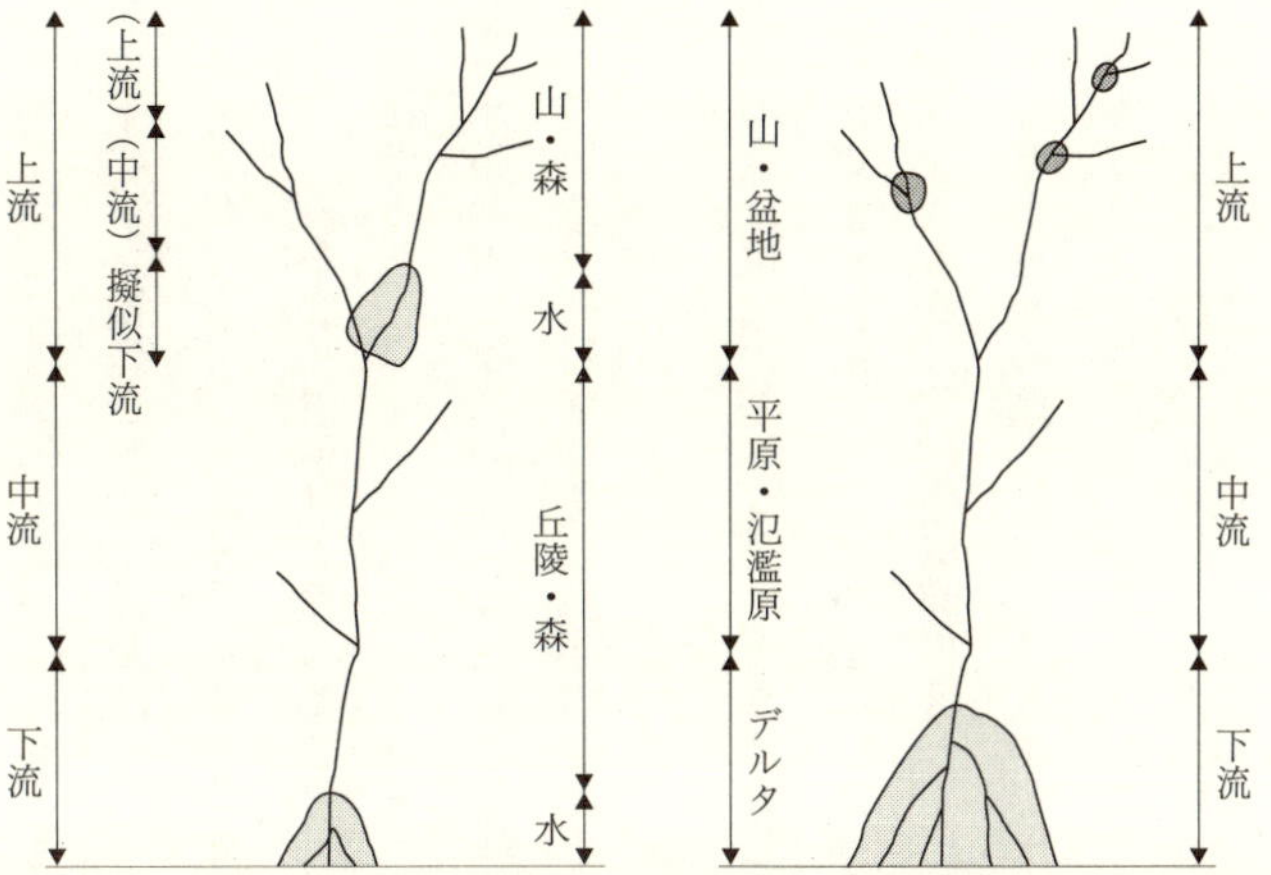

図2　カリマンタン水系モデル（左）とチャオプラヤ水系モデル（右）

注）チャオプラヤ水系モデルは高谷（1982）による．

を含む低地一帯を、カプアス川上流部に位置するにもかかわらず「擬似下流」とよぶことがある。この地帯が上流域に位置するにもかかわらず、河川の流況特性からみるとまるで下流域と同じような特徴をもつからである。マハカム川の中流域に位置するマハカム湖沼群も、カプアス湖沼群と同様に擬似下流といってよい特徴を備えている。そして、バリト川の場合も、ヌガラ川との合流点一帯だけでなく、その西側のカハヤン（Kahayan）川などとともに、中流域から下流域にかけて広大な湿地帯を形成して、擬似下流といってよい様相を呈する。

こうした特徴を加味してカリマンタンの主要な河川の流路を一般化して、水系モデルとして模式的に示したのが図2である。比較のためにチャオプラヤ水系の模式図も併せて示しておいたが、カリマンタンの水系モデルが流域構成において一種の二重構造になっているのがこのモデルの特徴である。すなわち、ひとつの河川が下流部に到達するまでにその上流部や中流部に下流部と同じような特性をもった流域をもつために、その地域から上流部にかけての水系が、上流から下流までが揃った、あたかも一つの完全な河川であるかのような特徴を備えることをこのモデルは示している。

では、なぜこれがモデルたりうるのか。このことを説明するためには、河川には「流れている」ところと「滞留している」ところがあるという点を、もう一度思い起こしておく必要がある。一般に、河川の流れが変わり、流速が低下すると搬送される土砂が沈下して堆積作用がはじまる。とくに、水の流れが滞留するところでは、堆積作用が進むだけでなく、その水界の生物生産量が増加して、結果として栄養分に富んだ土壌をもった地域が形成される。(9)そして、生物的な生産力に恵まれたこういう低湿地では、その潜在的生産力を利用するために人々が集住してくるようになる。

各水系の流域全体が深い熱帯林に覆われていた当時は、川筋が流域の上流部と下流部をつなぐ唯一の交通路となっていた。そして、その川筋のところどころに流れが「滞留する」ところがあった。乾季になって流域の水量が低下するにつれて、氾濫原や湖沼などの浅く湛水したところの地面が現れると、そこに人が住みついてその豊かな土壌の上に生活の基盤を築くようになる。こうして、カリマンタンでは、河川沿いの低地や擬似下流の周辺部が、人々が集まり利用するところとなった。とりわけ、湖沼地帯や広大な氾濫原の周辺部で、大きな河川が合流しているようなところは、近代以前にはとくに重要な戦略的位置を占めていたにちがいない。そこは、上流の山地帯からの人々と下流から遡上してくる人々が出会う場所でもあったからである。

東カリマンタンのイスラム小王国クタイ（Kutai）の古都が、王国がイスラム化する以前にどこに位置していたのかは知られていない。しかし、たとえばムラワルマン碑文やヒンドゥー神像などが出土し、クタイ王国スルタンの遠祖の墓があると言われるムアラ・カマン（Muara Kaman）は、このカリマンタン湖沼群のすぐ下流に位置している。また、南カリマンタンのイスラム化以前の王国ヌガラ・ディーパ（Negara Dipa）もバリト川流域の氾濫原に近いヌガラ川沿いに位置している。このように、イスラム期以前のこれら地域の中心地が、河口に近い現在のサマリンダやバンジャルマシンではなく、より内陸部の湖沼地帯や湿地帯に面していたことは、この地域がかつての重要な戦略的拠点であったことを物語っているように思われる。西カリマンタン州のカプアス川流域では、クタイやヌガラ・ディーパのような王国は知られていないが、川沿いに展開したイスラム小王国がこのカプアス湖沼群に近いシンタン（Sintang）やスリンバウ（Selimbau）にもできて、そこがマレー人や中国人と奥地のダヤック人たちとの交通の拠点となった。そして、この小王国の首長もまた、ジャワの王国の血筋を引く系図をもち、ヒンドゥー文化の名残りを示す遺物を伝えている。これらから、どの水系においても、中流域の湖沼群や湿地帯付近が古くから地政学的に重要な位置を占めていたことが推測できよう。

生態的な観点からみると、こういう湖沼群や氾濫原の周辺地域は、陸域と水域という二つの生態系が遷移するエコトーンにあたる地域である。[10] 湖沼群や雨季に水没する氾濫原では、本流の水位の上昇に連れて魚類が移動し、繁殖をはじめる。そして減水期がはじまると、水域で繁殖した魚類は次第に分布密度を増してくる。こうして、水域が縮小する乾季になると、魚類が捕獲しやすくなるだけでなく、魚を求めてやってきた鳥類の狩猟や、開花をはじめる湿地林での蜂蜜採取などの資源利用が容易に行えるようになる。こうして、自然資源を効率よく利用できる環境がこの水域と陸域のエコトーンに生まれることになる。

さらに、このような湖沼群や氾濫原が位置するところは、本流に向けて多くの支川が流入する低地であることから、この水域周辺の河川合流点は、下流から遡上してきた人たちと、それより上流の内陸部に住む人たちとが交差する交通の要衝ともなる。カプアス川沿いでは、ナンガ（Nanga）、バリト川やマハカム川ではムアラ（Muara）とよばれる河川の合流点には上流地域と下流地域を結ぶ交通拠点としての町が成立している。下流部低地の森林に覆われた内陸部が事実上、交通不可能であった時代においては、湖沼地帯や氾濫原地帯からさらに上流部に位置する各支流の水系がひとつのまとまった生活圏を形成し、それらすべての生活圏の出口にあたる地点、すなわちこの疑似下流地域を流れ下る河川の合流点が流域全体の産物を外の世界へ積み出すとともに、外界からの産物を積み入れるもっとも重要な中継点としての位置を占めていたものと思われる。カリマンタンの自然資源の利用をめぐって一つのまとまりをもった世界が、疑似下流の上流域にあったといえよう。

イスラム化の波が上流部へ向けて本格的に及んでくる時代になると、疑似下流のさらに下流部、すなわち本流の中流域や下流域へ人々が定住をはじめるようになった。上流部と基本的には同じように、河川の合流点を結ぶ商業ネットワークがマレー人や中国人の進出によって形成され、上流域へと拡大していった(11)。また、本流沿いに居住し、内陸部での資源採取と農業開発に従事する人たちも増加していった。とりわけ、一九世紀から二〇世紀にかけてこうした定住型の開発が進んでいったが、なかでも中流域や下流域への進出に大きな役割を果たしたのは、二〇世紀に入って盛んになる丘陵地でのゴム栽培と下流部低湿地でのココヤシ栽培や水田稲作の拡大であった。ゴム栽培の場合は、それまでの生業であった焼畑耕作にゴムの植林を組み合わせることができたので、内陸部の土着の人々もまた競ってゴム栽培に参入していった。そして、ココヤシ栽培や水田稲作の場合は、バンジャール人がバリト川下流域ではじめた畝立て栽培法や潮汐灌漑稲作法が、下流部低湿地でのひとつの標準的な技術となって、バンジャール・システムとでもよびうる耕地造成法によって下流部低湿地の開拓が進んでいった(12)。

こうした新しい開発にかかわる人たちの多くは、土着の人々ではなく、外部から移動してきた人たちであった。カプアス川流域へのマレー人やバンジャール人、ブギス人、そしてバリト川流域へのジャワ人やブギス人、さらにマハカム川流域へのブギス人やバンジャール人などである。疑似下流より上流部の地域では、湖沼群や氾濫原下流の河川合流点に居住するわずかな数の商人たちが上流域を外の世界へとつなぐ人たちで、その上流域には土着の人たちが住むだけであった。一方、中・下流域での開発を担った人たちの多くは、下流から上流へ向けて移動してきた人たち、しかもカリマンタン外部からこの島に移住してきた人たちが多かった。こうして、中・下流部への人々の移住が進むことによって、カリマンタンの主要河川に沿った地域の基本的な構造、すなわち、「各々の民族が互いに地理的・社会的距離を保つ小人口世界としての複合民族社会」[13]が形成されるようになった。

カリマンタンの主要河川が、上流から下流にいたる一つの水系としてのまとまりを見せはじめるのは、きわめて新しい時代、せいぜい一九世紀から二〇世紀初頭くらいと考えるのが妥当なように思われる。それ以前は、疑似下流から上流部がむしろ中心域で、中・下流部はその地域を外界と結ぶいわば海の延長としての通路の役割を担っていたにすぎなかったのではなかろうか[14]。そして、中・下流部に人々が進出するようになって、次第にその中心が下流部に移っていき、流域全体の出口にあたる現在の州都、ポンティアナックやバンジャルマシン、サマリンダがかつての上流域の中継地に代わって繁栄するようになったといえよう。

こうして、上流から下流にいたる水系全体が一つのまとまりをもつようになったが、その後長く開発の波が及ばない地域が残ることになった。一つは、この水系の最下流のデルタ地帯、そしてもう一つが中流部から下流部にかけて広がる森林地帯である。しかし、この両地域も一九六〇年代後半以降の「開発の時代」を迎えて、大きく変貌していった。

最下流のデルタ地帯は、すでに述べたように河川の流れが滞留するところである。と同時に、潮汐が侵入する汽水地帯で農業開発が困難な地域であったが、ここにもジャワ人やブギス人が移住して農地を開き、潮汐灌漑稲作やココヤシ栽培を拡大していった。そして、もっとも海に近いマングローブ林はおもにブギス人の移住によって養魚池へと変化している。一方、内陸部の森林地帯はコンセッションを得た伐採会社によって木材資源として伐採の対象となっていった。伐採木の河川による搬送が必要なため、そのコンセッションの多くは、河川沿いに伐採基地を設け、河岸から内陸部へ伸びる道路を開いて森林を伐採していった。そして、その労働力の多くがジャワ人やブギス人など外部からの流入者であった。

カリマンタン水系モデルを提示しながら、各流域の地域形成の過程を概観してきたが、あらためて感じるのは、カリマンタンの豊かな自然資源がもつ吸引力の強さである。過去の時代がそうであったように、いまもこの自然資源を求めて新たな時代の地域形成のダイナミズムが生まれている。それは、水系に沿った「線的な」フロンティアの拡大から、内陸部へのベクトルを一層強めた「面的な」フロンティアの拡大である。[15] そしてその担い手もまた、中・下流部の線的なフロンティアを拡大した人たちと同じく、カリマンタンの外からやってきた人たちが主役であった。これまでの地域形成の骨格であった河川流域を離れて、彼らが内陸部へも開発のフロンティアを拡大する時代になってきたのである。

四　資源をめぐるさまざまなフロンティア

1　自然資源をめぐるフロンティア

古来、カリマンタンに人々を引き寄せてきた自然資源の多くが稀少資源ともよばれる森林産物であった。その主要なものは、山地や丘陵地に住む土着の人たちが森にわけ入って採集する樹脂（ジュルトンやダマール）や香木（沈香）、燕巣であり、川の流れに身を沈めて採集する砂金であった。薄く広く分布している資源が地元の先住民によってごく小規模に集められ、下流からやってくる仲買人によって買い取られたのち、河川合流点の中継地の商人に集められて、外の世界へと運ばれた。

しかし、こうした伝統的な採集活動にもすでに変化が起こっている。たとえば、上流部の山地に住む先住民も、いまはその村に駐在する中国人商人から前貸しの資金を得て、グループを組んで長期間森林にキャンプを張り、沈香を探すようになっている。そして、先住民だけでなく、インドネシアの各地からやってくる若者たちが沈香の採集に加わるようにもなっている。(16) たまたま東カリマンタンのアポ・カヤン（Apo Kayan）地方での調査中（一九九四年）に出会ったジャワ人の採集グループは、両親とともに移住政策によって一九七八年に南カリマンタンのコタ・バル（Kota Baru）に移住してきたという若者たちで、このときはすでに約一か月、この付近の森林で採集を続けているという。彼らの出身地はさまざま（東ジャワ出身者が一人、中部ジャワが二人、西ジャワが一人）で、移住先で互いに知り合って仲間をつくっていた。一人はすでに一九八二年から沈香採集に加わったというから、すでに長くこの仕事を続けていることになる。資金を提供する中国人商人の家に住み込んで、長期の採集に頻繁に出かけているという。このように、カリマンタンの先住民の典型的な採集型生業であった沈香採りにまで外来者が参入するようになっている。

金の採取方法も変わってきた。もちろん、これまでと同じように川に入って砂金を採る人たちがたくさんいるが、中国人商人が資金を投入する大規模な露天掘りの金採掘が行われるようになっている。カプアス川上流部で見かけたその方法は、動力ポンプを使って川から汲み上げた水をコンプレッサーで土層に吹きつけ、土をたっぷり含んだ泥水を再び櫓のような高さにまでポンプで押し上げて、そこから滑り台のように斜めにしつらえた板の上を流して金を採るというものであった。クルジャ・パリット（kerja parit、水路仕事）とよばれるこの方法は、川のなかで木製の盆（ドゥラン）を使って砂金を探す先住民によると、イスラムの人たち（Orang Islam）の方法で、近年この地域ではじまるようになったという。この現場では、マレー人とイバン人が雇われていたが、インドネシア各地、とくにジャワ人の若者もクルジャ・パリットで多く働いているという。そして、このクルジャ・パリットの現場には、「滑り台」を流れてきた残滓の泥が溜まっているところで鍬やドゥランを使って砂金採りをするジャワ人たちもいる。彼らの多くは移住政策で移ってきた人たちだが、ほんのわずかでも砂金が採れるので、農閑期を利用して、クルジャ・パリットのおこぼれを頂戴するためここに逗留しているという。

すでに河川の上流部まで外来者が入り込んで、もともと先住民が行っていた小規模な採集活動に参入し、より大規模かつ収奪的な方法でこうした資源の抽出が行われている。水系モデルにあてはめれば、これまで先住民の採集活動の場であった疑似下流よりもさらに上流域に、下流からやってきた外来者がその資源採取のフロンティアを拡大していることになる。

疑似下流の湖沼群地帯においても外来者による資源採取のフロンティアの拡大があった。カプアス湖沼群では、すでに述べたように豊富な淡水魚が棲息する。この淡水魚を求めて、古くからマレー人がこの湖沼地帯に移住している。この湖沼地帯の北東部、ムラユ湖（Danau Melayu）の北岸にあるランジャック（Lanjak）の郡役所によると、郡人口は約五〇〇〇人で、イバン人、エンバロ（Embaloh）人、マレー人がほぼ三分の一ずつを占める人口構成になっているという。土着の前二者がこの地域に移住してきたのは、一九世紀初めごろと言われており、マレー人の移住は、オランダ時代にはじまるという。しかし、マレー人が大量に移住してきたのは戦後のことで、そのほとんどが、この湖での漁撈のための移住であった。彼らは、乾季が始まると湖のなかに出小屋をつくり、網や仕掛けで魚を獲り、薫製魚に加工して、下流地帯へ出荷している。先住民のイバン人やエンバロ人は漁撈には従事せず、もっぱら焼畑耕作によって生計を立てているという。最近では、イカン・ジュラメ（ikan juramai）のような高級魚は生け簀で畜養されて、マレーシアへ活魚のまま輸出されるという。

マハカム湖沼群でも同様な状況が見られる。この湖沼群の南西部に位置するジェンパン湖（Danau Jempang）付近にはもともとバヌア（Banuaq）人が居住して焼畑耕作を行っていたが、湖沼地帯の魚を求めて下流から外来者が移住してきた。ジェンパン湖の入り口に位置するジャントゥル（Jantur）は、バリト川流域のヌガラやアムンタイ（Amuntai）からやってきたバンジャール人の集落で、一見したところ約八〇〇戸ほどの高床住居が川沿いに軒を連ねる大きな集落となっている。また、湖の西岸に位置するタンジュンジョナイ（Tanjung Jonai）は、南スラウェシからやってきたブギス・マカッサル人の村である。約二〇〇戸ほどの高床住居が並んでいる。彼らもまた、乾季の漁期には筏小屋を湖に据えて魚を獲り、カプアス湖沼群の場合と同じくおもに薫製魚を出荷し、高級魚を活魚のまま出荷している。

2　河川沿いに進む商業活動のフロンティア

疑似下流からさらに上流部への外来者の流入と軌を一にして、商人もまた河川沿いをさらに上流部へ向けて移動している。山地を縫う小道以外に外部と連絡のない上流部では、河川がいまも人や物資の重要な流通路である。商人は、この河川沿いの合流点などに位置する既存の集落に居を定め、森林物産の買い付け、下流から運ばれる生活物資の販売、物資や乗客の運搬などに従事している。河川沿いに散らばっていた先住民の集落の再定住化政策が進み、役所や学校がある、地域の中心となる集落へ人々が集められていることも、このような商人たちの活動を活発にしている。

マハカム川の最上流部ロンアパリ（Long Apari）郡の郡役所があるティオンオハン（Tiong Ohang）もそういう商人たちが集まる集落である。この集落に一九七四年にやってきたスラウェシのボネ出身のブギス人商人は、ここで燕巣の仲買いを中心に雑多な商いをやっている。一九四九年の生まれで、一九歳のときにサマリンダへ出稼ぎにきたのがカリマンタンに定住するきっかけとなった。サマリンダでは日用品を売り歩く行商をしていたが、まもなくロンイラム（Long Iram、ティオンオハンの下流）に移り、ダヤック人と結婚してこの地に移ってきたという。塩、灯油、食用油、タバコ、樹脂、石鹸、布地などを商って、七九年にはここに商店を構えることができるようになった。ウジュンパンダンから仕入れた品物をバリックパパン、サマリンダなどを経て上流部まで運ぶと三倍の価格で売れたらしく、順調に商売を続けることができたようである。彼によると、この郡では三六人の住民が燕巣を採る洞窟を所有しており、住民の約七割が燕巣採取の仕事に従事しているという。彼自身は一九八九年から燕巣や沈香の仲買いをはじめた。燕巣や沈香の価格はこの当時急速に高騰していて、いい商売になったという[17]。ティオンオハンの下流、ロンバグン（Long Bagun）やロンパハンガイ（Long Pahangai）でもブギス人の商人が宿泊所を兼ねた商店を経営し、ティオンオハンのブギス人商人と同じく、森林産物の仲買いと日用品の商いを手がけている。

マハカム川上流部ではスラウェシからやってきたブギス人商人が多いが、カプアス川では、中国人およびマレー人がおもに商業活動に携わっている。とくに中国人は、バンドン（bandung）とよばれる大型船に物資を積んで、本流沿いの各地を移動しながら長距離かつ長期間の商いを行っている。その多くは、ポンティアナックや本流沿いの大きな町から来ているが、ほぼすべての商人が流域各地に寄港地をもっていて、そこを基地にしながら下流からの日用品や高価な消費財を運び、上流からは森林物産や金を買い集めて下っていく。疑似下流の上流部プトゥシバウ（Putussibau）まで大型船が航行できるので、プトゥシバウまでの本流沿いに位置するナンガピノ（Nanga Pinoh）やスミタウ（Semitau）などの大きな町では、古くから中国人商人が定着して商業活動を活発に行っている。そして、これらの中国人商人のなかに、プトゥシバウよりもさらに上流部へと森林物産の買い付けに出かける人たちがいる。

ブギス人や中国人ほど規模の大きな商いをするわけではないが、ジャワ人もまたカリマンタン各地で行商などの小規模な商業活動を行っている。たとえば、先述したブギス人商人によれば、マハカム川最上流部のティオンオハンにジャワ人の行商人がやってきたのは一九八九年のことであったという。衣類の行商人が最初で、そのあと大工やワルン（食料や日用品の販売を兼ねる簡易食堂）を開くジャワ人が入って、ティオンオハンにはすでにブギス人とほぼ同じ人数のジャワ人（いずれも約二〇人ほど）が定住しているという。カプアス川の上流部でも、行商や小商いをするジャワ人が増えている。これは、政府の移住政策により入植したジャワ人が入植地の外で小規模な商いをはじめていることとも関係している。簡易食堂を開き、そこではすべて移住政策で移ってきたジャワ人の子女が働いているという例も多い。規模は小さいながらも、ジャワ人の商業活動が近年次第に上流部に浸透しはじめている。

森林産物の流通を支えるこうした「つなぎの民族[18]」の存在が、カリマンタンの自然資源採取のフロンティアをさらに上流部へと押し上げる役割を果たしている。では、カリマンタンに昔からあったこのような河川に沿った線的なフロンティアの拡大の一方で、面的なフロンティアの拡大がどのように起こっているのか。それを、以下にみていくことにしよう。

3　ジャワニサシ――農地開発のフロンティア

すでに、森林物産の採取にせよ、小規模な商業活動にせよ、多数のジャワ人がそれに参入して上流部へ移動していることを紹介した。そして、彼らの多くが政府事業である移住政策によってカリマンタンに移動してきた人たち、あるいはその子弟たちであることにもふれておいた。このように、移住先での農業だけでは生活が維持できず、農業以外のさまざまな経済活動にジャワ人が進出しているものの、カリマンタンにおけるジャワ人の存在をもっとも強く印象づけるのは、彼らの農業部門への進出である。移住政策の進展によるジャワ人移住者の増加、そしてそれと連動するかのような自発的なジャワ人移住者の流入が、カリマンタンの農業だけでなく、地域そのものの特徴をも大きく変化させる契機となっている。

以下に示す西カリマンタンの事例は、このような変化を端的に示しているように思える。それは、カプアス川中流域の右岸に位置するサンガウ（Sanggau）から上流へ約一〇キロメートル、そしてそこから内陸部へ約六キロメートル入った丘陵地に開かれたジャワ人の農地である。焼畑あとの二次林や、荒れたゴム林、放棄されたコショウ園、チガヤ草地などが広がる、カリマンタンに典型的な人口稀薄地帯の粗放な農業が営まれている丘陵地に突然現れた、みごとに手入れが行き届いたランブータンの果樹園がそれである。これはきっとジャワ人の仕事にちがいないと思い訪ねてみると、予想どおり、ジャワ人の自発的移住者の農地であった。

この農地を管理するジャワ人は、中ジャワ州のプルウォクルト（Purwokerto）の出身で、一九八一年にサンガウの下流の町ムリアウ（Meliau）付近に開かれたアブラヤシ・プランテーションの労働者としてカリマンタンにやってきた。そこで八年ほど働いて、こちらに移住してきたという。農地の所有者は地元のマレー人で、二年前に友人のもう一人のジャワ人とともにチガヤに覆われていた丘陵地の開墾にとりかかり、まずランブータンの苗木を植えて果樹園を造成した。現在、一部にはゴムの苗木も植え、丘のあいだの湿地には小さな水田を、そして果樹園と水田のあいだには畑地を開いて、ササゲ、サツマイモ、トウガラシ、ラッカセイなどの畑作物を栽培している。開墾をはじめて二年あまりが経過しているが、ランブータンがすでにずいぶん大きくなってきたので、果樹園やその他の農地を十分に管理できるよう、いまはこの農地のなかに定住しているという。[19] 将来、ランブータンが実るようになったときに、この土地が所有者とジャワ人とのあいだでどのように分割されるのか、このジャワ人は答えなかったものの、やがてはこの土地の一部を入手して自作農へと転身していくのであろう。

彼のようなジャワ出身の自発的移住者の定住によってこれまでカリマンタンでは見られなかった集約的な農地利用が各地に浸透しはじめている。その一方で、大規模な農地の開発も移住政策によって進行中で、その入植者の多くもジャワ島の出身者である。カプアス川流域では、移住政策による入植地が、調査当時（一九九二年一〇月）、ちょうど最上流の町プトゥシバウに開かれたところであった。町からわずか一、二キロメートル東北部に位置するその入植地は、低地の泥炭土壌地帯に開かれて、大部分がまだ湿地林に覆われているというひどい状態であったが、すでに入植予定者二〇〇家族のうち第一陣の七五家族がジャワから到着していた。いずれは彼らによってこの泥炭林地帯が農地に変わっていくにちがいない。プトゥシバウでは二か所にこのような入植地がすでに開かれているという。マハカム川の上流部も同様で、一九九二年には、大型船が航行できる最上流の町ロンイラムに移住政策の入植地が開かれている。一九九二／九三年度には約二五〇家族、翌年度には六〇〇家族が入植し、その半分がジャワからの入植者、そして半分が地元の人たちに割り当てられていた。[20] このように、カリマンタンでは、主要河川の大型船の航行可能な最上流部にまで、ジャワ出身者による大規模入植地の開拓前線がすでに到達した。下流域や中流域の内陸部からはじまった移住政策による農地開発が、ついにその流域のほとんどすべての地域を覆うことになったのである。

同様なことが、プランテーション開発でも起こっている。たとえば、先に紹介したジャワ人の自発的移住者が入植したサンガウ県には、アブラヤシのプランテーション開発と連動した移住政策が一九八六年から始まっている。PIR（ピール）と略称されるこの事業は、プランテーション公社の園地と移住政策による入植地とを一体化して大規模なプランテーションを開くもので、県役所によると、当時すでに四つの郡に六か所のピールが開かれ、さらに一九か所（多くは、カプアス川右岸のサンガウ県西部と東部の丘陵地、および左岸のサンガウに近い丘陵地）に同様なプランテーションの開園を計画中という。すでに開かれた六か所には一五〇〇家族が入植し、その約五割がジャワからの移住者、二割が沿岸部から移住したマレー人、そして三割がこの地域在住のダヤック人である。ただし、ダヤック人たちはピールの土地には入植せず、彼らの村に住んだままこの土地の割り当てを受けたという。サンガウ県に限らず、同じ方式によるプランテーションの開発は、西カリマンタンだけでなく、カリマンタン全域に急速に拡大している。そしてこの場合も、多くが河川沿いよりも内陸部での開発であるのが特徴である。[21]

政府の移住政策やプランテーションを含めて、インドネシアの各地へジャワ出身者が拡大している現象は、一般的にジャワニサシ（Jawanisasi）、すなわち「ジャワ化」とよばれている。[22] 言い換えれば、ここで紹介した移住政策やプランテーションによる農業開発のフロンティアは、農業部門におけるジャワニサシの典型的な例であったと言うことができる。森林物産を求めて河川沿いに展開したこれまでのカリマンタンにおけるフロンティアの形成とは異なって、このジャワニサシのフロンティアは、河川交通から陸上の道路交通への移行と並行しつつ、急速に内陸部へその前線を展開している。そして、その背後には、中央政府の開発政策という大きな背景があったことも、これまでのカリマンタンのフロンティア形成にはみられなかった特徴であった。従来の「分散型生態資源」（注16を参照）を採集するフロンティアの展開とは比較にならないほど大きなインパクトが、このフロンティアの拡大によってもたらされることが予想されているように、[23]「開発の時代」とともに拡大したこの新しいフロンティアは、これからも長くカリマンタンの地域形成に大きな影響を及ぼしていくにちがいない。

五　東南アジア島嶼部の水系モデルとフロンティア形成——おわりにかえて

「カリマンタン水系モデル」と銘打って、水系を中心にカリマンタンの地域形成の歴史を理解しようと試みてみたが、もちろん、それがうまく成功したとは思っていない。ただ、カリマンタンの歴史が、このモデルによれば、まずは水系の上流域と「海」との交通によって、そして、それが次第に水系全体にわたる交通に置き換えられながら

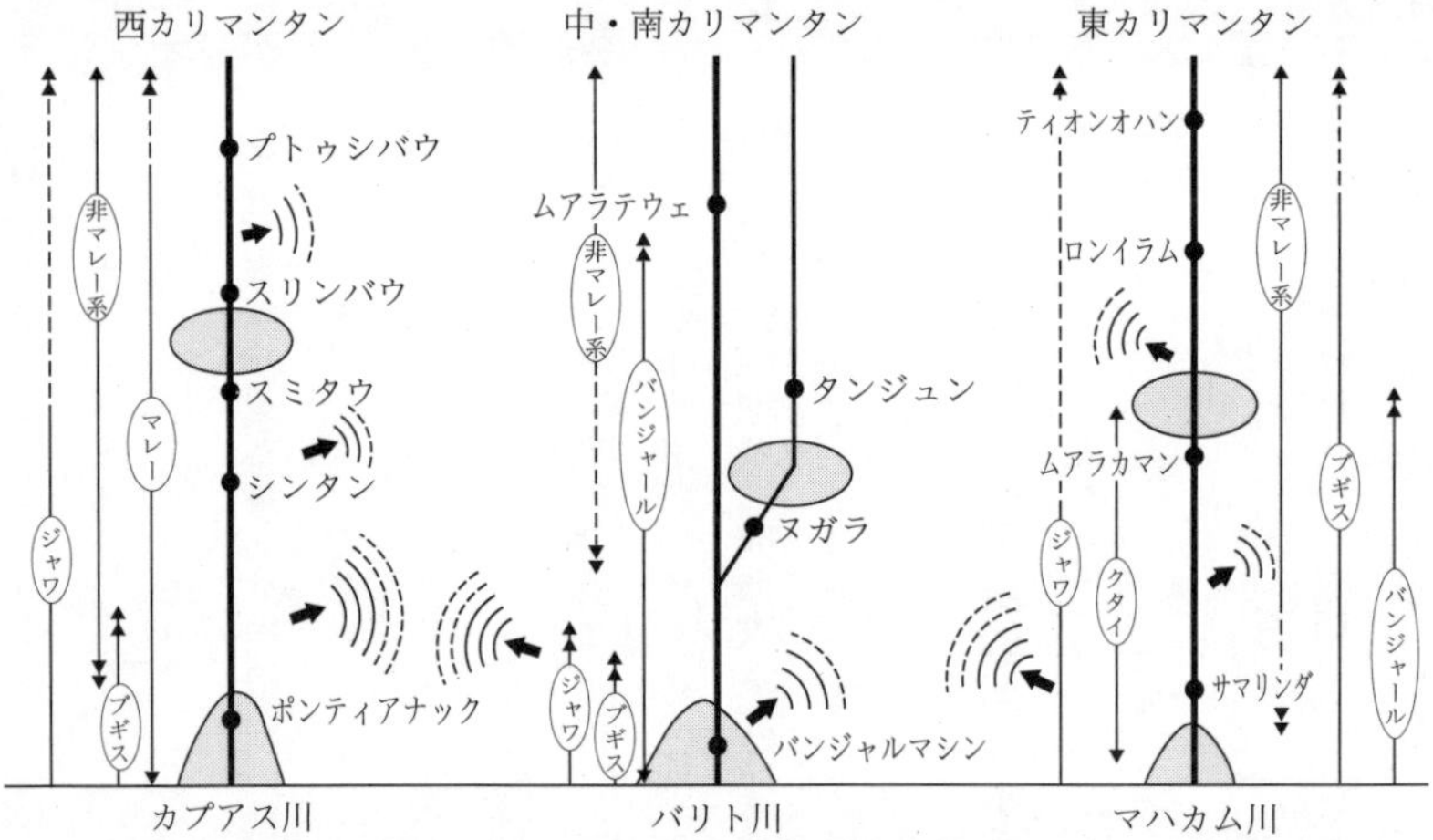

図3　カリマンタンの三つの水系におけるさまざまなフロンティアの展開

注）1．両矢印で示すエスニックグループは各水系に土着の人たち．片矢印は外来者．二重の矢印は移動の主要な方向を示す．これらはすべて水系沿いに展開するフロンティア．
2．太い矢印と実線と破線の曲線で示したのは，おもにジャワニサシとよばれるジャワ出身者の内陸部への農業フロンティアの拡大を示す．東カリマンタンの場合はこの中にブギス人も含まれる．
3．「非マレー系」としたのは，ダヤック，イバン，カヤン，ケニャーなどのカリマンタン在住のエスニックグループ．

も、基本的には水系沿いのさまざまな自然資源を求めるフロンティア形成によって展開してきたことがうまく説明できるのではないかと思っている。そして、近年の農業開発のフロンティア、あるいはジャワニサシのフロンティアが、この水系から離れて内陸部へと展開し、新たなカリマンタンの地域形成の動因となっていることも、水系モデルを立てることによってより対比的に描くことができるのではないかと思う。

以上のようなフロンティアの展開を水系モデルのなかにあらためて整理しなおしたのが図3である。この図には、カプアス川とバリト川、マハカム川の三つの主要河川が代表例として描かれているが、このように図示したのは、カリマンタン各地に共通するさまざまなフロンティアが展開する一方で、それが地域によっては異なった様相を伴いながら展開していることを示したかったからである。東南アジア島嶼部を「フロンティア世界」として特徴づけうる大きな理由として、この図に示したような、過去から現在にわたるさまざまなフロンティアの交錯をあげることができるであろう。豊かな熱帯自然資源の存在だけでなく、その資源をめぐってさまざまな人たちの「社会文化生態力学」(注10を参照)が絶えず働いているところがフロンティア世界であるとすれば、図3にまとめられたようなカリマンタンもまた、東南アジアのひとつの典型的なフロンティア社会であると言って差し支えないように思う。「フロンティア世界としての東南アジア」という仮説に迫るには、あまりにも断片的な証拠を示したにすぎないが、水系モデルにもとづいて導かれたこの図3を、本章のひとまずの結論として提示しておきたい。

最後に、カリマンタン以外でも、カリマンタンと同様なことがうかがえるのかどうか、換言すれば、「カリマンタン水系モデル」が他の地域にも援用できるのかどうか、そのことに簡単にふれて、本章のしめくくりとしよう。

東南アジア島嶼部における一九世紀河川交易の重要性を指摘した大木(1981)は、スマトラ東海岸へと流れる同島中・南部の主要河川の水系を交易ネットワークのモデル(24)として描いている。それによると、下流域が深い熱帯林に覆われていた当時のスマトラにおいては、河川交易が唯一の海岸への輸送ルートで、上流部山地の西スマトラの産物を中継する川港(pangkalan)の役割がたいへん重要であったことを指摘している。カリマンタン水系モデルにあてはめれば、ちょうど疑似下流出口の河川の合流点にあたる立地を占めていたのが、この川港である。そして、この中継地を過ぎた物資は、次の重要な中継地である河口の海外貿易港へと運ばれたという。ここでも、カリマンタンと同様に、途中の下流域は海につながる通路に過ぎなかったようである。バリサン山脈を流れ下った河川は、カリマンタンにくらべればはるかに短い幅の丘陵地を流下したあと、森林に覆われた広大な低地を蛇行しながら流れていく。カリマンタンのような疑似下流がない点が異なっているが、上流から下流にいたる河川構成とそれにもとづく流域利用の特性、すなわち自然資源を求めるフロンティア状況は、カリマンタンの場合もスマトラの場合もまったく同様なセッティングのもとにあったようである。そして、この下流地帯に農業開発のフロンティアが及ぶようになるのは戦後のことで、「開発の時代」になると、カリマンタンについて述べたのとまったく同様に、低湿地内陸部への農業開発や森林伐採が進んでいった[25]。まさしく、ここでも水系に沿って展開していたフロンティア形成が内陸部のフロンティア形成へと転換しているのである。

熱帯降雨林に覆われたカリマンタンとスマトラという大きな島の比較の場合には、カリマンタン水系モデルがどちらにも十分にあてはまるようである。「森」と「海」、そして両者をつなぐ「川」というこの三つの生態単位におけるフロンティアの展開が、これら両地域のかつての地域特性となっていたが、その三つの単位にさらに農業やジャワニサシに代表される「野」という生態単位[26]が加わって、内陸部でのフロンティア形成が勢いを増しているのが、いまのカリマンタンやスマトラの状況である。以上のような結論をえたものの、東南アジア島嶼部のフロンティア形成を考えようとするとき、ここに示したような大きな島の水系モデルをあてはめることができない、沿岸部やより小さな島々からなるもう一つの海域世界があることも忘れてはならない点である。しかし、すでに紙幅もつきたので、そのことは将来の課題として残しておくことにしたい。

註

(1)「チャオプラヤ・モデル」においては、水田稲作の展開と関連づけて上流部の盆地を単位とした「古代的」国家の形成と下流部の「中世的」貿易国家の形成が論じられた(石井 1975)。このモデルとなったチャオプラヤ水系の地形学的位置づけについては、高谷(1982, 10-19)が参考になる。なお、本章で論じようとする東南アジア島嶼部と比較するとき、大陸部で大きな役割を担った水田稲作が島嶼部ではほとんど問題にならない点が対比的である。

(2)東南アジアを「フロンティア世界」とみることについては、田中(1999b)を参照。

(3)平成四年度から六年度の三か年にわたって、文部省科学研究費補助金(国際学術研究)「島嶼部東南アジアのフロンティア世界に関する動態的研究」（代表者：加藤剛）によって、カリマンタンの四州すべてを調査することができた。本章での観察・聴取事例はすべてこの調査で得られたものである。

（4）MacKinnon et al.（1996, 395）によると、一九六八年にはカリマンタン全面積の七七パーセントが森林に覆われていたが、一九九〇年までには六三パーセントに減少したという。同書には、人間のさまざまな開発圧による森林減少が森林のタイプに従って記述されており、参考になる。

（5）King（ed. 1978）、King（1993）など。

（6）MacKinnon et al.（1996, 25–30）、櫻井（1999, 32）を参照。

（7）移住政策による移住者（transmigran umum）に対して、政府事業などのプロジェクトの支援を受けず、個人の自由な意志で移住する人たちを transmigran spontan とよぶことがある。自発的移住者は後者のこと。

（8）MacKinnon et al.（1996, 573–629）、King（1993, 285–302）、Potter（1991）など。

（9）MacKinnon et al.（1996, 151–155）を参照。

（10）「エコトーン」は、生態学の用語で二つの異なる生態系の遷移帯のこと。田中（1999a, 1999b）は、このエコトーンを「社会文化生態力学」（立本　1996, 43–46）がよりダイナミックに働く「場」としてとらえ、そこでのフロンティア形成について論じている。

（11）King（1993, 103–165）、King（1985, 50–80）など。

（12）Van Beusechem（1939）、古川（1992, 179–196）を参照。

（13）坪内（1998, 13）。

（14）坪内（1998, 6）は、「河川の本流部は、かつての社会の考え方に沿えば、沿岸部と同じく海の一部として知覚されていたとしても不思議はない。川と海とは分離されるものではなく、大河は海そのものの一部であった」と述べている。調査の途次に聞いた、かつての小王国の領域を上流側と下流側に分ける Darat（陸）と Laut（海）というような言葉にも、そのことがうかがわれる。

（15）佐々木（1999）は、道路の整備とプランテーション開発の内陸部への展開を例に、「森林伐採フロンティア」から「土地開発フロンティア」への変化として、近年のカリマンタンにおける資源利用の変化を報告している。開拓前線の変遷を「線的な」河川沿いの開発から「面的な」内陸部の開発への変化として論じているところは、筆者の視点と共通する。

（16）沈香の採集やその流通については山田（1996）を参照。また、山田（1999）は、沈香などの森林産物を「分散型生態資源」として位置づけ、このような資源をめぐる人々の動きをおもにカリマンタンを舞台に紹介している。

（17）このブギス人商人によると、一九八九年にキログラムあたり三万七五〇〇ルピアの価格が、九二年には一八万ルピア、九三年には二五万ルピア、そして九四年には四〇万ルピアにまで高騰した（調査時点の九四年のレートは、一円が二一〜二二ルピア）。また、沈香も、仲買いをはじめたときは上級品でキログラムあたり二五万ルピアであったが、九一年には約四〇万ルピアになった。沈香採りは、ロンボック島やジャワからの外来者に採らせていたが、イラン・イラク戦争で価格が暴落したのと、すでにこの地方での沈香が少なくなってさらに奥地のアポカヤンへ産地が移りつつあったので、聞きとりの時点（一九九四年）では沈香はあまり扱っていないという。

（18）坪内（1998, 34）。

（19）このジャワ人には、マレー人の土地所有者から、農地管理のために月に三万ルピアの現金と三〇キログラムの米が支払われているが、水田や畑の農産物はすべてこのジャワ人が処分できるという。農地管理の農業労働者として雇われているが、実際の農作業の計画や判断を含めてすべて彼に管理が委ねられているという。

（20）東カリマンタン州統計書（*Kalimantan Timur Dalam Angka 1993*）による。なお、このロンイラムの場合、ジャワからの入植者と地域（州）在住の人たちの比率が均衡しているが、これは移住政策が地域振興の一環として計画されるようになってからの傾向で、現地住民に対する配慮という側面が強い。以前の下流地域の入植地では、外来の入植者が圧倒的多数を占めるという例が少なくない。ところが、地元住民にかなりの割合で土地が配分されても、時が経つにつれてその土地が外からの入植者に集中していくという傾向も認められる。

（21）詳しくは、佐々木（1999）を参照。

（22）加納（1995, 8）は、ジャワニサシを、植民地国家から国民国家への進展とともに、「ジャカルタを中心とする国民国家の中心域で形成された制度や文化や慣習」が、「インドネシアの国民的統一」という国是のもとにさまざまな経路と手段により、ジャワから『外島』へと放射状かつ波状的に浸透、波及する傾向」としてとらえ、この傾向が「外島」に居住するジャワ出身者の数が増えたことによって急速に進んでいることを指摘している。

（23）佐々木（1999）を参照。

（24）大木（1981）は、スマトラにおける河川交易ネットワークが果たした重要性を一九世紀の史料の綿密な分析によって指摘しているが、このネットワークをモデルとして提示してはいない。これをモデルとして見るのは筆者自身の理解である。

（25）Tanaka（1986）、古川（1992, 179-233）、阿部（1993）などを参照。

（26）「森」と「野」と「海」については、高谷（1993）を参照

参考・引用文献

阿部健一（1993）「スマトラ泥炭湿地林の近代――試論――」『東南アジア研究』三一巻三号、一九一―二〇五頁。

石井米雄（1975）「歴史と稲作」石井米雄編『タイ国――ひとつの稲作社会』創文社、一六―四五頁。

古川久雄（1992）『インドネシアの低湿地』勁草書房。

加納啓良（1995）「『フロンティア』とジャワニサシ」『総合的地域研究』（文部省科学研究費補助金重点領域研究「総合的地域研究」季刊誌）第

八号、三―九頁。

King, V. T. (ed. 1978) *Essays on Borneo Societies*, Oxford University Press.

King, V. T. (1985) *The Maloh of West Kalimantan*, Foris Publications.

King, V. T. (1993) *The Peoples of Borneo*, Blackwell Publishers.

MacKinnon, K., G. Hatta, H. Halim and A. Mangalik (1996) *The Ecology of Kalimantan*, Periplus Editions.

大木　昌 (1981)「19世紀スマトラ中・南部における河川交易……東南アジアの貿易構造に関する一視角」『東南アジア研究』一八巻四号、六一二―六四二頁。

Potter, L. (1991) Environmental and social aspects of timber exploitation in Kalimantan, 1967–1989. In Hardjono, J. (ed.) *Indonesia: Resources, Ecology, and Environment*, Oxford University Press, pp. 177–211.

櫻井克年 (1999)「ボルネオの土壌と農業」『TROPICS』九巻一号、二七―四〇頁。

佐々木英之 (1999)「転換期にあるカリマンタン――『森林伐採フロンティア』から『土地開発フロンティア』へ」『TROPICS』九巻一号、七三―八二頁。

立本成文 (1996)『地域研究の問題と方法――社会文化生態力学の試み』京都大学学術出版会。

高谷好一 (1982)『熱帯デルタの農業発展――メナム・デルタの研究』創文社。

高谷好一 (1993)「東南アジアの森と野と海」『東南アジア研究』三〇巻四号、三八六―四〇〇頁。

Tanaka, K. (1986) Bugis and Javanese peasants in the coastal lowland of the Province of Riau, Sumatra: Differences in agricultural adaptation. In Kato, T., Muchtar Lubis, and N. Maeda (eds.) *Environment, Agriculture and Society in the Malay World*, CSEAS, Kyoto University, pp. 102–131.

田中耕司 (1999a)「海と陸のはざまに生きる」秋道智彌編『自然はだれのものか――「コモンズの悲劇」を超えて』(講座人間と環境第一巻) 昭和堂、一一〇―一三五頁。

田中耕司 (1999b)「東南アジアのフロンティア論にむけて――開拓論からのアプローチ」坪内良博編『〈総合的地域研究〉を求めて――東南アジア像を手がかりに』京都大学学術出版会、七五―一〇二頁。

坪内良博 (1998)『小人口世界の人口誌――東南アジアの風土と社会』京大学術出版会。

Van Beusechem, D. (1939) De sawahbouw in de moerasstreken van de Zuider- en Oosterafdeeling van Borneo. *Kolonisatie Bulletin*, No. 7: 2–7, Centrale Commissie voor Migratie en Kolonisatie van Inheemschen.

山田　勇 (1996)「香料」『総合的地域研究』(文部省科学研究費補助金重点領域研究「総合的地域研究」季刊誌) 第一五号、三五―三七頁。

山田　勇 (1999)「生物資源をめぐる人々の動態」『TROPICS』九巻一号、四一―五四頁。

第II部

東南アジアの複合性

第3章

多様性／秩序化／地域

――東南アジアとの比較からネパールの地域性を考える

石井　溥

一　はじめに

本章では、インド文明圏におけるネパールのあり方の変遷を主軸とし、その際の比較の対象として、東南アジアに言及することにより、南アジアと東南アジアの地域性の形成の一端について考察する。ネパールを取り上げるのは、筆者がこれまで、主としてネパールを対象に研究を進めてきたからであるという理由によるが、このような視点に立ち、横目で東南アジアを眺めることで、多少なりとも異なる見方が提供できるかと思う。

インド文明圏におけるネパールのあり方の変遷といっても、それは考察対象としてはあまりに茫漠としている。そこで、ここでは、ネパールのカーストのあり方に注目しつつ、それが多様性・複合性を含む社会を秩序化する側面を検討する。カーストについては、筆者はこれまで、ネパールのいくつかの村落調査を通して分析してきたが、本章では（主に二次資料に依拠しての）歴史を遡っての考察も行うことになる。このようにカーストを取り上げ、インド文明との関係を検討することで、東南アジアとの比較も（ごく部分的なものにとどまるが）ある程度可能になると考えられる。

まず、ネパールの複合性と外部の文明の影響のあり方を考えるにあたり、出発点として、アジアにおけるネパールの位置を、地理的条件を中心に、いくつかの面から確認しておきたい。それは、東南アジアとの比較の上でも必要な手続きであると思われる。

1　ネパールの地理的条件

地理的（むしろ地政学的）な面で第一に注目されるのは、ネパールがインドと中国に直接にはさまれている点である。両大文明圏の中間でその両者の影響を受けてきたという面で、ネパールは「インドシナ」とも呼ばれた東南アジアと大きな類似点をもっている。

ネパールの住民に関しても両系統へのつながりを指摘することができる。現在のネパールの住民は、大きく、山地住民と平地住民とに分け得る。後者はインド・ガンジス平原の住民と連続的な「北インド系住民」と呼び得る人々で、今日のネパール人口（約二四〇〇万）の約三分の一を占める。ネパール山地の住民も二大別され得る。山地低部（約二〇〇〇メートル以下）に居住するのは、西あるいは南から移住してきたインド・ヨーロッパ語系のネパール語を母語とする人々で、稲作への指向性をもつ。一方、山地高部（約四〇〇〇メートルあたりまで）には、チベット・ビルマ語系（より大きくはシナ・チベット語系）の様々な民族が居住し、有畜畑作農業などに携わる。このように、ネパール山地の住民は、系統的に西・南につながる人々と、東・北につながる人々にほぼ二分される。いいかえればネパールは系統の異なる人々の接触地帯にまたがる形で位置するのである

インドとは、ネパールは地理的にまさに密着している。ほぼ長方形のネパールは、北の国境線以外は三辺でインドと接する。ネパールがインドの北辺にめりこんだ形である。東西をみれば、似たようなヒマラヤとその南面の地域は、現在はインド領内に組み込まれている。それにもかかわらずネパールは（今の形で古代から続いてきたわけではないが）、完全な植民地になることもなく独立を保ってきた。

一九五〇年代のインドへの道路の開通、一九六〇年代のマラリア撲滅対策以前のネパールは、北はヒマラヤ、南はマラリアのはびこる森林地帯に守られた天然の要害であった。この地理的条件はネパールをいわば「陸の孤島」にしたが、それは、外部との交流のない隔絶した世界ではなかった。高い峠にも、マラリヤの猖獗する低地にも交易路は延び、それによって、インド側とチベット・中国側がつながれていた「ネパール」（従来はカトマンズ盆地を指した）は、その中継点として富の集積地となった。規模は異なり、また内陸国であるという大きな相異はあるが、アジアの二大文明圏の間の交易ルートを生命線としてもってきたという面でも、従来のネパールは東南アジアと並行的な性格を見せる。もちろん交易の物量は、船による東南アジアのそれとは比較にならないものであったが、あえて比べれば、アジアの大文明との関係にはある種共通した面が見てとれるのである。

東南アジアは海および距離によって、インド、中国からある程度隔離されつつ、地域によってそれぞれ異なった形で両文明と接触してきた。ネパールの場合、上記の地理的条件による隔離によって、至近距離にあるインド（そして英植民地勢力）に呑み込まれず、チベットとも別の世界を形成してきた。また八〇〇〇メートル以上の標高差をもつ地域として、大きな多様性を擁し、北ではチベット・中国の、南ではインドの影響を受けてきた。中国の諸王朝は常にチベットを勢力下におこうとしてきたが、それに対してネパールは、時に協力し、時に戦い、あるいはインドに対する牽制のために利用するなど、多様な対応をとってきたのである。両文明に呑み込まれず、距離をおいて影響を受け、自らの独自性を育ててきたという面で、ある時期までは、ネパールと東南アジアの類似性はかなり高いのである。

二　古代のネパールと東南アジア

1　「インド化された国々」

ネパール（中世まではカトマンズを中心とした小地域）の実証的な歴史は西暦四六四年のマーナデーヴァ王の碑文に始まる。この碑文は立派なサンスクリット語で書かれ、文字はグプタ文字である。当時の王朝はリッチャヴィ王朝と呼ばれ、王族は今のインドの北ビハールからカトマンズ盆地に入ったといわれ、チベット・ビルマ語系の言葉（おそらく今のネワール語の前身）をもつ先住民を支配した。

その少し前、北インドのグプタ王朝の二代目の王サムドラグプタがプラヤーグ（現アラハーバード）に遺した碑文にはネーパーラ（ネパール）の国名がある。佐伯和彦は、同王の在位中の四世紀の中期から後期にかけてネーパーラ王国が存在し、まだ成立間もない弱小王国の初期段階にあったことをプラヤーグ碑文は示唆している、と述べる。（バジラーチャリヤ（編）・佐伯（訳）：912–913。この本はVajrācārya（2030（1973））からの翻訳に佐伯氏のオリジナルな論文等を加えて作られている。これはその部分で述べられているものである。なお、以下この本は「佐伯訳」と指示する。）

一方、東南アジアに関してG・セデスは、「四世紀中葉のサムドラグプタ王のガンジス流域と南インドにおける征服により、東方への人の流出が始まり……海外におけるインド化が惹き起こされた」（Coedès 1968: 247）とする。また「すべての碑文および文献資料は、古代インドシナのインド化した諸国がインド法の知識を持っていた事を示している。しかし、インドはそれらの国を自己の支配下に置いたことはない……」との指摘もある（セデス 1969: 275）。

これらはほぼネパールについても当てはまる。ネパールもインドの支配下にはおかれず、しかし、かなりの影響を受けていたのである。この時期のインドの中核部の動きに対して、ネパールと東南アジアは似たような位置にあった。そして、それらの地域の中には、それまでにかなりの人口を集めた部分が形成され、政治的統合の萌芽があったと考えられる。そこにインド中核部の動きにより、ある程度の人の動きとともに、文明的要素が流入してきたのである。その代表は、文書あるいは公的・宗教的用途で使われる言葉（サンスクリット語）、文字、宗教（ヒンドゥー教、仏教）、王権・統治に関わる諸知識などであった。都市が発達し、宗教と対になった王権が確立し、統治のための言語としてインド系の言語が用いられた。そして、社会もインド的な論理で整序されていく。しかし地理的な条件もあり、政治的にインドに呑み込まれはしなかったのである。このように見るとき、この時期、東南アジアの諸地域とともに、ネパールも「インド化されつつある国々」の一つであったと考えられるのである。

2　カースト／ヒンドゥー化

ネパールのマーナデーヴァ王の碑文には、王や王妃がブラーマンへの布施を行ったことも書かれ（佐伯訳：47–51, 70–73）、また七世紀の碑文には、ある集落の「ブラーマンからチャーンダーラまで」（同上：682）との表現がある。八世紀初頭の碑文にはシヴァデーヴァ王が「四姓・四住期の制度」をよく実行したとの記述があり、（同上：723, 725, 735）、他にも四姓・四住期に言及した碑文がある（佐伯訳：611、碑文一一一番本文出だし）。これらはヒンドゥー社会の基本とされる制度である。碑文には一般民衆の生活への言及は乏しいが、これらの制度が少なくとも社会の上層部には浸透していたことがうかがえる。
ただ、ここで注意しておきたいのは、上記の「チャーンダーラ」は別として、リッチャヴィ時代の諸碑文には、ブラーマン、クシャトリヤの名称は見られるが、ヴァイシャ、シュードラのヴァルナ［＝（四）姓、（四）種姓）］名が見られない点である。(1)

H・クルケによれば、中世初期（七世紀）のインドの核心部分においてヴァルナへの言及がある場合でも、ほとんどのケースで、四ヴァルナ全部が揃っていたという証拠はない。シュードラ、ヴァイシャ、そして実際のカーストであるジャーティの名前が碑文などに出てくるのはその何世紀も後であるという（Kulke 1995: 233–236）。四姓（ヴァルナ）制度のみをとっても、古典における詳細な記述と歴史的史料との間には、ここでもまた、大変な開きがあるのである。数多くのジャーティ（カースト）を擁するカースト制度がいつ頃から出来たのかについては、研究者の間でも大きな意見の相異があるが［たとえば、高谷（編著）1999: 69–70, 108–109 の小谷、佐藤、中村、辛島などの議論参照］、それればかりでなく、ヴァルナ制度と実際の社会との関係も、あまり明確ではない。王権とそれに理論と正統性を与えつつ支えるブラーマンの存在が様々なところに記されているのに対し、被支配層にヴァルナの論理がどれほど浸透していたかは具体的にはほとんど語られないのである。

一方、東南アジアをみてみると、アンコール文明の下では、セデスによれば「バラモンとクシャトリヤは民衆のうえに超越した階層を構成し……インド文明を代表していた」（セデス 1969: 128）。また、「土着社会の内部には、一定の職業や年令層による集団の区別があり、それは、インドにおけるカーストと年令による社会区分に相当していた」（同上 217）という。さらにセデスは「人口の大部分は――少なくともカンボジアにおいては――カーストというよりは階級（階級という言葉はインドでカーストをあらわす言葉、すなわちヴァルナと同じであるが）に分けられていた。

それらの階級は、世襲的に同様の職業に従事する人々の集団から成り立っていたように思われる。一種の社会機構としてのこの制度の廃止は、仏教に負うところが大きかったに違いない。」(同上：275)と述べる。表現は曖昧であるが、ヴァルナに相当するような制度が(一時的ではあれ)存在したとセデスが考えていたらしいことがうかがえる。職業や年令層による集団の区別は必ずしもインドに特有のものではなく、職業で区別された集団を「カースト」に相当するといえるかどうかは確かに問題であるが、四ヴァルナのうちバラモンとクシャトリヤに片寄って名称があらわれる点などはインドともネパールとも共通するところである。

セデスの「インド化された東南アジア」の考え方に対して、石井米雄は東南アジアにおいてはカースト制は欠落していると考え、それと関連して、東南アジアの「バラモンの地位はきわめて低いもので、……バラモンの存在とクシャトリヤである王という構図は、まさにインド的なバラモン・クシャトリヤ・コンプレックスという感じがあるが、内容は全く違う。」とインドとの相異を強調し、「東南アジアのインド化は、相当大きな括弧つきで考えられるべきであろう」とする[高谷(編著)1999: 102–104]。

東南アジアを南アジアと比較する場合、比較の相手に関する解釈も一様でなく、変わりつつある点には留意しておきたい。その一つとして、上述のクルケの指摘にもあるように、南アジアにおいても、カースト制度の浸透は括弧つきで考えざるを得ないという点がある。また、南アジアの王(その他)とブラーマンの関係の議論も多様化してきており、ブラーマンの地位を最高位と考えない論者も出てきている。[たとえばD・クウィグリーの議論はその代表である(Quigley 1993 54–86, 152–156)]筆者は必ずしもクウィグリーの論に全面的に与するものではないが、ブラーマンを一枚岩で最高位とする考え方が必ずしも成り立たないことは、たとえばJ・パリー(Parry 1980)やG・G・ラヘジャ(Raheja 1988)の研究からも明らかである。その場合、ブラーマン(バラモン)の地位が低いというあり方も、インド世界の多様性の中に再び入ってしまう可能性もある。分析の進展に伴い「インド化」する側の社会に関する見方も多様化しているのである。

ネパールに戻ってみると、ヴァジラーチャリヤも指摘するように(佐伯訳：72)六世紀初頭の王の布告文(第二二番)には「長老をはじめとする村の一八原姓(aṣṭadaśa prakṛti)の家長たち」(同上：163)、「この村に〔現在〕住んでいる者、後に来て住む者を含めて、ブラーフマナを始めとする一八原姓から成る民衆」(同上：164)との記述がある。これについてヴァジラーチャリヤは、「リッチャヴィ王族の統治以前には、種姓制度に関わりのない種族が居住していたから、すべての民衆を四種姓内に包含するのは困難であった。そのため当地のすべての種族を包含するために……四種姓に一八種姓が加えられたと見られる。……同様にインド側の銘文にもクマウンの……所在の銘文に〈一八原姓〉の記述がある。」(同上：179)と述べている。また「現在〈四種姓三六支姓〉という慣習があるように、リッチャヴィ時代には〈四種姓一八原姓〉という慣習があったと思われる。」(同上：72)とも述べる。そして、七世紀初頭の大公の布告文にある「義務の混乱(dharma saṅkara)」(同上：420)を、自分の種姓の〈義務〉である職業を捨てて他の職業に就くことと解し、「バッタ行政府」という役所はその〈義務の混乱〉を起こさぬように監督するものであると解釈している(同上：432)。

〈四種姓一八原姓〉という合成語はヴァジラーチャリヤ自身の造語(邦訳は佐伯に従う)であるが、「ブラーフマナを始めとする一八原姓から成る民衆」とあることから、「一八原姓」が当時ヴァルナと関係あるものと捉えられていたことは確かであろう。当時、職業面を含め多様な住民が存在し、支配者がその統合にヴァルナ制度を用いたことがうかがえる。しかしここでも「一八原姓」の内容、相互関係は不明であり、そこにヴァルナの論理、あるいはそれにのっとった規制がどう作用していたかは問題として残る。ただ、上のように見たリッチャヴィ時代のネパールには、セデスが東南アジアについて述べた次のようなコメントはそのまま当てはまると考えられる。「インド法におけるダルマの概念は、それら（土着の社会集団）の異なった慣習の上に画一性を課すことなく、しかもそれらを組織してゆく一つの枠組みを提供したのであった」（セデス 1969: 271）。ネパールも同様に多様な住民を抱えており、その統治にインド的な観念が用いられていた。このような状況にあったのは、西暦紀元後間もなくの頃から一三世紀あたりまでであり、時間的な面でも両地域は同じような大枠をもって進んでいた。

三　一三世紀以降のネパールと東南アジア

1　大転換期としての一三世紀

一三世紀は東南アジアの大転換期であった。それは第一にモンゴルの東南アジアへの侵入によってひき起こされ、インド的（サンスクリット的）文化の衰退をもたらし、また、タイ族の勢力伸長、上座仏教の浸透という結果をもたらす。さらに一三世紀の末には東南アジア西部においてイスラム化が始まり、マレーシア、インドネシア等のイスラム化につながっていく。

一三世紀が大転換期である点では、ネパールも同様である。しかし、それ以前の時代と異なり、この転換は東南アジアと同じ方向では起らなかった。それは、ヒンドゥー教の強化という形で起ったのである。

リッチャヴィ王朝が九世紀頃に衰退したあと、ネパールは侵略や自然災害も多い不安定な「移行期」を経て、一二〇〇年にマッラ王朝の時代に入る。この時代のネパールにはモンゴルの侵略の手は及ばず、北インドを席巻したイスラム勢力は、時にカトマンズ盆地の焼き討ちを行ったりもするが、補給は長くは続けられず、短期間で引き揚げ、政治的征服には至らなかった。

北インドで栄えた仏教はイスラム進出により滅び去る。カトマンズ盆地のネワールの仏教はその活力の源泉である本家を失った形となり、併存していたヒンドゥー教の影響を強く受けるようになる。これはある意味ではネワール的な独自の仏教の形成ともいえるが、それはヒンドゥー教側に大きく傾斜したものであった。古くにインドから伝わったネワールの仏教は大乗・金剛乗の仏教で、金剛乗は密教であるが、密教化はヒンドゥー教、仏教の両方にみられ、その面でも両者は接近していった。以前、カトマンズ盆地には出家僧が存在していたが、その組織サンガは変容して、僧侶は妻帯し世帯を構えるようになり、在家の僧侶が僧侶のカーストとして位置づけられていく。宗教の儀礼・儀式主義は伸長し、ネワール社会の仏教僧カーストは「仏教的ブラーマン」(Greenwold 1974) と呼ばれるような儀礼的役割を負った存在になる。また、ネワール社会にはその他にもいくつかの仏教徒のカーストが、ヒンドゥー教徒のカーストとならんで位置づけられるようになり、ネワール独特の社会編成となって行く。

東南アジアのイスラム化、あるいは上座仏教化に対し、また、北インドのイスラム支配に対し、ネパールはこのようにヒンドゥー化の道を進んで行く。北インドのムスリムの圧迫からヒマラヤ南麓地域に逃れたヒンドゥー教徒の来住はそれを大いに促進する要素であった。ネワールの仏教は残ったが、それはカースト化に象徴されるようにヒンドゥー教といろいろな面で妥協したものになっていった。

2　中世ネパールのカースト制

ネパールのカーストに関してのこれまでの研究では、マッラ王朝時代（一二〇〇―一七六九）、特に一四世紀末にジャヤスティティ・マッラ王がインドから亡命してきた複数のブラーマンを助言者とし、カーストを法制化したというのが通説である。（Höfer 1979: 193, Lévi 1990（1905）: 219–252, Petech（1984）: 145, 205–206, Slusser 1982: 58–60）。ただしこれは、後世の王統譜に依拠したもので、同時代史料が触れているものではない。同時代史料としては、最近ネパール語訳・英語訳の出された Gopālarājavaṃśāvalī（ゴーパーラ王統譜）（Vajrācārya, D. and K. P. Malla, 1985）があるが、そこにはカースト法制化の記述はなく、カースト名らしきものとしては、ブラーマナ（ウパードヤーヤ、デーヴァ・ブラーマナ）、マーンドゥラ（マーナンダラ―D・ヴァジラチャーリヤとK・マッラは「建築家？」としている（ibid.: 158））、ジョーギーなどがみられるのみである。ジョーギーは神の山車を作り、金色の屋根を乗せた（ibid.: 132）と書かれており、今世紀のネワール社会でカースト間の儀礼的分業が複雑に編成されている点を想起させる（ネワール社会でのカースト間の分業についてはたとえば、石井（1980）参照）。その他、バーロ、シュレスタは、後にカースト名として使われるようになるがゴーパーラ王統譜での用法は、ムーラミー、マハータ、バー（ヴァルダナ）、アディカーリーなどとならんで、姓を表すものとして用いられており、カースト名かどうかは判別が難しい。また（後にはカースト名としても使われる）タークラは姓、あるいは王の意で、プラダーナ、シシュタは貴顕、廷臣の意味で使われており、王統譜中でカースト名として使われているとはいい難い。

ゴーパーラ王統譜では同時代についても記述は簡潔で、しかも大災害や大工事などへの言及を除けば一般の社会の状況をうかがわせる箇所は少ない。そこに散見されるカースト名らしきものが氷山の一角なのか、それともまだ、沢山の「ジャーティ」(ヴァルナ「四姓」よりもはるかに数が多く、実際の社会関係で意味をもつ「カースト」)があらわれていない状態を示しているのか、このような判断をするのに十分な史料は存在していないようである。

中世ネパール史の最も信頼できる研究者であるL・ペテックは、中世のカーストの具体的あり方を研究することは、今の段階では無理と考えている。「仏教の王統譜(いわゆるライトの王統譜、一九世紀のもの—石井)にあるカーストのリストは、カースト、サブ・カースト、職業集団、官位、王族の称号、ネワール社会とは無関係な人の名前などの混乱したごった煮である。S・レヴィや、自分自身の一九五八年の著書では、このひどい品揃えから何らかの秩序を導き出そうとしたが、無駄であった。……ジャヤスティティ・マッラと現代の間に起った(カーストに関わる)変化を、信頼できる中世の史料によってつきとめることは不可能である」(Petech 1984: 205-206)。ペテックはこうして、一九五八年の著書で行ったような、カースト名確定とその後の変化を追う作業をあきらめるのであるが、しかし、一四世紀にジャヤスティティ・マッラのもとでヒンドゥー化が強められたことは基本的に肯定する。「一四世紀にはダルマシャーストラによって定められた規則に則ってネパール社会を改革しようという意欲の高揚がみられた。……彼(ジャヤスティティ・マッラ)は、古い、ほとんど忘れられたダルマの規則の遵守を再び強制したといわれている」(ibid.: 205)。

一四世紀にネパール社会がどれほどカースト的だったたか、あるいはマッラ時代にどれほどカースト化が進んだかを実証的にあとづけるのは困難であるが、北インドへのイスラム侵入後の状況の中で、ネパールのヒンドゥー化が進展したことは否定できない。

マッラ時代には、カトマンズ盆地を中心にネワールの人々の文化が栄えた。その社会はカースト社会であったと考えられているが、カースト社会としての実態を示す同時代史料は、ペテックのいうように、ほとんどないようである。そのような史料状況ではあるが、筆者もまた、中世ネワール社会はカースト社会であったと考える。その根拠は次の節で取り上げる一八五四年制定のムルキ・アイン（国法）にある。

ムルキ・アインは、征服者側が、カースト制の論理を用いて、被征服者である様々の山地、低地の民族を、自らの社会内に組み入れる装置であった。被征服者の中には、（たとえばシェルパを含めたチベット系の人々のように）カースト制とは無縁のグループもあったが、それらを含めてネパールの人々はみな、何らかの名前をもつカーストとして、征服者側の高位カーストをトップとする階梯の中に位置づけられた。そのような中で、ネワールは既に内部に多数のカーストをもつグループとして捉えられており、その諸カーストが全国的な（すなわち征服者側であるパルバテ・ヒンドゥーの高位カーストをトップとする）カースト階梯の中のいくつもの位置に分散して位置づけられている（Höfer 1979: 137–141）。そして、それらのカーストの名称は今日のネワール社会にみられる諸カーストにほぼ対応する。

このようなネワール諸カーストの扱いからみて、ネワール諸カーストは一八五四年のムルキ・アイン制定によって作り出されたのではなく、それ以前から存在したものであることは確実である。また、それが一七六九年の近世ネパール（シャハ王朝）の開始時から一八五四年の間の八五年間に作られたとも考えにくい。この時期のシャハ王朝は、征服の継続と一八一四―一六年の英―ネ戦争などを行っており、被征服民族の社会内部を隅々まで変革する政策を打ち出し、実行するほどの余裕はなかったと考えられる。また、ネワール社会に今日に至るまでみられるような複雑なカースト間関係（たとえば、石井（1980）参照）が、このような時期にしかも比較的短時間で出来上がったとは考えられない。したがって、やはりこれまで考えられてきたように、既にマッラ時代にはネワールの諸カーストのセットは存在したと考えられる。ただ、上述のようにその実態や展開をあとづけるのは将来の課題である。

いずれにせよ、以前にはインドの周縁地域として平行的な動きをみせていた東南アジアとネパールは、その性格を大きく異にしていく。単純化していえば、それは、東南アジアのサンスクリット的インド化からの離脱とネパールのヒンドゥー化という方向である。ただしこれは、東南アジアが完全にインドの影響から脱し、一方、ネパールがインド化を続けたことを意味しない。東南アジアのイスラム化は主にインド経由のものであったし、スリランカを経由していたとしてもやはり東南アジアに強く影響した上座仏教はインド起源であった。そして、ネパールのヒンドゥー化は北インドがイスラム化する中で進むというもので、単純な「インド化」とはまったく異なる性格をもち、しかもインドでは消滅した仏教を残すなど、イスラム化以前のインドをヒマラヤ南麓に移植したような面ももつ。その意味では、(もちろん地域差はあるが) 東南アジアの方が、同時代のインドの影響を強く受けていたともいえそうである。いずれにせよ、この時代以降、インド周縁地域という捉え方をしても、ネパールを東南アジアと平行するものとみることはできなくなる。

四　近世ネパールのシャハ王朝のカースト制

近世シャハ王朝はインド・ヨーロッパ語系のネパール語を母語とするパルバテ(「山地の」)・ヒンドゥーの高位カーストを核とする勢力が、チベット・ビルマ語系の諸民族を傘下に入れつつ膨張し、一七六九年にカトマンズ盆地のネワールの王朝を滅ぼすことによって始められた。一八四六年にはジャンガ・バハドゥル・ラナが政敵を大量殺戮して宰相となり、王を差し置いて実権を握り、一九五一年まで続くラナ専制の時代を始める。一八五四年のムルキ・アインはその統治の基礎となった。

このムルキ・アインについては、A・ヘーファー（Höfer 1979）に詳しいが、そこでは大きく五つのグループ分けがなされ、その中に諸カースト、諸民族が位置づけられた。その五グループは、（一）聖紐をつけているカースト、（二）奴隷にできない飲酒カースト、（三）奴隷にできる飲酒カースト、（四）（上位の者が）飲み水を受け取れない可触のカースト、（五）（上位の者が）飲み水を受け取れない不可触カースト、である。支配者であるパルバテ・ヒンドゥーのブラーマンや王族などは（一）の上位に位置づけられ、ネワールのブラーマンやその他の高カーストは（一）の中・下位に位置づけられた。山地の諸民族は（二）、（三）に入れられたが、ここではシャハ王朝の拡張時に支配者に協力したグループがより高いところに位置づけられるという傾向がみられる。これは、インドにおいて「トライブ」が低くみなされてきたのとは対照的である。（四）には、ネワールのいくつかの低カーストとムスリムおよび外国人が入れられ、（五）ではパルバテ・ヒンドゥーの低カーストの下に、ネワールの最下層カーストが配置されている。

一八五四年のムルキ・アインはこのように諸グループを位置づけるとともに、それらの間の共食関係や接触・接近の規制、結婚や性的関係の規制、いろいろなケガレに関わる規制、また、それらに関わる罰則などを細かく定める。それは一方で、それまで行われてきたことの追認・明文化の意味ももつが、一方では、同じ秩序を新しい規定をもって、カースト・システムとは従来無関係だったグループにも適用しようという方向性をもっていた。ただ、これはネパール全体に隈なく浸透したわけではなく、たとえば、シェルパや他のチベット系の人々のように、今に至るまでカースト的色彩の薄い人々も存在する。ネワールの諸カーストの場合、その相互間での関係はいろいろな面でみてとれるが、他の民族あるいはパルバテ・ヒンドゥーの諸カーストとの間の（地位を含めた）関係は、ムルキ・アインで定められたような形ではっきりと定着しているわけではなく、かなり曖昧で、しかも他の山地民族との関係はカースト的とはいいにくい。この面では為政者側の意図と、組み入れられた側の意識との間にはかなりの食い違いがあり、それは最後まで解消されなかったと考えられる。

このような齟齬を含みながらも、カースト制の論理による、多様なグループに対する統治は、かなりの有効性をもっていた。これは諸社会範疇（カースト・民族）を上下の階梯に位置づけ、その間に罪に対応する罰の差もつけるという不平等を含む体系であるが、それは秩序化の手段としてほぼ一〇〇年にわたって機能した。また、それぞれのカースト／民族は経済的、儀礼的役割などの面で他との関係をもつこともあったが、他の面では相互の関わりは最小限で済んだ。原則的には相互の婚姻はなく、社会的つき合いも少なかった。すなわち、これは他のグループとは必要最低限のこと以外は没交渉でいられるシステムなのである。このシステムの中には、たとえ異なる言語を話しているグループであってもいろいろなグループを丸ごと抱え込むことができた。これは多民族・多カーストを、その内部をあまり変えずに統合するのに便利な体系だったのである。

このように、インドの古典やネパール中世に範をとった法を、近世ネパールは一九世紀中葉に成文法を制定するという形で採用した。そしてそれが、二〇世紀中葉まで続くのである。これは征服者が、言語的・民族的にまったく異なる様々なグループを武力で組み入れて作り上げた政治体系であり、支配−被支配関係の明瞭な中でカースト制の論理が利用された例である。シャハ王朝は植民地支配者とは異なり、比較的近くの土地から出て伸長し、征服した土地に本拠を据えた勢力であり、また、経済面でも内部の農業関係を中心としていたが、異民族統治、多民族統治という意味では、植民地支配者が直面するのに似た問題を抱えていた。そしてその統治で用いられたのがカースト制であった。平等、自由、発展などが標榜される以前の社会ではあるが、二〇世紀に至るまでこのような支配が続いたことは注目される。(2)

五　近世の東南アジアのカースト／カースト論

一三世紀以降の東南アジアでは、ヒンドゥー教は、ジャワのマジャパヒト王国やバリなどにみられるのみとなる。このうちバリは周知のように、今日までヒンドゥー教と「カースト」を保持してきた。バリは一一世紀以降はジャワのヒンドゥーの影響を受け、一五世紀にマジャパヒトがジャワ北岸のイスラム小国家群の攻撃を受けると、そこから逃れた王族や学者や司祭などのヒンドゥー教徒の避難場所となる。このように近隣地域のイスラム化の進行の影響による人の移動でヒンドゥー化が深まるという点は、ネパールと平行的である。「カースト」については、ここでもその進展をあとづけることは難しいようであるが、以下においては、主にC・ギアツの現代バリの調査と、H・シュルテ・ノルドホルトの歴史的研究に依拠して見て行きたい。後者はオランダによる植民地統治の手段としてカースト制を捉える視点をもつが、植民地統治とカースト制に関してはJ・S・ファーニヴァルの複合社会論の中の議論も取り上げる。そこではカースト制は二〇世紀前半における異民族・多民族統治の装置としての検討対象とされているのである。

1　バリのカースト

バリのカーストに関して鏡味治也は、カースト分業、共食のタブー、厳しい婚姻規制、カースト間の執拗な分離、などがない、などの点をあげ、「厳密な意味ではインドのようなカーストは存在しない」（吉田（鏡味）1992: 52）と述べる。またギアツも次に見るように異なった呼び方を提唱する。一方、シュルテ・ノルドホルトは時にカッコに入れながらも「カースト」の語を用いている。

筆者はカーストを「上下に序列づけられた、名前をもつ固定性の高い社会範疇で、社会内の誰もがどれか一つに属す」ものと考える。もちろん分業、共食、内婚、分離などは、カースト制の重要な柱であるが、そのあらわれ方はインドやネパールでも多様で、ほとんど分業がなくなったり、あるいは内婚規制が上昇婚の存在により厳密でなくなったりしていても「カースト」の語を適用して分析する例は多い。そのような中で比較を行うため、ここでは最大公約数的定義を用い、広く含める方向で捉える。

今日のカーストの考察は現実に多数みられるカースト、すなわちインドで「ジャーティ」、ネパールで「ジャート」と呼ばれる社会範疇を対象としてなされてきた面が強いが、他方で「ヴァルナ（四姓）」との関連も問題となる。ヴァルナもまた「カースト」と訳されることが多いからである。特にここで扱うバリの「カースト」や、植民地統治の手段として考察対象になった「カースト」に関しては、ヴァルナを無視することはできない。むしろ、そこではヴァルナを念頭に「カースト社会」が構想されていたと考えられるのである。そこで、本章では「ジャーティ」（「ジャート」）とともに「ヴァルナ」をも「カースト」の語の中に含めて用いている。上記の定義はその点とも矛盾しない。

(1) バリ、ティヒンガン村の「カースト」

ギアツ (Geertz 1967: 221–225) はバリのティヒンガン村の分析において、それまでのバリ関係の文献で通常「カースト」と呼ばれてきたものを、タイトル・システムの一つとして捉える。彼は「カースト」の用語を分析のはじめの段階で使うのは充分根拠があるとし、その理由として、このシステムが間接的にであれインドから借用されたものであること、関係する用語や行為がインドのそれを想起させるものであること、バリ人自身が自分達はヒンドゥー教徒でカースト (「ワンサ」)・システムをもっていると考えていることなどをあげる。しかしギアツはそれに続けて、社会学的にはインドとバリのシステムの組織のされかたや機能の差異は非常に大きいので、「カースト」という用語が適当かどうかは大いに疑問であるとする。その理由としてあげられるのは、複数あるワンサが職業グループでないこと、村々の境界を横断する自律組織を形成しないこと、伝統的なパトロン―従属者関係で結びつけられていないこと、そしてワンサが日常の対人行為の全ての面に対して基本的な構造的基盤を提供していないことをあげる。そして、もしバリの「カースト」がカーストであるとしたら、それはティヒンガン社会の支配的制度ではなく、平均的住民を従わせるよう競合している、困惑するほど多様で、重なりあっている社会形態の一つにすぎないという。

このような論に対しては、南アジアにおいても、今日の知見では、村境界横断的自律組織や、パトロン―従属者関係が、カースト・システムの要件では必ずしもないことや、カースト規制が日常の対人行為の全面的、基本的な構造的基盤となっていない場合でも「カースト」の語は用いられているといった反論があげられ得る。

ティヒンガンでは、全ての人はそのワンサを示すタイトルをもち、それは父親から受け継がれる。そのうちの代表的な二つがトリワンサとジャバで、トリワンサは、伝統的ヒンドゥー理論の三つの再生族ヴァルナすなわちブラーフマナ、サトリア、ウェーシアを指し、ジャバは四番目のヴァルナのスードラである。そして人口的には後者が約九割を占める。(ジャバは文字どおりには「外部」を意味するが、アウト・カーストを意味せず、また、バリにはアウト・カーストはない。[3])タイトル・グループの中は、さらに名前をもち(あるいは場合によってはもたず)いくつかの一族から成る複数の集団に分かれる。

このワンサのタイトル・システムをギアツは驚嘆すべき程度にまで純粋な威信の体系とみなす。すなわちそれは個々人が世襲的にもっている地位を確立する役割をもち、政治的、経済的あるいは倫理的側面とは独立している。しかしそれらは無関係ではなく、以前は(そして今でもかなりの程度)トリワンサのタイトルは村を超えるレベルの政治的地位を得るための条件になっている。また、高位の司祭(プダンダ)になれるのは、ブラーフマナのタイトルをもっている人のみである。多くのトリワンサの人々は、昔も今も、村を超える政治的重要性をもたず、ジャバの人々と区別がつかないばかりか、場合によってはジャバに従属的なこともある。司祭になるのはブラーフマナのごく一部で、ほとんどは普通の農民や職人である。

この威信体系の主な内容は、象徴的な敬意の表現で、それは敬語や、座順、歩くときの順番、発言順、その他人前での態度であらわされる。インド的なケガレの観念は、薄められ、再定義された形ではあるが存在し、たとえば服喪期間は地位が下なら短い、また、地位が下の人は上の人から食物を受け取れるが逆ではなく、さらに下の人は上の人の体に触らないよう気をつける。規制は他にも非常に細かく存在し、建物、祭壇や、祠を自分の屋敷地の中にもてるかどうか、墓に塀をめぐらせられるか、高い火葬用の塔を建てられるかどうか、あるいは多くの儀礼の細部などが地位に応じて異なる形で決っている。そしてそれは他の側面とは独立に、世襲タイトルによってのみ決まるのである。中でも重要なのは結婚で、ジャバの諸タイトル集団では内婚が優先され、トリワンサでは規定的である。また、上昇婚も認められている。諸集団間には地位に関する争いが見られることがあり、それはジャバ内の諸集団間で最も尖鋭な形でみられる。

ギアツによるこのようなワンサのあり方とワンサの間の関係は、ここでの定義からいえば、カースト的と呼んでよいと考えられる。またそれは（ここではいちいち具体的に取り上げないが）筆者がこれまで他のところで発表してきたネワールやパルバテ・ヒンドゥーのカーストのあり方と比較可能である。さらに、ここにインドの古典的ヴァルナの区別の影響が強く及んでいることは、各ワンサの名称からも明らかである。

(2) オランダ植民地政府による固定的カースト・システム導入説

バリの固定的位階制は、シュルテ・ノルドホルト（Schulte Nordholt 1996）によれば、オランダ統治によって上から押しつけられたものである。

バリは一七―一八世紀、付近の島々の中で最も重要な奴隷の輸出もとであったが、一九世紀には、農業生産物（米）の輸出が増加した。そのような状況下、オランダ統治以前のバリ社会は、紛争が多く流動性が高く、位階関係は多様で常に変化する個人的なものであった。一九〇六年、バリの諸王国はオランダ軍に征服され、植民地統治下に入り、それが一九四二年まで続く。

オランダ植民地政府の施策は、「伝統的」イメージにのっとり、バリ社会を本来の性格に回帰させようとするものであったが、それは官僚的、非流動的なものにバリ社会を変容させたのであるという。それは明確な地理的境界と位階範疇をもったもので、行政区分、カースト、水利組合などが定められたが、それにより従来の権力関係は大幅に変化した。

征服後の統治の中で、植民地政府はバリの貴族層を混乱させることを避けようとした。その一つの手段は、政治的地位への任命であったが、それには限りがあった。そこで取られたのが、一九一〇年の固定的なカースト・システムの導入である。貴族層がユニークなヒンドゥー文化を代表するという考慮のほかに、法と秩序の維持が必要で、それは貴族層の面目が保たれれば実現できると考えられたのである。植民地以前の、柔軟で地方的差異に富み、上下の動きも許されていた位階のあり方は変わり、画一的なカースト制が導入された。植民地政府はできるだけ理論的な四カーストの制度に合わせることが良いと考えたのである。こうして、ブラーフマナ、サトリア、ウェーシャの上位三カースト（トリワンサ、人口の数パーセントを占める）と、その他であるスードラの位階が固定された。この新しいカースト制では、それまで中間的位置にいて、主従関係の中で、重要な役割を果たしていた人々は無視され、スードラと位置づけられた。貴族層と平民の差異は必要以上に強調され、また、貴族層の中も再編成された。それまでサトリアと自認していた一族がウェーシャに位置づけられるというようなこともあったのである。新しい裁判所が設けられたが、判事の多くはブラーフマナで、ジャワから伝わったヒンドゥー教のテキストを編纂した法典（アディ・アーガマ、アーガマ）に従った裁判に力点がおかれ、婚姻、男女関係や、カースト間の振る舞いなどが裁かれた。さらに、新しい道路建設などに必要な強制労働の労働者集めもカーストの区別に従って行われ、貴族にはその義務は課せられなかった。位階の確定でも裁判でも、貴族層からの情報や人的資源が求められた。上層の観点からのヒンドゥー的社会の固定化が植民地政府によって行われたのである。

シュルテ・ノルドホルトのこの説は、オランダ植民地政府が、バリの従来の流動的で複雑な位階関係を、古典的ヴァルナの体系に合わせることにより整序し、より固定的なものにしたというものである。ワンサ、ワルナなどの用語、あるいはタイトル名称は以前からあったものであるが、それらがより固定的な形で関係づけられ、また、他の権利義務とも関連づけられたのである。

さて、バリでのこの植民地政府の施策は、既に存在していたカーストを再解釈することにより、多様性の高い社会を整序し、より固定的にしたという意味をもつが、植民地支配において、複合的な社会の統治のためにカースト制を利用しようという考え方はほかにも存在する。「複合社会論」で知られているファーニヴァルも、その複合社会の統治の可能性を探る中でカースト制をその考慮対象として取り上げているのである。

2　ファーニヴァルの複合社会論でのカースト論

ファーニヴァルの Netherlands India は、オランダの東インド進出、東インド会社設立時から一九三〇年代までのオランダ領東インド（インドネシア、主にジャワ）の経済、植民地政策、社会などの変化を分析した著作である。その最終章（Furnivall 1967（1939）: 446–469）は複合社会、複合経済について論じたもので、本文部分からは少々乖離した印象も受ける。しかしそこには、オランダ統治の最終段階の時点で歴史的考察を行ったファーニヴァルが、当時のオランダ領東インド社会を、植民地宗主国側のグループをも含む「複合社会」と規定しつつ、それを本来的に不安定なものと考え、その分解を防ぐための対策を理論的に考えようとしていたことが読みとれる。

ファーニヴァルの定義では、「複合社会」とは、一つの政治単位の中に、複数の社会範疇が混じりあわずに並立しており、それぞれの社会範疇の間に分業が存在している社会である。オランダ領東インドはその一例で、（一九三〇年代には）主に、植民地経営に携わるヨーロッパ人、商業に従事する華僑、農業（強制耕作）を行う在地人口から組織されていると捉えられる。

「複合社会」は、一つの要素が欠落したら瓦解するとされるが、そこには、共通の社会的要求や意志は欠如しており、不安定性につきまとわれ、統合が問題として残るとされる。すなわち、多様性を有する社会は分裂の契機を含むため、ファーニヴァルは、多元的な複合社会を複合社会として継続させるには、全体社会をまとめる何らかの力が働かなければいけないと考えるのである。そこで可能性として考察されるのが、カースト、法、「ナショナリズム」、連邦制である。(このうちカーストについては最後に検討する。)

ここでの「法」とは法の下での平等を保証するという意味での法であるが、ファーニヴァルは「法」以外に共通の社会的紐帯がない社会(複合社会はその例)では、権利の主張のみが蔓延し無秩序に陥る、として万人を平等に扱う法による秩序は複合社会では達成され得ないと考える。

「ナショナリズム」についてファーニヴァルは、「英領インドにおいては一九一七年、「法」の原理は完全に捨て去られ、民主主義に基づくナショナリズムの方向が出された」と述べる。この年はインドに自治政府をつくる方向性をもったモンタギュ声明が出された年であるが、ファーニヴァルは「ネイションのないところへのナショナリズムの適用の難しさは既に経験済み」として、それは統合の契機とならないとし、複合社会ではナショナリズムはそれ自身破壊的な力をもっており、社会を統合するよりそれを揺るがすものであるとする。そして、結論としてはファーニヴァルは、ナショナリズムを容認する方向へ向かっているイギリスの政策より、オランダのとっている連邦制の方が「複合社会」維持のためには適当であると考える。しかし、これも失敗に終わったことはその後の歴史の示すところである。

さて、ファーニヴァルの論の中では、「カースト」はある意味で「複合社会」を統合するのに成功していると考えられている。例えば彼は次のように述べる。

「安定的な複合社会の顕著な例を英領インドに見いだすことができるということは重要である。そこではカーストは不平等に対し宗教的根拠を与えている。ヒンドゥー教が政治的装置として価値をもっているという点はジャワの歴史が示している。すなわち仏教からヒンドゥー教への転換は、第一級の政治勢力であるマジャパヒトの出現と同時期にみられた……ヒンドゥー教は不平等に対し宗教的裁可を与えることで複合的社会秩序を固めたのである。また、近代においては、「アーリヤ人」の優越性の教義は英領インドでも蘭領インドでもヨーロッパ人カーストの支配に対して疑似宗教的な裁可を与えている。」(Furnivall 1967 (1939): 464)

ファーニヴァルは、統治のためにカースト制の導入を支持する論陣を張るわけではない。しかし一方、カースト制が複合社会を統合できないと考えるわけでもない。また、カースト的不平等に真っ向から反対するものでもない。カースト優越性を保持しつつ植民地統治の安定をはかる立場は彼にもみられるのであり、ヨーロッパ人を頂点として安定的「カースト的」社会を作るのは可能ではないかと考えているのである。しかし彼はカースト制を植民地統治に適当ではないとするが、その根拠はまったく別の考慮から出ている。すなわち彼は、当時のヨーロッパにあった社会進歩の観念の保持者であり、その観念を東洋に移植することに意味を見いだし、そこから西欧の植民地的進出を擁護するという論者であった (ibid.: 464)。これは一八六〇年代に始まったオランダ植民地政府による現地社会との協調およびその発展と向上をうたう倫理政策と呼応する。彼にとっては、カースト制は社会進歩と対立するものであり、その意味において受け入れられないと考えるのである。

複合的社会秩序の維持という面のみをとれば、ファーニヴァルはカースト制のその面での力を十分以上に強調している。そのような解釈は、彼がビルマでの勤務の経験をもっていたことによるところが大きいであろうが、一方、その当時の植民地統治に関連した議論としても取り上げられていたであろうことが推測される。現実にバリでは、ファーニヴァルのこの著作が著された時期に、「カースト制」による統治がなされていた。そこでは伝統の保持が強調されたが、そこで用いられたのは、オランダ人支配層の目を通して蒸留されたヒンドゥー教であり、カーストであった。英領インドと同様、そこではサティー（寡婦殉死）など、西欧的価値から非文明的とみなされたものは禁止・排除された。また、多数のジャーティがあるというインドのカーストのあり方は、二〇世紀初頭にはまだ常識ではなく、「カースト制」もその当時の観念に基づき、ヴァルナ制の枠で考えられていた。

ファーニヴァルは結局は進歩の観念をもって「複合社会」の統合にカースト制を用いるのはふさわしくないと論じるわけであるが、そこに行き着く前の思考実験として、ヨーロッパ人、中国人、および現地の人々をそれぞれの「カースト」とみなして統治システムを組み立てたらどうかとの考察を行った。そこでは、現地の人々の中の階層差などはほとんど考慮されていないが、大きな範疇の網をかぶせるというヴァルナ的な統治法を選択肢の一つとして取り上げ検討したのである。その裏には「停滞した英領インド」という単純化した固定観念があったと思われるが、それは、当時のヨーロッパ人の異民族・多民族統治にとって一つの考慮すべきモデルだったのである。安定・秩序を複合社会にもたらすものとしてカースト制が意識されていたことは疑いない。

同じ時期、ネパールでは、多様な住民がそれぞれのカーストとして位置づけられる法律ムルキ・アインによる不平等を前提とした統治が続いた。ネパールの近世のカースト制は、統治者がヒンドゥーであるという意味で、ファーニヴァルが考えたようなヨーロッパ人を頂点とした統治のための「カースト制」と異なり、南アジア的カースト制そのものである。しかしそれは、ネワールの仏教徒や北辺のチベット仏教徒、あるいは従来カーストとは無縁の様々な被征服民族を組み込むという性格をもっていた。そして被征服側には、征服者側とはまったく異なる系統の諸言語（主にチベット・ビルマ語系）を母語とする人々も多く含まれていた。

征服者が自らを頂点におき、民族的に多様な被征服者たちを支配する装置としてカースト制を用いたという面では、近世のネパールとバリ、あるいは思考実験としてのファーニヴァルの（複合社会統治論としての）カースト論は呼応する面をもっており、しかもそれらはほぼ同時期にみられる。しかし、カースト的統治あるいはその試みは、東南アジアのごく一部にみられたものにすぎず、既にこの時代、そのほとんどにおいてヒンドゥー的な側面からの比較は成り立たないものとなっている。

なお、ネパールの法制化したカーストをもった体制が崩れるのは、世界的な変動、すなわち第二次世界大戦の終結、インド（分離）独立などの影響下においてであった。ただ、それ以後の一九六二年憲法、一九九〇年憲法においても、カースト差別は禁止されているが、カースト廃止は明記されていない。カーストの区別は民族の別と相まって、複雑な形で不平等を伴いつつ残っているのである。

六　むすび

ここでは、本文で述べたことを踏まえ、地域性とその変化に注目してむすびとしたい。

紀元後数世紀から一三世紀以前まで（ネパールの呼び方での古代を中心とした時期）においては、ネパールはインド世界の周縁部として東南アジアとかなりの共通性をもっていた。「インド化された国々」という呼び方ならば、セデスがそのように呼んだ国々とネパールを括って扱えるであろう。その意味では、この時期、東南アジアからヒマラヤ南麓に細い張り出しをもった地域を一つのまとまりと捉えられる。ただ、この捉え方は、その地域に住んでいる人々が共通の一体感をもっているという点を指標にしたものではない。むしろこれは、分析者の視点からの把握法である。

一三世紀からは、東南アジアでは、サンスクリット的文化は衰退し、イスラム、上座仏教が浸透する。一方、インドのイスラム化は、ネパールのヒンドゥー化を強める形となった。ネパールは東南アジアとの相異を強く示すようになり、また、インドの影響を受けつつも、ムスリムの直接支配下に組み込まれず、同時代のインドとも異なった文化・社会を形成する。それを担ったのがネワールであり、その社会はカースト的なものであったと考えられる。この時期のネパール（主にカトマンズ盆地中心）は交易によって南北とつながれていたが、文化・社会の面では、ユニークな小地域を形成していた。したがって、中世ネパールはヒマラヤ南面の山中に孤立した小さな世界と捉えたい。

近世ネパールは、征服王朝の時代である。本章の観点からいえば、征服者が成文法としてカースト制を定め、多様な被征服社会を統治した。これは、カースト制を秩序化に利用した、ごく一部の東南アジアの植民地勢力の施策に似た面をもつが、その支配層は、広い意味でいえば、同地域の勢力であった。ネパールは一八一四—一六年の英—ネ戦争以後、英国の駐在官を受け入れ、親英政策をとり、他国に対しては鎖国したが、直接植民地支配を受けたわけではなかった。その意味では、ネパールは当時のインドとは異なる面をもち、むしろタイとならんで独立を守ったアジアでも数少ない例である。それを可能にした理由として、指導者の資質、さらには植民地勢力による緩衝国家としての温存などの面があり、両国の共通点として取り上げることもできるが、このような点を含めても、この時代については、地域的にネパールと東南アジアを括ることはできない。むしろ、この時代は、インドがイギリスの植民地となり、植民地軍が様々な勢力を直接統治下に組み入れる戦争を進める動きの影響を受け、ヒマラヤ南面山地の政治的統合が促進され、今日のネパールにつながる国家がつくられた時期と捉えられる。その意味でこれは（英植民地を含めた）インド側の影響を大きく被っていた時代である。（清朝の中国の存在も、折にふれ無視できないものとしてあらわれるが、南からの影響の方がはるかに重要である。）

カーストを中心にして論じてきた本文では取り上げられなかったが、現代においては、東南アジアが東南アジアとして論じられる傾向を強めているのに対し、ネパールがとみにインド化しつつある点が特徴としてあげられる。交通手段の発達、特に一九五〇年代からの自動車道路の開通は大きな要素で、以前は、距離的には近いものの、低地の森林地帯とヒマラヤ前山によって隔てられていたインド核心部とネパールが数時間で結ばれるようになった。近年の中国の変容も、別の面からこの点に大きく関わっている。すなわち以前にはネパールは中立を標榜して、社会主義の中国に接近し、それによりインドを外交的に牽制したこともあったが、近年は中国の関心が経済面重視となり、ネパールにとっては「中国カード」が使いにくくなっている。一九九〇年のネパールの民主化の動きは、当時のネパール政府の外交の失敗によるところも大きかった。中国よりの姿勢をみせたネパールにインドが強く圧力をかけ、それが国内の「民主化」の動きをひき起こし、従来の国王主導の体制が崩壊したのであった。それ以後、資本や人の流入をはじめ、多くの面でネパールのインド化が進行している。こうして、現代ネパールは、地域性という面からみれば、南アジアの一部以外の何者でもない状況となっている。

以上、ネパールを東南アジアと比較して、地域を考えてみたが、歴史的変遷の中で地域の範囲は様々に変わっていることがみてとれる。その変遷には、地政的、宗教・社会的、政治・外交的等々、多くの要因が関わっているのである。

註

（1）ヴァジラーチャリヤはリッチャヴィ時代に商人がいたことを理由として、当時ヴァイシャが存在したと述べる（佐伯訳：72）が、それはヴァルナ（四姓）体系の中のヴァイシャが存在したことを直接に意味するものではない。また彼は、チャーンダーラをシュードラの中の一族とし、したがって当時シュードラもいたとするが、賤民がシュードラの最下位に位置づけられるのはヴァルナ制度が形をととのえた初期（後期ヴェーダ時代）（山崎 1979: 209–211, 215–217）で紀元前のことである。ネパールのリッチャヴィ時代に関しては、佐伯（佐伯訳：79）も指摘するように、チャーンダーラは不可触民を指し、四ヴァルナの名称とは異る［なお、『マヌ法典』（渡瀬訳：341）も参照］。先の「ブラーマンからチャーンダーラまで」の表現中での「チャーンダーラ」は最下層を表す総称で、ブラーマンと合わせて、古典にのっとって「全階層」を指す慣用的表現と考えられる。そうであれば、実際に「チャーンダーラ」と呼ばれる階層がネパールに存在したかどうかも疑問となる。

（2）ブラーマンをトップとし、不可触民を最下位とするインドのカースト・システムは、イギリス植民地統治下で作り上げられたとクウィグリーは主張する（Quigley 1993: 83–84, 124–126）が、ネパールのムルキ・アインは直接の植民地支配のないところで、ブラーマンをトップとし、不可触民を最下位とするカースト・システムが法制化された例であり、クウィグリーの主張への反証を提供するものである。

（3）シュルテ・ノルドホルト（Schulte Nordholt 1996: 235）は、ジャバとスードラを同義語と考えない。彼によれば、ジャバは貴族層以外の地位であり、一方、主にオランダ人によって使われた用語である「スードラ」は閉鎖集団の中での貴族層の下の地位である。

引用文献

Coedès, G. (translated by S. B. Cowing)（1968）*The Indianized States of Southeast Asia*. Honolulu: East-West Center Press.
セデス・G［辛島昇・桜井由躬雄・内田晶子（訳）］（1980（1969））『インドシナ文明史』みすず書房。
Furnivall, J. S.（1967（1939））*Netherlands India: A Study of Plural Society*. Cambridge: CUP.
Geertz, C.（1967）“Tihingan: a Balinese Village” in Koentjaraningrat (ed.) *Villages in Indonesia*. Ithaca: Cornell Univ. Press, 210–243.
Geertz, H. and C. Geertz（1975）*Kinship in Bali*. Chicago: Chicago Univ. Press.
Greenwold, S. M.（1974）“Buddhist Brahmans” *European Journal of Sociology*, 15: 101–23.
Höfer, A.（1979）*The Caste Hierarchy and the State in Nepal: A Study of the Muluki Ain of 1854*. Universitätsverlag Wagner Innsbruck.
バジラーチャリヤ・D（編）、［佐伯和彦（訳）］（1999）『古代ネパール史料―リッチャヴィ時代の銘文集成』明石書店。
石井溥（1980）『ネワール村落の社会構造とその変化』東京外国語大学アジア・アフリカ言語文化研究所。
Kulke, H.（1995）“The Early and the Imperial Kingdom: A Processual Model of Integrative State Formation in Early Medieval India” in H. Kulke (ed.)

The State in India 1000–1700. Delhi: Oxford Univ. Press.
Lévi, S. (1990 (1905)) *Le Népal* (Vol. 1). New Delhi: Asian Educational Services.
Parry, J. (1979) 'Ghosts, Greed and Sin' *Man*, 15: 88–111.
Petech, L. (1984) *Mediaeval History of Nepal*. (2nd ed.), Roma: Is. M. E. O.
Quigley, D. (1993) *The Interpretation of Caste*. Oxford: Clarendon Press.
Raheja, G. G. (1988) *The Poison in the Gift*. Chicago: Univ. of Chicago Press.
Schulte Nordholt, H. (1996) *The Spell of Power: A History of Balinese Politics 1650–1940*. Leiden: KITLV Press.
Slusser, M. (1982) *Nepal Mandala*. Princeton: Princeton Univ. Press.
高谷好一（編著）(1999)『〈地域間研究〉の試み――世界の中で地域をとらえる（上）』京都大学学術出版会。
Vajrācārya, D. (2030 (1973)) *Licchavikālkā Abhilekha*. Kathmandu: Institute of Nepal and Asian Studies, Tribhuvan Univ.
Vajrācārya, D. & K. P. Malla (1985) *The Gopālarājavaṃśāvalī*. Franz Steiner Verlag Wiesbaden GmbH.
渡瀬信之（訳）(1991)『マヌ法典』中央公論社（中公文庫）。
山崎元一 (1979)『インド社会と新宗教』刀水書房。
吉田禎吾 (1992)『バリ島民――祭と花のコスモロジー』弘文堂。

第4章　タイにおける都市＝農村関係の言説の考察

北原　淳

はじめに

過去三〇年間の東南アジアの経済発展は客観的社会構造の変化をもたらしたが、これにともなう知識人の社会評論的言説の変化も著しい。タイの場合は、一九七三年一〇月政変以降の「出版革命」ともいえる出版物の増加と、マスコミ・出版物に現れた知識人による社会評論的言説の豊富さには目を見張るものがある。当然これらを支え、それを消費者する都市の学生・都市中間層の形成もまた著しい。

「地域研究」にとって、このような現代文化の変化の過程の丹念な追跡もまた大きな課題であろう。豊富な出版物を通して、生真面目な社会的評論が代表的知識人によって活発になされ、それらが学生や都市中間層の一部に真剣に消化され受容されている状況がうかがえる。たしかに、一方では多くの学生が社会的課題を議論するのを忘れ、消費社会状況に満足している状況をもって、七三年政変直後の華々しい学生運動の「花はどこへ行った?」と嘆く声もあるが(Bangkok Post, Oct. 11, 1996)、他方では、社会評論的な内容の出版物が版を重ねている状況もある。少なからぬ学生や知識人層の間に、必ずしも古典的な理念の再現でないとしても、「市民社会」概念を必要とする状況が生じている、とみてよかろう。

本章はこうした社会評論類にみえる言説を「都市＝農村関係」という角度から整理し、変動する東南アジア社会が直面している社会問題の一断面を、タイ知識人の言説という地域主観的な認識枠組みを通じて理解するとともに、その問題点をも指摘してみたい。この点では、本章は、かつて、筆者がタイのＮＧＯ「共同体文化」グループの〝共同体復興を通じて農村開発を〟という言説を整理・批判した作業の延長上にある（北原 1996a; Kitahara 1996）。とくに、小著の終章で、一般的・抽象的にしか主張できず、書評類でも批判を受けている「民主主義、市民社会の価値理念を尊重するリベラルで多元的な共同体」（北原 1996a: 200）となるべきだ、という命題を、知識人の言説によって検証する作業といえよう[1]。ただし、本章は都市中間層知識人の都市中心的視点をも批判的に検討する。

一　都市＝農村関係論の整理枠組み

「都市＝農村関係論」の要素として、本章ではとりあえず、(1)共同体論、(2)市民社会論、(3)地方有力者論、をとりあげ、この順序で出版物に現れた知識人の言説を検討してみたい[2]。ただし、本章での論者の選択の方法は必ずしも系統的ではなく、したがって典型的な言説をすべて網羅しているとはいえない。網羅的な作業は他日を期したいが、さしあたり著名な論客の議論を事例研究的にとりあげて、そこにみられる傾向的特徴を明らかにしてみたい。

まず、「共同体論」と「市民社会論」とは、それぞれ、農村と都市という地域空間と、それを担う農民と都市民という主体をモデルとしながらも、それとは相対的に上位の次元に位置づけられる社会秩序や社会体制を想定する議論である。しかし、一方のポピュリズム的[3]な共同体論が都市的空間の存在をほとんど捨象して農村的空間だけをモデルに国家や社会を論じるとすれば、他方の都市中間層主体の市民社会論の方も、ややもすると都市中心主義的価値観にとらわれすぎている。そのため、農村との所得・資源の不平等な配分関係の現実と再分配制度の必要性といった課題についての認識が不十分なまま、農村的空間を無視して、都市的空間だけをモデルに国家や社会を論じがちである。その意味では、対抗論理として、ポピュリズム的共同体論はもちろん、軍部による農業大国論が現れるのも当然である。

市民社会論の検討のためには、さらにそれを担うべき主体としての都市中間層に関する議論の検討が必要である。浅見靖は、市民社会を射程に入れた中間層論に民主主義の担い手としての議論とエスニシティーとネーションの担い手としての議論とがあることを紹介しているが（浅見 1995）、これに従えば、中間層政治主体論と華人＝エスニシティー論とをとりあげる必要がある。筆者は、本書編纂の基礎となった研究プロジェクト（『地域性の形成論理』：文部省重点領域研究『総合的地域研究の手法確立』計画班Ａ02）の作業過程において、これらのテーマの検討作業をも試み、とくにその一部をなす華人論については別稿を発表した。[4] しかし、中間層の政治主体としての側面については、今後の検討課題である。

第三に、地方への開発の拡散とともに注目され始めた地方有力者（チャオポー）・地方実業家についての議論をとりあげ、都市中間層知識人の都市＝農村関係に関する認識の一端を検討してみたい。それらは、地方資本家・名望家と農村・地方住民とのパトロン＝クライアント関係の文化、地方実業家が進出した議会制民主主義の未成熟、都市＝農村の資源・所得の不平等な分配、等の射程をもつ議論である。現代的な政治経済動態の過程で、都市＝農村関係がもっとも尖鋭化するテーマの代表例といえよう。

以上の個々のテーマの枠組みとそれらの相互関連について少し敷衍してみよう。

まず、「共同体論」については、すでに、ＮＧＯ「共同体文化」グループの共同体言説を対象に批判的に整理・分析したことがあるが、彼らのポピュリズム的な言説の問題点は、要約すれば次のような点にあろう（北原 1996a; Kitahara 1996)。

（1）村落共同体内部の自足性・閉鎖性と成員間の平等性を想定しすぎる。

（2）共同体外部の工業化の進む都市や市場との不可避の現実的関係を無視し、それとの断絶が可能だと仮定する。

（3）共同体が組み込まれているはずの国民国家（ネーションステイト）的な枠組み（文化的次元を含め）を無視するか、暗に村落共同体で国民国家を代表させる。

その結果、次のような諸問題が生ずる。

（1）共同体の構成員である小生産者農民が、これらの言説が主張するように、地域限定的な自足的社会文化体系のなかで生活できる限り、彼らは都市中間層の市民社会のヴィジョンや都市労働者層の社会民主主義・共産主義のヴィジョンには関心を示さなくともよい。

（2）東南アジア的「複合社会」では、都市を中心に、華人等のエスニック集団を多く含んでいるが、ネーションの文化的基礎がネイティブ農民の価値観・農村的文化だけで代表されてしまう。その結果、労働者をも含む都市民の多くが、ネーションから排除されてしまう。

（3）一見するとそれは積極的な地域自立論ではあるが、他面では、資源・所得・生活・文化格差の是正という課題に対して都市・国家との交渉に消極的・逃避的で、政治的には、その主観とは逆に現状維持の保守主義につながる恐れもある（cf. Brass 1997）。

もちろん、「市民社会論」の方も問題をはらんでいる。

（1）とくに、市民運動・NGO運動等の生起する正当性の根拠に「市民社会」の形成を想定するプラグマティックな市民社会論の場合、国家・資本との対抗意識は鮮明でも、市民社会を状況や過程として認識するだけであり、国家・資本・社会の関係についての構造的理解が足りず、政治改革のビジョンが不鮮明である。方法論的には共同体論とも相共通するポピュリズム的・現象学的認識の枠内にあるようにみえる。

（2）主たる参加主体を都市中間層だけに限定し、労働者・農民層等の下層民の役割を軽視・無視する結果、冷戦時代の負の遺産によって革新的勢力が弱い政治風土のなかで、現状維持的政治勢力を育ててしまう恐れがある。

（3）それらは往々にして、政治経済的なバンコク＝都市の中心性に無自覚であり、拡大する中央・地方間、都市・農村間の所得・資源・市場機会等の格差の抜本的是正を、自らにも負担が及ぶはずの税制改革をも含む、所得再配分政策・制度を中心にすえて構想するような意見は稀である。

一九九二年五月政変を重要な契機として、民主主義の担い手としての中間層の役割が注目された。九二年一一月チュラロンコーン大学政治経済研究センター主催でシンポジウムが開かれ、五月事件一周年記念日にその報告集が出版された（Sangsit & Pasuk 1993）。これについては、浅見によるニティ、パースック、アネークの報告についての的確な紹介がある（浅見 1995）が、セミナーの議論の中心は、「中間層はなぜ立ち上がったかではなく、中間層はなぜさらなる社会改革を求めようとしないのか」(同：16)だった。

タイ内外の中間層論は、いささか単純化すると、「中間層」の階層・階級的範囲があいまいでかつ多様な職業・階層と利害関心を含むため、結局のところ、彼らを、政治的民主主義の担い手としては状況によって気まぐれであり、むしろ消費社会文化の担い手としてのみ一貫していると位置づけたように思われる(Sangsit & Pasuk 1993; Robison & Goodman 1996; Rodan 1996)。しかし、タイ国内では、後述のように、九二年五月政変をひとつの契機として、「市民社会」という概念が登場し、この「市民社会」概念のフィルターを経ることによって、社会体制としての民主主義を担うべき主体の資格が絞られ、クリアーにされて、政治主体論を一歩進めた、とも解釈できる。

他方では、一九八八年のチャーチャイ政権登場とともに、大量の地方有力者・地方資本家出身議員が議会に進出し、彼らと民主主義との関係に関する議論が加わった。議論はまず、地方有力者(チャオポー)による地方・中央の官僚・議員と癒着した違法な商売、利権あさり、地方有権者の買収等、が議論され、彼らの合法的実業家への成長の可能性等が議論された。しかし、そのうちに、もっと広範な地方実業家議員の進出とそれによる議会制民主主義の危機、首都出身議員との確執、その構造的背景としての都市と農村との所得・生活格差、都市による農村の自然資源収奪、等が議論されるようになった。両者の確執を、パースック＝ベイカーのように首都の資本家と地方の資本家との階級的対立とみる見方もあるが、都市と農村との地域的利害の対立と見る見方もありうる。いずれにしても、このチャオポー・地方議員の台頭の議論を通じて、首都中間層知識人は、都市＝農村関係の新たな局面の展開と、それにともなう都市＝地方間の資源・所得・市場機会等の格差の拡大とその是正の必要性とを意識することとなった。

なお、華人＝エスニシティー論では、ガシアン・テーチャピラの議論が突出しているが、彼の議論は、複合社会における新しいネーションの形成という意欲的な課題を射程に含む。「共同体論」を後ろ向きのナショナリズム論だとすれば、一般に「市民社会論」の論者も意識しない前向きのナショナリズム論に真向から取り組んでいるのがガシアンであり、新しいタイ・ネーションの構成員としての華人出自の市民という主張である（Kasian 1944a; Kasian 1994b; Tejaphira 1996; Chucahi 1997: 121-144）。華人を排除した国家言説としてのタイ的国体原理（ラック・タイ）を再検討・克服し、新しい国民国家のヴィジョンを提示する必要のある時期にふさわしい問題提起である。

以上のように、都市=農村関係を論じた言説のうち、「共同体論」、「市民社会論」、「地方有力者論」の三分野を中心にみると、次のような傾向や問題を指摘できよう。第一に、現実に激化している都市の中心性と農村の周辺性という構造的関係を無視して、孤立的な「共同体」（と農民）や孤立的な「市民社会」（と中間層）だけを一方的に論じる傾向がある。第二に、共同体論や市民社会論は、集団構成員間の利害対立・階級対立の側面を軽視し、村落共同体や都市地域社会（とくに新興住宅街やスラム地域）等の集団結合や集団間ネットワークだけに注目したり、中央（都市）と地方（農村）の地域間対立だけに焦点をあてる傾向がある。第三に、市民社会論や地方有力者論の多くは、資本家・中間層等の都市エリート層（大卒相当）を主体とする政治秩序によって政治改革や民主主義の議論を代表させ、労働者・農民層等の下層民の階級的利害を無視する傾向がある。たとえば、ヨーロッパ等に比較して、下層民代表政党さえ育たなかった歴史的事実に対する疑問や反省はみあたらない。[5] 第四に、市民社会論の多くは、地域間（中央・地方間、都市・農村間）や階級間の所得・資源・市場機会等の格差拡大の事実やその是正策よりも、むしろ、国家官僚制のヘゲモニーや機能の縮小、国家機能の合理的効率化（グッドガバナンス）等、効率的市場原理導入の方に関心をむける傾向がある。たとえば、現行の逆累進的不公平税制を根本的に改革し、所得再配分をすべきだ、といった意見は皆無で、福祉国家的ビジョンは絶望的に期待できない。第五に、農村開発運動・市民運動に関係する中間層知識人の関心の対象は特定の狭い地域や運動に限られ、また、全体的社会構造分析よりも生活世界的過程・状況を重視する現象学的視野構造の方が強い傾向がある。それは労働運動や農民運動に代わる新しい社会運動・市民運動を進める際のプラグマティズムとも交差しているようにみえる。

少し厳しすぎるコメントかも知れないが、冷戦体制の終焉と急速な都市化という条件下で、都市＝農村関係を論ずるタイの都市中間層知識人の視野構造は、以上のような時代的な制約と特徴を帯びているようにみえる。

二　共同体論の力点の変化――地域資源管理の主体としての共同体

1　共同体論の変化

「共同体の文化」のグループは、従来の政府の農村開発に対して根底的な疑問を提示し、これに代わる新しい農業開発のあり方を示したが、その重点は、オルターナティブな非市場的・自立的な農業生産・農村生活の方法にあり、それを支えるための政治的文化的条件として、共同体的な相互扶助、自治、伝統文化・仏教文化を重視した。このグループの論陣が最も活発に張られたのは一九八〇年代末から九〇年代初めにかけてであったように思う（北原 1996a: 25–26）。

もちろんその後も、この自立的農業生産・生活を重視する伝統は続いている。たとえば、チャティップとポンピライによる中部を中心とした村の自立的伝統の聞き取り調査（Chathip & Phonpirai 1993）、ピッタヤーの八九年の正法経済学を発展させ、共同体自治と結びつけた評論集（Phiraya 1996）、アピチャイによる開発に批判的な視点からの概論的な農村発展論研究の三部作（Aphichai 1996a, b, c）、カンチャナーによる伝統的情報・イデオロギー伝達の研究（Kanchana 1996）、チャティップとプンサックによる南部の自立的農村経済の聞き取り調査（Chathip & Phunsak 1997）、等々と出版物は途切れていない。

しかし、それらの出版物は、読者をかつてのような参加農民・下級開発運動活動家をも含めた民衆から学生・知識人に絞りつつあり、そのスタイルと内容は、従来の運動の啓発・指南を中心とした書物から理論的根拠を探る研究書へと収斂して来た（cf. Chathip lae khana 1998）。これは、これらの言説が農村開発運動の実践的指針としては限界に来た状況を反映していると見られる。

最近、「共同体」は別の面で実践的に脚光を浴びるようになった。それは地域資源の共同の所有・管理の主体としてである。一九九三年二月には官民合同の国家的フォーラム「共同体の権利と自然資源管理権の分散化」が開かれ、その報告書が出版された。このシンポジウムは国会の環境委員会・人権委員会とNGO団体との共催によるものであり、三年間連続してなされるはずの第一回目の試みであった。九六年には国会で「共同体林法」案が起草され、公聴会が開かれているから、このフォーラムはその準備作業だった可能性も強い。

報告書にあるフォーラムの最終結語の要旨は、経済発展が生んだ環境悪化・環境破壊の因果関連を、異なる立場から意見を出し調整しあい、正しく理解し、解決する必要があること、そのためにはこの三〇年間の経済発展で失われてしまったが、それまで多様な環境条件をそれぞれ固有に保全してきた「地域の知恵」、「共同体の権利」を復興させ、環境改善に役立てるべきであること、という点にある（Wiwat 1993: 25–35）。

この官民の意見調整を重視するニュアンスのタイ文結語と異なり、報告書冒頭に掲載された英文の序文においては、フォーラム当日から一か月以上遅れた三月二四日の日付で、ヨット・サンタソムバット（「地方開発研究所」所属）がもっと明快な論理を展開している。開発優先で環境悪化・資源枯渇・資源獲得紛争をひきおこした中央集権的官僚制権力を地方分権的自治権力に変えるべきであり、そのためには、政府がこれまで法的に拒否し、しかも政府・企業から資源を略奪されて弱体化した、共同体レベルの地域資源管理の知恵と経験を復興させ、これによって環境保全をはかるべきだ、という主旨である（Wiat 1996: 15–22）[6]。

パースックとベイカーによると、一九八〇年代は土地・森林・水源が「バーン」（農村）と「ムアン」（都市）の争奪戦場になったという（Pasuk & Baker 1995: 381）。もっともこの表現は、都市の政府・資本（ムアン）が地方の村落・住民（バーン）の資源を略奪するというだけでなく、地方内部でも、特権的・政商的な資本家・有力者（ムアン）が住民の生活圏（バーン）の私有地・公有地の資源を略奪することを含む、と解釈すべきであろう。

南部の洪水に象徴されるように、環境問題の深刻化とともに環境保全が国家的課題となり、国家の森林保護政策が強まる中で農民の慣習的森林開拓権との調整が必要となり、共同体的な地域資源管理を活用する政策が政府からも提起されるようになった。ただし、共同体的な地域資源管理慣習というのは、実は「作られた伝統」である。むしろ実証研究の成果は、共同体的管理の動きは所有権・管理権の曖昧だった自然資源の希少化が起きた八〇年代以降の現象にすぎないことを示している（重富 1996: 246–253）。森林局の主任務が森林伐採から森林保護へ転換し、森林保護区が急激に増えたのも八〇年代以降である（田坂 1992: 25–32; 佐藤 1998: 198–199）。アピチャイによれば、チャラーッチャイの一九八五年の著作が共同体による森林保全を提唱した最初の試みであり、これが官僚層に受容され、以後計画に組み入れられていったという（Aphichai 1996c: 51）が、これも時期的にはほぼ重なる。

このような環境保護のための地方分権・共同体の活用という論理とならんで、資源略奪にともなう共同体農民の貧困化とその救済政策の必要性というポピュリズム的論理がありうる。上述のフォーラムでも、たとえば、成功した政策例にもとづいて、全国の地方の小河川の水系ごとのきめ細かな水利用計画の策定と実行の必要性を訴えた報告は、その目的に、地方住民の水不足の解消＝貧困の解消を掲げている（Wiwat 1993: 305–310）。住民運動的立場からの言説の検討は今後の課題だが、それらにはこのような論理がもっと明確に主張されているであろう。しかし、たとえば、より学術的なアピチャイの著作は、地域資源に対する地方住民の保全認識が尊重されるべきことは強調するが、それは住民の貧困解消という論理ではなく、住民が長期的・持続的・合理的な地域資源利用の民俗的認識をもっているので、都市中間層が環境保護機能を地域共同体に預託しようという論理であるようにみえる（Aphichai 1996c: 62–71）。

資源の配分・管理の問題は、市民的権利の交渉主体としての共同体という市民社会的論理にも接近する。その論理は、すでに旧著でも紹介したが、ポピュリズム的共同体運動に批判的なヴァンダーギーストの立場である（北原 1996a: 37–38）。都市中間層が資源管理権を預託し、環境保護を代行してもらうべき共同体は、外部社会との交渉主体としても成長しなければならない。次のアーナンの共同体論はこれに接近する。

2　市民社会論的視野をもつ共同体論の若干の事例

北部タイ農村社会に詳しく、伝統的文化の尊厳をも主張するアーナンの共同体運動論は明瞭に市民社会との連帯を射程に入れている[7]。彼の状況認識によれば、過去の開発の過程で成長した都市・農村の資本家、都市の中間層が七三年以降、権力に参加するようになったが、これにともない国家と共同体の関係が変化し、共同体が公共財産管理の権利や慣習法を喪失し、政府の公的払い下げ（コンセッション）や個人投資により、共同体的自然資源が外部の資本家など少数者の手に落ち、村人は土地を喪失した。共同体も伝統文化を放棄し、利己主義的思考が育っている（Anan 1995: 166–173）。また、「政府が共同体に権力を返還して（共同体をふくむ全社会の）文化的危機の問題に真に関心を払わないのは、政府自体が問題の一環だからである。それゆえ政府に過大の望みを託すことはできず、むしろ、社会の全レベルに増えた市民社会の関係ネットワークを通じて地方共同体の潜在能力を促進する関心を高めるべきである」（Anan: 175–176）。さらに、自足的で地域的な農村共同体をこえる新しい共同体の創造も必要であり、それは家族・集落だけでなくそれを超えるネットワークを含み、国家と市場との関係も持続する。もし地域に縛られた共同体像から自由になれば、外部との矛盾に対処し、資本主義的市場の変化にも適応できるような資源保護管理の共同機能を担うことができる（Anan 1995: 180–181）。

アネークの共同体論はやや都市中心的、近代化論的である。農村共同体といっても、経済的に後進的で貧困な場合は、農民は親分的な地方実業家・チャオポーに依存せざるをえず、農民には参加の余裕と能力がないから、参加型民主主義は実現されない、とする。そのためには、まず近代的な産業構造、就業構造の構築が必要であり、農業就業人口の減少による農業部門の近代化と、農業部門を去った人口を収容するための農村の産業・就業構造の高度化、多様化が必要である。ただしそれは、農工間の均衡的発展をともない、かつ権力の分散をもともなうような民主的型であるべきだ、という（Anek et al 1995: 48–65）。「共同体文化」グループの主張するような農村社会復古主義は民主主義と両立せず、むしろ現実の親分＝子分関係を維持させる可能性の方が強い。従って経済的改革とならんで、古い共同体的関係から開放された個人が形成する新しい共同体の形成が必要であり、それによって真の民主主義が実現される。ただし、民主主義が社会的平等を追求し、都市中間層だけでなく、農村住民にも機会均等をもたらすべきだ、と強調する点で「共同体文化」グループの主張は正しいとする（Anek et al 1995: 66–76）。

このアネークの農村経済近代化論は、農業構造改善・農村産業構造改善を進めた日本や東アジア・ニックスがモデルのようであり、また農村共同体の民主化の論理は戦後日本の啓蒙的近代主義の立場に近い。経済構造の近代化と社会構造の民主化とのギャップ・矛盾を意識せず、両者の調和に楽観的すぎる点は気になるが、伝統的共同体の保守性・後進性に批判的な点はポピュリズム的共同体論と一線を画する。

地域資源の議論では、地方や共同体の管理の「権利」だけが強調されている。しかし、アネークの描くような将来像のもとでは、住民が高齢化する中山間地農村に典型的なように、参加主体が減少し、むしろ管理の「義務」の課題が浮上し、管理コストを全社会的に分担せざるをえないような状況が想定される。市民社会論的射程をもつ環境保護論は都市によるコストの自己負担の展望をも持たなければなるまい。この点は都市＝農村間の所得再分配の課題にも共通する。

以上のように、近年の共同体論は、とくに地域資源管理主体としての共同体に期待が集まるなかで、市民社会との関係を射程に入れて来ており、「共同体文化」に典型なような、共同体に閉鎖的・自足的な生産・自治システムを求めるポピュリズム的共同体論は後退してきている。おそらく、この客観的な背景は、閉鎖的・自足的な農村がますます部分的な存在となり(8)、それを反映して理論家・運動家・運動参加農家も外部との関係を考慮せざるをえないためであろう。

三　市民社会論の台頭とその特徴

1　その沿革と一般的特徴

村落社会を理想化して共同体復興を唱えるという意味での共同体論の言説の頭打ち状況に代わって台頭してきたのは市民社会論である。チューチャイによれば、そもそも「市民社会」(civil society)の訳語としての「プラチャーサンコム(pracha sangkhom)」という言葉がプラウェート等を通じて提唱され、普及したのはここ一〇年以内のことであり、この概念はまだ知識人の「輸入商品」にすぎない段階だという(Chuchai 1996; 1997)。河森正人によれば、この「プラチャー・サンコム」という言葉を使うのは、チャイアナン、チャティップ等であるが、そのほか、「サンコム・ポンラムアン(sangkhom ponlamuang)」(プリディー、アーナン)、「サンコム・ケムケン(sangkhom khemkhaeng)」(ティーラユット)等が使われている(河森 1997: 170)。

ガシアンによれば、〝civil society〟概念をタイに初めて導入したのは、一九八一―八二年頃の外務省広報局長スラポン・チャイナームであり、彼は新左翼としてグラムシに傾倒し、この概念の重要性を認識したという。当時のタイは、ティーラユットら七三年政変世代の知識人・学生活動家がタイ共産党と決別して「ジャングル」(＝ゲリラ活動)から出てきて、毛沢東＝中国共産党的な武力革命に代わる平和的変革を模索し始めたばかりだった。以後タイの進歩的・左翼的知識人の関心は、国家・「官僚政体」(Bureaucratic Polity)の批判と、それから自由な制度としての市民社会へと向かった（Chuchai 1996: 121–123）。社会評論類をみる限り、市民社会論は、彼らが好みそうな社会民主主義やユーロ・コミュニズムのヴィジョンだけに限られない。ティーラユットを含め、それは少数派かも知れない。

この「市民社会」という言葉が一般に普及したのはここ数年にすぎない。おそらく、ひとつのきっかけは、一九九二年五月の流血事件での中間層の役割をめぐる議論であっただろう。また、中間層出身活動家の間に活発化した市民運動がその理論的根拠を模索し始めたためでもあろう。もちろん、ティーラユットによる市民社会論のベストセラー『堅い社会』が一九九三年一〇月に出版された影響は大きかったとみられる。

冷戦終結と社会主義体制崩壊後の欧米研究者は、旧社会主義的左派がリードした古典的な体制変革構想に代わる理念として「市民社会」を意識し始めたといわれる（Komat 1996: 43; Girling 1996: chap3）[9]。しかし、タイ的概念としての「市民社会」は、一九九二年五月事件直後の「中間層」論の登場のときには、多くの知識人にまだ明確には意識されなかったようだ。たとえば、九二年一一月にチュラロンコーン大学政治経済研究センターが行った中間層に関するシンポジウムの報告集『中間層と民主主義的潮流』でも「市民社会」という言葉はほとんど登場しない（Sungsidh & Pasuk 1993）。中間層と民主主義の関係は論じられても、それと市民社会との関連は自覚されなかったことを示唆する。市民社会論の登場の背景は、もちろん、あとで紹介する公衆衛生運動の医師グループのような市民運動・新しい社会運動の理論的根拠付けというプラグマティックな要請もあろう。しかし、タイの現代政治過程からみると、市民社会論は「中間層は政治的に革新的か否か」という、ある意味では単純なイッシュー——上記九二年一一月シンポの主要イシューも前述の浅見もいうように単純化するとそれにあたる——から、民主主義にふさわしい社会的担い手は誰か、その資格をあらためて問うべき段階になって初めて登場した言説ではないか、と思われる。

市民社会論のひとつの有力な源流は、八〇年初のタイ共産党解体以降に欧米留学を経験したティーラユット、セークサンら反体制的学者知識人の社会変革のヴィジョンであろう。彼らは、これまで伝統的に左翼・進歩派が依拠した社会主義的ヴィジョンに代わる社会変革のヴィジョンを提起する必要に迫られた。周知のように、彼らの多くが七三年政変時代の学生運動活動家であり、またその一部は七六年の軍事政権復帰後、タイ共産党のゲリラ活動に合流し、その前近代的マルクス主義（＝毛沢東主義）に絶望して、八〇年代初に政府に投降してきた経歴をもつが、これが市民社会論主張の背景にあると思われる（Tejapira 1992: chap1; 北原 1996a: 5章）。彼らは五月事件以降の中間層の政治的役割に関する自覚的言説の登場を、過去のジャングル時代の過酷な活動体験によってとうに先取りしていたと見られるが、たとえばティーラユットがそれまで温めていた市民社会論を九三年に初めて評論集『堅い社会』として出版したのは決して偶然とは思われない[10]。

ティーラユットは、「ジャングル」から投降後、オランダ留学を行い、一九八三年に一時帰国したとき、健全な軍政でも健全な政党政治でもない第三の道として、自立的個人による政治変革を構想したが、九〇年に始めてこれを「堅い社会」（sangkhom khemkhaeng）という概念として提唱して（Thirayut 1993: 131-132）、市民社会論の源流をつくった。政治制度や個人の政治的信条・態度・行動という政治学的な次元からのみ民主主義を論じた従来の「政治学」に代わり、政治を社会体制的観点から見るべきだとする「政治社会学」の提唱は、この市民社会論を支える方法論的態度である（Thirayut 1993: 35）。

ティーラユットを一嚆矢とする学者知識人の市民社会論には、彼のように都市労働者・雑業層・農民の福祉をも視野に納め、社会民主主義的・ユーロコミュニズム的な方向をめざす少数派の議論から、「官僚政体」やネポティズムの近代化をはかる方向を重視する機能合理主義的な多数派の議論までの幅がありうる。しかし都市中間層的視野に共通して、都市労働者・雑業層・農民などの下層民の利益と彼らに対する根本的な所得・資源・機会再分配という政策議論（とくに不公平税制改革と中間層市民自らをも含む累進課税的税負担の提起）に乏しく、この点で、一部を除いて、社会民主主義的・社会主義的な理念が欠如し、アネークを含む多くの市民社会論は機能的合理主義の傾向に流れがちである。ティーラユット自身も九七年の通貨危機直後に『堅い社会：国家的タンマラット（グッドガヴァナンス）』という小冊子を刊行し、市民の監視審査制度による「グッドガヴァナンス」という条件付きだが、業績本位の効率的国家行政を提唱して、この機能的合理主義に合流している（Thirayut 1998）[11]。ただし、この機能的合理主義も、F・リッグズ的な「官僚政体」の改革を求め、近代的な国家の自立と能力向上を構想している点では、ひとつの革新的立場だとはいえよう。

もうひとつの有力な市民社会論の源流は、現実の社会運動・市民運動・NGO運動の正当性の根拠を「市民社会」の形成に求める、というある種の運動プラグマティズムに迫られた市民社会論である。公衆衛生思想の普及に努力する運動家医師グループの議論はその典型であろう。市民運動・NGO団体活動の活発化には、中央・地方双方のレベルでの官民合同の審議・諮問委員会等の活動の活発化も背景にあろうが、この動きもごく新しい。第八次社会経済開発計画策定過程で行われた県レベルの官民合同協議体の設置はその典型である。

一九九六年一一月二一日付の英字新聞『ザ・ネーション』は「市民社会を求めて」という記事を組み、公害問題の発生や第八次社会経済開発計画の県協議体設置等を契機に、地方NGOの活動が活発化し、「市民社会」が途についたばかりだとする（The Nation, Nov 21, 1996）。市民運動の発生をもっていわば自動的に市民社会の成立を想定するこのような言説の最大の問題点は、前述のように、国家・資本と社会の区別や社会の領域の拡大等の点では、ある種のカテゴリー意識はあるが、両者・三者の構造的関係に自覚的でなく、国家論的な視野を欠いている点であろう[12]。

一九九六年スウィット医師、チューチャイ医師ら公衆衛生運動家・研究者が作る「公衆衛生制度研究所」（労働・公共福祉省精神衛生局付属）の研究集会は注目すべき印刷物二点を刊行した。一冊目は、研究集会で発表された論文の論文集、スウィット・ウィブンポンプラスート（編）『市民社会と健康開発：学術的分析』（Suwit 1996）、である。二冊目は、この集会でも発表したチューチャイ医師が識者に行ったインタビュー記録、『市民社会：タイ社会における思想家の見解』（Chuchai 1997）、である。おそらくこの二冊は普及しつつある「市民社会」（「プラチャー・サンコム」）という言葉をメインタイトルにした数少ない書物である。

前者の論文集には、後述のコーマート論文のように、欧米の市民社会論の系譜をかなり忠実にフォローし、運動論的市民社会論の立場からティーラユットの構造論的市民社会論を批判した水準の高い論文もあるが、スウィットの巻頭の総括論文やその他に共通して、次のような特徴がみられる。

（1）社会問題と社会運動の発生をもって「市民社会」の形成とみなす運動論的プラグマティズムが強い。

（2）関連して市民社会を社会構造としてではなく、運動の生まれる状況や過程に重点を置き、市民運動を生む意識・行動・組織の形成過程を論じる。

（3）国家（官僚）・資本（資本家）に対する第三次元として社会（中間層）の空間を広げようとする理念はあるが、三者の調和を説きがちで、官民合同委員会・協議体の結成等を市民社会形成の指標として評価し、国家による取り込みへの警戒姿勢が弱い。

（4）運動主体を中間層に限定し、これによって、左翼運動・労働運動・農民運動等の伝統的社会運動よりも都市中間層が指導・参加する「新しい社会運動」に力点をおきがちである。チューチャイとユワディーの「環境運動」に関する共同論文では、中間層が支援するスラム住民運動、労働疾病・労働災害反対運動等もその中に盛り込まれ（Chuchai kap Yuwadi 1996: 239-244）、いわばすべての社会運動が「市民運動」とされてしまう。

後者のチューチャイ編集の市民社会論は、前半は論客たちとのインタビュー記録だが、後半はティーラユットの「堅い社会」論文、自らのプラグマティックな市民社会論を所収する。チューチャイ論文自体は、後述のように、社会問題の発生、社会運動の発生、市民社会の形成という三段論法で、社会運動の発生が市民社会形成の条件と位置づけられている。

同じプラグマティズムでも、こういうコーポラティズム的傾向の市民運動論に対して、国家・資本と対決する姿勢の強いポピュリズム的傾向の強いＮＧＯ運動からは当然批判があろう。ただし、国家と社会とを二分して対決させるアングロ・サクソン的視角については、アジアの国家による社会統合の長い伝統をも考慮して、単純に国家と社会を対決させるような市民社会論を反省し、批判する理論的立場もありえよう（Rodan 1996; 1997）。

2　市民社会論の若干の事例

ティーラユットは一九九三年に評論集『堅い社会』をもって市民社会論を世に問うた。その構成は、「第一部　独裁権力に対抗する軍部の分析」、「第二部　とくに国体を中心としたタイ社会基本イデオロギーの分析」、「第三部『堅い社会』の思想潮流」、「第四部　思想家＝哲学者としての思想哲学」、である（Thirayut 1993）。ここではその一部の要旨を紹介してみたい。

第一部の中の「タイ民主主義の二つの流れ」という論文(初出一九八七年)は、まず、対象を政治制度や政治行動だけに限定する正統的政治学に代わる社会体制的分析が可能な「政治社会学」の方法論を提示した後、一九七三年一〇月政変以降のタイ人の政治世界観が、それまでの政治制度というサターバン(制度)単位で考える発想から社会体制というラボープ(体制)で考える発想に代わる転換点に立ったと主張する。「サターバン」としては、王政・軍隊・政党と実業集団・民衆組織の四つがあるが、七三年以降のタイ政治の構造力学は、どれか特定のサターバンが優越するという発想ではなく、サターバン間の力関係と交渉の複合体としての体制という発想が適するような質に変化し、中でも軍部サターバンの力の低下がある。ラボープ論争では、軍人政党のチャワリット首相の説く「国家革命政府」構想と民主勢力が説く「国王を首長にいだく民主主義体制」構想という二つがあり、前者の「半民主主義」体制より後者の方がより民主主義体制により適するが、それを担う実業家政党もサターバン思想から開放されて体制的権力構築をめざす必要がある、とする。

第三部「堅い社会の思想傾向」は文字どおりの市民社会論である。一九九〇年に彼は「民主主義制度」という文章で国家の様々なサターバンの間の均衡を作る必要を確信し、ついに、軍部と政党(軍部と同様に堅い基礎(=市民社会的基礎)を欠く)二つだけのサターバン間の交代という悪循環を絶つために「堅い社会」を構想するに至った、という(Thirayut 1993: 132)。

「均衡あるタイ政治の発展」という章(初出一九九一年)は、スチンダーによるクーデター直後の論説である。クーデターを起こした構造は、汚職を生んだ政党=実業界という集団に、軍部=官僚の集団が対抗するという図式だが、要するに両集団とも汚職・利権をもつ点では変わらず、クーデターと選挙は二つの集団間での政権交代の悪循環にすぎない、という。この悪循環を止揚するためには第三の要素としての「社会」が加わらなければならない。国家と社会の関係を変えるために、「堅い社会」を発展させ、政党を近代化し、官僚制度の権力分散や改革を行う、等を必要とする。「堅い社会」の発展に必要なことは、いわれるように民衆を意識啓発したり、「社会」を政党・官僚に代わる「第三の力」とすることなどではなく、利益団体・思想団体・ボランティア団体・情報=研究機関等を発展させ、「社会」のサターバンとしての強化発展をはかること（軍・行政の監視制度、議会公開・公聴会・公開試問等の情報公開等の活発化）、政府の公共財産・政策決定独占体制を改善すること、親分子分的な利権ネポティズムを廃絶すること、等である。グローバルな依存・競争時代には社会も国家も「堅い」（khem khaeng）ことが必要である。

第三部の「民主主義的改革の方向」は、「タイ軍隊の改革」、「地方支配権力の改革と買票問題」、「堅い社会」の三章構成だが、最後の章は、チューチャイ編のインタビュー記録集、『市民社会』にも採録されている（Chuchai 139-162）。

代表的エッセイの「堅い社会」は一〇月政変直後の過激な政治行動を振り返り、市民社会は、当時の「民衆の権力」がめざした方向とちがって、集権的ではなく分権的で、また下層民衆中心の過激主義よりもむしろ理性的コミュニケーションを通じて正当性をかちとり、直接行動でなく制度化による解決を志向する、とする。タイは伝統的共同体意識が解体して、私事化、エゴ化が進行中だが、まだ共同体意識に代わるべき社会意識が十分に形成されていない。しかし社会問題が発生し、伝統的共同体より大きな社会の一員だという社会意識も生じつつあり、これは市民社会形成過程（共同体を超える社会意識の形成、種々の社会団体・組織の誕生、社会的連帯思想の形成、社会思想や社会団体の制度的確立による市民社会の定着、という四段階からなる）への一歩である。しかし、その最終段階としての社会思想や社会団体・組織の制度的確立（市民社会化）はまだ将来課題であり、進歩的新聞・研究組織・民間団体・実業団体・基金等に制度的確立の萌芽がみられるものの、たとえばテレビ、ラジオ等は国家統制があり問題を残す。「中間層・近代的実業は現れたが、わが国での社会意識の誕生はまだ遅々たる状況にある。軍部独裁政権の末期には経済発展が一段階経過し、軍部と社会の関係にラッグが生じた。同様に、政党の発展も社会の発展よりも遅いようだ。このことが諸関係にラッグをもたらしている」(Thirayut 1993: 198)。

すでに共同体論でもアネークの議論の一部を紹介したが、一九九五年に出た評論集『タイ社会批判』所収の同じ論文で、アネークは市民社会的価値観にもとづき選挙制度の改革を論じている。その中心テーマは、都市中間層と農村・地方出身政党政治家との利害対立である。現行の選挙区制度は都市中間層の意見を反映せず、農村・地方的な有力者議員の有権者買収、利権行為、地域利益還元的予算配分等の悪弊を許しているので、それを比例選挙区制に代えることによって、都市中間層の力を増し、農民を違法有力者へのパトロネージから解放すれば、民主主義的な市民社会を作ることができる、とする要旨である(Anek et al 1995: 1–86)。若干の不正に目をつむっても地元の開発利益を守ろうとする「農村の論理」と不正を徹底的に追及する「都市の論理」との対立(河森 1996)のひとつの解決図式である。中間層知識人が、議会制を改革しようと希求していることは理解できるが、農業構造改善等の近代化がもたらす犠牲に楽観的すぎる点は、「都市の論理」による「都市エゴイズム」も感じないわけではない。

スウィット編の公衆衛生研究集会の論文集『市民社会と健康開発』(一九九六年刊)は、論文の多くが、市民運動の正当性に必要なプラグマティクな視点から市民社会論を語るなかで、欧米の文献にもとづいて比較的理論的な整理をしたのがコーマート論文である。近代市民社会の特徴を、(1)「国家」と「資本」を抑え、第三部門の「社会」の役割を大きくした三者間の構造的バランス、(2)連帯意識にもとづく平等な社会関係と構造的三者関係、(3)個人の意志・イニシアの尊重、(4)国家の効率・計算可能性の高まり、等とおさえ(Komat 1996: 39–57)、市民意識・市民組織・市民ネットワークの三要素からなるタイ的市民社会の端緒を、「官僚政体」からの解放過程、とくにこの二〇年間の動態的な運動の事例に求める（Komat 1996: 57–64）。

コーマートは他方で、ティーラユットの市民社会論の批判を行う（Komat 1996: 64–73）。ティーラユットの市民社会形成四段階説（社会意識の発生、経済社会組織の形成、社会的連帯意識の発生、市民社会の制度化・定着化）を紹介したあと、(1)段階は単線的発展ではない、(2)行為者の主体的選択と段階の主体的転換の可能性への考慮が弱い、(3)市民社会意識を具体化する必要がある、と批判する。とくに(3)については、ティーラユットが狭い共同体を超えて社会を批判できる個人主義的な社会意識の形成を強調するのに対して、コミュニケーションを通じて国家・資本の主導とは「オルターナティブな公共空間」を作り、このような〃civic network〃を通じて個人が自由な公共目的の団体に加わり、新しい共同体を作ることこそ市民社会の形成なのだ、という命題を対置する（Komat 1996: 70–73）。ティーラユットの社会構造論な視角と共同体批判的な価値観に対する、社会運動論的な視角と共同体親和的な価値観からの批判である。この批判が有益な論争に発展することを願う。

チューチャイ（編）『市民社会：タイ社会における思想家の見解』（一九九七年）の前半部のインタビュー発言記録は必ずしも体系的でない。その正確な内容は、彼らの著作と合わせて理解すべきだが、共通の特徴は、(1)戦術的には、必ずしも政府と対立せず、政府部門とも協調しようとする柔軟な姿勢をもつ、ただし原理的には国家と社会を峻別すべきだとする意見が強い、(2)県レベルでの官民合同の各種委員会・審議会・協議会の設置と運営（九六年から始まった第八次社会経済開発計画の策定時期に県レベルで作った県協議体 prachakhom changwat がその典型）に利害調整の制度化の役割を期待する、(3)伝統的共同体や地方有力者による地元民保護（パトロネージ）に批判的である、(4)市民団体運営・地方分権等の前提条件として住民の経営・自治能力の育成を重視する、(5)グローバリゼーションによる普遍的価値観の流通を尊重する、等である。

総じて、欧米をモデルとしつつも、タイ的特色や限界を許容した市民社会を作ろうとする意識が強い。ただし多くの論者がグローバリズムを容認する中で、異色なのはガシアンによる持論のナショナリズム論である。従来の官製ナショナリズムに華人等エスニシティー文化を取り込んで新タイ・ネーションを形成し、市民社会の要素とすべきだとする（Chuchai 1997: 129–135）。

市民社会の早期提唱者の一人、プラウェート医師の回答のなかで注目すべき点は、(1)機能低下した現権力に代わる道は、福祉・効率・管理組織を備え、諸問題に総合的回答のできる市民社会だ、(2)市民社会という高度な共同体の潜在能力を高めるには、高い精神性・共同学習が必要だ、(3)経済発展が市民社会をもたらすというよりも、市民社会が経済的繁栄をもたらす、(4)単なる権力分散では自治・経営能力は高まらないので、独自の訓練や監視機構が必要だ、(5)伝統的共同体の復元ではなく交渉力のある新しい共同体育成が大事だ、(6)権力のような縦関係の組織を上から作るのではなく、横関係の結集体を下から作るべきだ、(7)強制でなく道義と自発性による市民社会を時間がかかっても築くべきだ、等である（Chuchai 1997: 4–32）。

聡明な歴史家ニティの答えで注目すべき点は、

（1）昔は共同体単位の運動しかなかったが、市場経済発展にともなう中間層の形成・情報の発展により市民社会運動がおきた、

（2）地方有力者議員と有権者の保護＝被保護関係は、古い親分＝子分関係の持続という形式を取るが、実は利益交換関係だ、

（3）国家はかつて農村支配に立脚したが、今後は都市人口が増え、都市支配が必要となる。しかし、都市行政・

公衆衛生等に国家は十分とりくめず、市民組織が取り組む他ない、ただしタイでは市民的権利・自己管理・社会的貢献の力は弱く、社会は堅くない、

（4）市民社会意識だけでなく、市民組織の自己運営能力が必要だ、

（5）市民組織は国家に政策要求をし、国家権力を制限すべきだ、

等である（Chuchai 1997: 59–69）(13)。

後半部のチューチャイ論文の骨子は以下である。社会に危機や複雑な社会問題が生じ、これに取り組む運動が生じ、種々の運動の組織・ネットワークが形成されると、市民社会としての意識・組織・ネットワークが生まれて来る。ただし、これは、一定の経済・社会・政治・文化のシステムに支えられた存在だ、というものである。市民社会とは「社会成員が社会の中に解決困難な複雑な危機や問題をみて、意識に結晶するような共同の意志（civic consciousness）を抱いて共同し、政府部門・実業部門・社会（民衆）部門のいずれであるかをとわず、団体・組織（civic group／organization）に結集して、パートナーシップとして愛情と共通意志と尊敬とを抱いて、一定の運営制度とネットワーク（civic network）的結合のもとに、目的達成に向かって協力して問題を解決し、事業を行うこと」（Chuchai 1997: 165）である。そして、これを支える条件とは、中間層の成長、NGO／地域開発団体の族生、民主主義の発展、国家の非能率と不透明さ、公開的情報を通じての思想的自由と平等な社会関係の形成、等である（Chuchai 1997: 183）。

チューチャイはスウィット編の九六年論文集に収められた論文では、まず、社会的危機と社会問題の生起→市民運動の発生→諸運動の経験を通じての市民意識・市民組織・市民ネットワークの形成→運動経験を通じての市民社会思想の発生とその制度化・定着化、という運動過程の四段階論を通じて、市民社会に至る一般的道筋を述べる。

しかし、タイ的特色として、水平的関係に加えての垂直的関係の重要性（王制、パトロン＝クライアント関係等）等の折衷的要素を付け加える（Chuchai 1996: 110–144）。

四　地方有力者（＝チャオポー）論にみる都市＝農村関係

1　チャオポー論とその背景

地方ボス＝チャオポーに関する議論は、一九七九—八八年のプレーム政権下で最多数の地方議員を擁するタイ国民党が第一党となり、とくにそのあとの八八—九一年のチャーチャイ政権下で、多くの汚職を生んだことから、ひとつの政治的イシューとなった。チャオポーに関する論評は、とくに九〇年代にはいって、議会内で国民党を中心とする地方基盤の政党と民主党に代表されるバンコク・都市基盤の政党とが対立し、しかも前者に優勢傾向がある、という図式が明らかになると、狭い地方有力者の行動に関する議論から、徐々に地方の利害と都市の利害との対立に関する議論や議会制民主主義の欠陥に関する議論等に発展していった。ここでは各種マスコミにまで目を通す余裕がないので、市販出版物によってその大要を類推するしかないが、代表的な研究書の示すところでは、八〇年代以降の政治体制を、官僚国家体制（プレーム内閣時代まで）から資本家へゲモニー体制への移行の開始とするチャイアナンの理解（Chai'anan 1997）と、中央資本家＝テクノクラート・へゲモニー体制から地方資本家へゲモニー体制への移行とするパースック＝ベーカーの理解（Pasuk & Baker 1995; 1997）とがあるもようである。

七〇年代頃から地方有力者・地方ボスであるチャオポー（プー・ミー・イティポン）の存在が顕著になった。その背景は、地方ボスによる伝統的な酒類販売・賭博場経営等の専売事業の請負に加えて、たとえば、森林・鉱山等自然資源の許認可による公的払い下げ（コンセッション）等の利権が国政選挙の集票活動と直接に結びついたことにある。つまり、地方ボスは中央議員=高級官僚から利権の許認可を受けるために、現金買収工作による集票活動を行い、中央議員=高級官僚=軍士官に貢献する、という周知の取引関係である（玉田 1987ab; 玉田 1988; Tamada 1991; 赤木 1995; 河森 1996 ; Ockey 1992; Pasuk & Sungsidh 1992; Pasuk & Sungsidh 1994: 51–94; Pasuk & Baker 1995: 332–348; Pasuk & Baker 1996)。

一九八八年のチャーチャイ政権、一九九二年のバンハーン政権の成立のときは、地方出身議員が多数入閣し、一部議員に汚職事件を数多く引き起こしたが、これは開発の波が地方にも及んで新たな利権や利潤源が発生し、経済行為と政治行為が、チャオポーのレベルよりもきわめて高度にかつ大部分は合法的に、結びついたからである。当然、この背景には、地方都市への開発の拡散と中央資本の進出、それとの提携・対抗関係のなかでの地方資本家層の形成という事態がある。(14)

すでに紹介した市民社会論のなかでも、抽象的に、保守的後進的農村に残る「ウッパタム（パトロネジ）制度」とその解決策、というテーマで議論されているのは、具体的にはこのチャオポー・地方実業家議員と選挙民との関係である。

2　チャオポー論の若干の事例

おそらく、チャオポー・地方出身議員はもっとも興味深いトピックであり、マスコミの報道類の多さでも群を抜くトピックであろう（*Matichon, Sayamrat* 等の週刊誌特集）。また学術的研究文献の蓄積も厚い。ここではとくに、チャオポーが脚光を浴びるようになった九二年五月政変、バンハーン政権成立以降の言説類を検討するが、最近の共同体論と同様に、学術論文スタイルをとった論考が多い。

一九九二年のソムバット・チャンスアンの論文は、チュラロンコーン大学政治経済研究センター主催の一九九一年一一月のシンポジウム「タイ発展の選択方向：一九九〇年代タイの経済と政治」の報告集に掲載されている（Pasuk & Sungsidh 1992: 117–139）。玉田芳文やB・アンダーソンの論文や新聞・雑誌類のチャオポーに対するインタビュー記録等を引用した学術的スタイルの論説である。

論文はその目的に、初歩的考察の試みとして、チャオポー台頭の多角的検討、すなわち、その経済的政治的役割と過去のタイ文化・社会的伝統との関係（性格規定）、民主化過程との関連の有無、九〇年代の新興資本家としての役割の展望、等を行うことをあげる。最初にチャオポーの性格規定がある。伝統的な地域ボス、「ナックレン」（nak leng）の文化を継承しながらも、ナックレンより広域的に顔が広く、インフォーマルなイティポン（威力）を行使して経済力で官僚を取り込む地域ボスであり、その経済的基盤は、農産物集荷やアグリビジネス・専売／特許事業・非合法事業にある。彼らは官僚を凌ぐ経済力で村人の面倒をみ、村人からも尊敬・畏敬される。もともとの地方ボスが外国資本・中央資本の地方への進出で生じた蓄積機会をつかむとチャオポーとなる。

ついで、民主化とチャオポー台頭との関係を考察する。経済的には七三年以降の民主化時代になると外国・外部資本の地方進出があり、市場機会が多様化し、政治的には競争的選挙制が導入されて選挙運動・集票活動でチャオポーの広域的威力・威信が利用された。彼らはこれを通じて、地方官僚と癒着し、中央政治家の集票を請負って関係を深め、地方の配下を増やし、政治・経済的な威力を飛躍的に高めることができ、九一年二月クーデター直前にはその威力が絶頂に達した。

九〇年代の展望では、チャオポーが地域住民の奉仕に熱心な実業家に転じる傾向があるが、身内・次世代の実業家・政治家を出して一族だけで狭く固まるか、広域的に支持者・配下を増やし開かれた政治家となるか、選択がありうる。政治的には、民主化すれば、チャオポーは地方的機構を使って支持者を政治家として送り込むことができ、独裁化すれば中央の絶対権力者に服従せざるをえない。経済的には、民主化で自由市場経済が活発化すれば、チャオポーは赤字部門の整理・業種の専門化で対応する。しかし市場競争の激化はチャオポー同士の殺戮戦を招くこともある。もし当選で政治的特権をえれば、事業の独占化・利権化で対応する。一般に非合法事業の機会は縮小する。あるいは子弟に合法事業をさせて実業家となる。地方チャオポーは究極的には中央権力と結合し、支持されている存在である。

以上の論評で興味深いのは、チャオポーの勢力拡張のメカニズムの考察の部分ではなく——この点は次のパースックとサンシットの方が具体的で正確である——、九〇年代の展望である。民主化された場合の経済的展望であり、競争激化に対するチャオポーの対応の諸ケースの予測であるが、あり得るひとつの方向としての近代的合理化の方向の示唆である。近代主義的な価値観がうかがわれる。

一九九四年のパースックとサンシットの共著『汚職と民主主義』は第四章で「チャオポーと地方実業家」(英文版は

「第三章　チャオポー：地方的影響と民主主義」）を検討している（Pasuk & Sungsidh 1994; Phongphaichit & Phiriyarangsan 1994）。チャオポー五人の事例研究のあと一般的傾向を論じるが、その主要関心はやはり、いかにしてチャオポーを大人しくさせるかにある。

チャオポーの成長モデルは一九六〇年代以降の地方の開発ブームの過程で、とくに商品畑作物の取引・生産のアグリビジネスで身を立て、ついで不法木材業、密輸、銃器・麻薬取引、賭博・強奪等の儲けの良い分野に移るか、地方議員になる二つの道を選ぶ。後者は公共予算で土木事業など請け負えるし、地方議員のコネと特権を利用して、不動産、ホテル・接客サービス業、酒・石油・自動車販売等の独占的商売を副業とする。そして名声をえて、困った人をも助け、配下をふやす。彼はさらに地方官僚・実業家・政治家と結託して選挙集票機構を作り、集票元締めを行い、閣僚級議員の選出に貢献する。見返りに地方土木事業予算をもらい、道路を整備し、土木事業で儲ける。

チャオポーの台頭の経済的背景は、五〇年代末サリット登場以降の地方開発ブームである。穴場の新興分野である、輸出畑作物市場、旧エリート不在の新興ブーム都市およびその不法・無秩序な市場機会、密輸可能な海岸、盗伐可能な森林資源のある国境、等で、独占的地位をえながら、少ない初期投資で短期間に荒稼ぎをする。政治的背景は、地方権力の弱体・行政的無能力とインフォーマルな威力の発揮である。地方行政の無能力・不備のため実行できない事業を自らの人と金で代行し、治安・法・福祉・公共施設を整備し、地域に奉仕し、広い住民から人望・信頼をうる。彼はさらに企業集団を自分名義で作り、各事業所を信頼する仲間・配下に自由に経営させ、独占企業体とパトロネジ・システムとを同時実現する。これら不法事業体の存立のために知事・郡長等地方官憲を顧問にし、彼らに賄賂を渡し、非公式の保護を受ける。チャオポーは地方議会にも、予算・資源分配と官庁との人脈作り（中央官僚・議員を含めて、知事・郡長・行政村長等）を求めて進出する。特定政党・特定議員との関係は、彼らに集票と当選で貢献し、自らに利権を付与される交換関係である。高位の官吏・議員と癒着するほど、チャオポーの名声はさらに高まり、経済的利権もふえる。

チャオポーの地域的分布は、中部を典型に、賭博、密輸、漁業、観光・接客サービス業等新興の無秩序的穴場産業の多い土地であり、旧地方エリートの少ない土地である。チャオポーを飼い慣らしおとなしくする道は、チャオポー家族の世代的近代化（子孫の経営学修得と実業家志向）、地方都市市民社会の形成（南部に典型）、首都民による軍部とチャオポーの癒着の拒否、等である。

以上の叙述では、チャオポーの形成過程が事例研究によって初めて体系的に整理された点、および、その勢力の近代化・実業家化への展望に関心がある点が注目される。ここでも前近代的存在に近代化を期待する価値観がみられる。

アメリカ人研究者J・オッキーはチャオポー台頭の背後に、中央に対する地方の生活・所得・福祉の絶望的な遅れと、チャオポーによるその公共福祉的機能の代行があり、それが村人のチャオポーへの畏敬と依存を強める根拠だとし、チャオポー根絶の解決策は何よりも国家が自ら公共的福祉機能を果たすことだという（Ockey 1993: 76–77）。この外国人研究者による、格差の広がる社会構造分析をふまえた国家の福祉機能へのまっとうな要求は、チャオポー個人に市民化・近代化を期待する中間層知識人の関心とはすれちがう。

国会へ地方出身議員が進出するにつれ、「チャオポー」に限定されていた議論は、地方実業家一般の議論へと拡大し、都市＝農村関係の問題点が、地域間・階層間の権力・所得・資源の付置・配分関係の悪化、その是正の必要性等のイシューを中心に、議論されるようなった。

前述の一九九三年出版のチュラロンコーン大学政治経済研究センターによる中間層と民主化シンポジウム報告集

では、ソムキアット・ワンタナが「地方実業家と民主主義」という論評を寄せている(Sungsidh & Pasuk 1993: 195-225)。チャオポーから地方実業家一般へと考察対象の拡大がみられるが、同報告集では、実業家の実相を正しく把握できなかったのは、民主も独裁も志向するはずの多様な実業家集団を総体的に分析せず、ただチャオポーという特殊な集団だけに注目しすぎたからだ、とアネーク自身も反省している(Sungsidh & Pasuk 1993: 185)。

ソムキアットはまず、実業家と中間層を区別し、政治が安定している限り、実業家の方が政治に無関心で保守的であり、近代企業管理職層だけが中間層に近いとする。実業家の議会への進出は五月事件以前からあったが、九三年三月下院選挙結果では四五・八パーセントを、九月下院選挙結果では四一・九パーセントを、また地方選挙では、九〇年一〇月県会議員選挙結果では六一・六パーセントを、九〇年九月テーサバーン(自治市)選挙結果では六一・六パーセントを、それぞれ実業家が占めた。ついで、ニラット・トンパーンが作成した二〇六人の全国の地方実業家の年令・学歴・事業内容・政治社会活動種類等の一覧表を掲げ、原資料から分析を行う。平均年齢五三歳でほとんどが三二年立憲革命以後の生まれ、四二パーセントが中国姓をもち、九〇パーセントが中国系で、七〇パーセントが中国語力があり、大卒は二五パーセントのみ、二六人が国会議員(下院二四人、上院二人)、一七人が県会議員、二五人が自治市議員の経験者、等の分析が示される。

許認可を要する木材・鉱山・土木等のビジネスを除いて、必ずしも政治と商売の関係はみられず、自らが政治家となる例は少ないが、それは一族が政治家となっているなど政治への接近の道が多様だからかも知れない。しかし今後は彼ら実業家の次世代になるほど、タイ人との文化的ギャップがなくなるので、自ら議員となってインフォーマルな権力行使をするかも知れない。地方実業家の民主主義への役割については、「強力な独裁権力が許す範囲内で彼らは出来る限りのことをした」(Sungsidh & Pasuk 1993: 208)といえる。彼らは議会に基礎を持ち民主主義に貢献し、任命と選挙の選択を迫られれば選挙を選ぶが、彼らが民主主義を前進させるか否かは不確かである、と結ぶ。

ソムキアットは、主要テーマである地方議員の民主主義への態度について、マスコミ的「チャオポー」論が批判するように議会制を食い物にするとはいえず、むしろ彼らは政治への進出に消極的で、また少なくとも議会制を尊重する、と慎重である。(15) この評論は、地方実業家全体からみると、地方・中央の議会に進出し、レント・シーキングで蓄積するタイプがむしろ少数派だ、と示唆する。

パースックとベイカーは数多くの英文学術書でタイ政治経済を論じている。これらは学術的著作であるとともに社会評論的言説でもある。彼らの最近の見解を論文「移行する権力：一九九〇年代のタイ国」で追ってみたい（Phongpaichit & Baker 1997: 25–32)。

首都の実業家は組織化されたロビーをもち、テクノクラートとの密接な連携体制がある。とくに一九七五―七六年と一九七九年―八八年（プレーム内閣）には議会に橋頭堡を築き、政府の政策決定に影響を与えた。八〇年代前半の経済危機に対処して両者は協力・交流したが、八八年にチャーチャイが登場すると、地方資本家による議会と内閣の乗っ取りが始まったので、両者は国立銀行と大蔵省を強化して議会に対抗せざるをえなかった。一九七〇年代までは、タイ国民党、社会行動党、民主党の三大政党は、軍部＝実業家の結合するタイ国民党がその典型であり、バンコクに基盤をもつリーダーたちが掌握していたが、一九八〇年代になると彼らは脇に置かれ、地方に基盤をおくリーダーが交代し、この政党再編過程を通じて、地方実業家たちは官僚制をさしおいて立法権力を握り、しばしば保守的政策を維持し、バンコク資本家を犠牲にして実業界主導の地方開発を重視した。こうして、資本の内部には、「粗野な原始的蓄積の局面に属する新しい田舎出のバロン」と「なにほどかタイをこえたグローバルな経済に移行している外部志向経済の、三〇年・四〇年間で洗練さを獲得したバンコクのコングロマリット」とへの分化がみら

れる (Phongpaichit & Baker 1997: 39)。

この論理には、階級的視点があり、「農村」と「都市」の対立は、単に「中央」と「地方」との地域的利害の対立でも、「前近代社会」と「近代社会」との価値理念の対立でもなく、資本家層のなかの下位集団間の対立として把握されている。しかし、他方、パースックとベイカーの農民層分析は運動参加者に偏りすぎ (Phongpaichit & Baker 1997: 35–37)、ごくふつうの農民が地方有力者のクライアントとなる原因への配慮がない。したがって、上述のオッキーのような洞察は生まれず、農民層一般の政治的役割へのシミレーションも不十分である。

ティーラユットは、一九九二年の第一次チュアン内閣の発足に際し、議会制民主主義の安定のためには中間層と下層階級の同盟が大事であり、このためには農民の覚醒が必要である、とする。西欧の例では、資本家と農民が連帯すると保守主義となり、中間層と労働者が連帯すると社会民主主義となる。「タイの政党」は――おそらくチャーチャイ政権下でのタイ国民党が念頭にあろうが――選挙買収・イティポン(威力)行使・利権ばらまき等を通じて農民と同盟したため、これが九一年の軍部クーデター決行の口実となった。もし農民が覚醒して中間層と対等の同盟関係を結べば民主主義に変えてゆけるだろう、という (Thirayut 1994: 26–27)。実践的な困難さは別としても、農民の参加する政治構造を的確におさえた議論であろう。しかし、イサーン小農民会議を典型として、農民運動と都市中間層市民運動との連帯もないわけではない。河森によると、都市中間層が指導し、内外の政治に関心を向け、地方の権力構造を変えることをめざすタイプの農民運動も生まれてきたという (河森 1994; 1997: 175–176)。もちろんパースックらが注目するのはこのような農民運動である。

結びにかえて

以上で都市=農村関係の視点から、共同体論、市民社会論、地方有力者論の順に検討を加えてきたが、これを以下で少括してみよう。

一九九四年六月にチャラート元民主党員が国会前でハンストを行い、これに同調する民衆組織が、イサーン小農民会議を含めて、集まったとき、彼らの改革要求の共通の主張は所得格差是正であったという。「環境問題などイシューによってはミドルクラスと低所得層の連携が見られる場合があるが、基本的には政治的主張における隔たりは大きい」(河森 1998: 156)。市民代表と学識経験者によって草案が作られ、一九九七年九月に国会で決定された新憲法は、都市中間層の意見を反映して、コミュニティーの権利を明記しチャオポーの締め出しを意図した条項が加わったが、後者の条項には農村型政党の議員から強い反対意見も出た(河森 1998: 160–162; 浅見 1998: 17–19)。この憲法改正論議に典型的な都市の資本家・中間層のヘゲモニーはしかし、都市=農村間の格差是正をもたらすのだろうか。

過去の東南アジア社会は、タイを含めて、都市と農村の間に客観的な社会構造上の断絶があった。まず、前植民地時代は、国家は都市を権力基盤としたため、国家(官僚)=農村(農民)関係よりも、国家(官僚)=都市(商人)関係の方がより密接だった。国家(官僚)は農村(農民)を直接把握せず、したがって国家によって媒介されない都市と農村の関係は基本的には断絶していた。これに対して、植民地支配は、支配の拠点として国家=都市関係を維持しながら、他方では、農民の属地支配を強化し、国家＝農村関係を密にした（Hoadley 1996)。

しかし、それでも現実の都市と農村とは、まだ、現代のように国家と市場に媒介され、直接に密接に結合する構造的関係ではなく、分節的関係にあった。植民地支配に抗するネイティブ・エリートたちは、国家＝農村関係を全面に出し、植民地支配に抗する新しいネーションの軸として、国家＝都市関係を植民地支配のカテゴリーに押し込める近代政治社会の言説を作った[16]。東南アジアの左翼・進歩派に影響力の強い中国共産党＝毛沢東の「半植民地＝半封建」理論の構造もまた、このようなネーション言説に親和的だった。民族独立や社会主義をめざす革命戦略もまたこのような言説によって都市中間層リーダーの関心を農村に向けさせた。

冷戦の終結は、社会主義革命の理念を後退させ、それに代わる社会変革の言説として「市民社会」論を登場させた。タイでは、七三年政変段階では、まだ農民層をも変革主体に含む社会主義革命の言説も強かったが、九二年以降、中間層・資本家の政治的役割に注目する言説に焦点が移った。これに従い、国家＝農村関係を重視する民族的＝毛沢東主義的な言説が後退し、社会的言説として初めて国家＝都市関係を重視する「市民社会論」が登場した。対照的に、国家＝農村関係の代表的な言説は、農民をネーションあるいは農村革命の主体的担い手と賞賛する言説から、地方マフィア・地方出身議員を議会を乗っ取り私物化する前期的資本家と批判する言説へと変化した。

タイの都市知識人の市民社会論の大半は——社会民主主義から機能的合理主義までの幅をもつが——ナショナリズム・冷戦時代の国家＝農村関係重視の視点を後退させ、国家＝都市関係重視の視点を打ち出した。「市民社会論」はその典型であろう。しかし反面、「地方有力者」論に典型的なように、国家と市場に媒介されて緊密化し、複雑化したはずの現実の都市＝農村関係のごく一部しか見ていない。極言すれば、市民社会論＝都市中間層論は、国家が関係する対象を農村から都市へと転ずることによって、先進資本主義主導のグローバリズムに直結することができた。しかしこの言説の構造は、実はすでに植民地時代から持続する現実の社会構造の模写にすぎず、現実の歴史を超える思想性がない。おそらくこれは都市中間層知識人の消費社会的な日常生活重視の方法論的態度とも交差するだろう。逆説的だが、時代を超える点では、「共同体文化論」の方がはるかに思想性がある（Chatthip 1998）。眼前の都市＝農村関係は刻々と変わりつつある。社会評論の言説類は両者の関係の緊密化と複雑化の事実、およびそこから生起する問題を、もっとつきつめるべきではないか。たしかに、市民社会論には、モラル・連帯・責任・参加等を備えるべきだといった市民意識原理の議論はある。また、予算・資源・所得の不公平をなくし、もっと分権的な方法で開発を行い、所得格差をなくすべきだ、等の政策原理的議論もある。しかし、たとえば、その財源である税制を改革し、必要なら自らの負担をも含めて、責任ある「市民社会」にふさわしく、地域間・階級間で累進課税とし公平に負担すべきだ、というような実践的議論は皆無に近い。社会評論の言説は、都市へ対象を移すことで失なわれてしまった農村関係へのヴィジョンを取り戻す必要があろう。

註

（1）「共同体」概念についての二つのレベル、すなわち、運動・政策の複数主体が、各々の規範的共同体の概念を互いに調整し合うときに相手をどの程度論理的に納得させられるか、という「実効性」のレベルと、共同体の概念が現実の共同体の客観的構造をどの程度科学的に把握できているか、という「実証性」のレベルとのちがいについての補足的議論は、北原（1996b）を参照。

（2）これらの「言説」をむしろ構造変動の理論的命題やその傍証のために利用している代表的著作に、Pasuk & Baker（1995）、Girling（1996）、Hewison（1997）等がある。またタイを含むアジア全体を視野に入れ、これら「言説」を理論的命題の傍証として引用・利用するマードック大学グループの作品に、Robison & Goodman（1996）、Rodan（1996）、Rodan, Hewison & Robison（1997）、等がある。部分的・全面的に、「言説」を「理論」として引用・利用しているこれら作品は、客観的構造変動分析をめざす点で、筆者のめざす「言説」自体を批判的に整理・分析するという方法論的態度とは異なる。

（3）ここでいう「ポピュリズム」とは、近代資本主義社会の中間層市民や労働者ではなく、地域的生活空間に制約された小生産者の相対的に自立的な世界観・生活様式・社会構造を意味する（Ionescu & Gellner 1969; Kirching 1982）。したがって、ここでは、「共同体主義」を「リベラリスト」（および「グローバリゼーション派」）とならんで「市民社会論」とする立場（Komat 1996: 63; 河森 1998: 140–142）はとらず、共同体論と市民社会論とは別系譜とみなし峻別する。

（4）不十分ではあるが、アジアの民主主義とネーションに関する議論として、比較研究的視点から、Kitahara（1998）を行った。また、タイにおいて華僑・華人文化が市民権をえたと主張するガシアン・テーチャピーラ説については、北原（1999a）で検討した。

（5）この点、社会民主党政権の伝統もある豪州のマードック大学グループは、最近の成果では、政治的野党・反体制派の役割を正当に評価し、資本家・中間層の役割だけに考察を限定していない（Rodan 1996）。

（6）プラウェートは、「資源利用と社会的紛争」というチュラロンコーン大学社会調査研究所のシンポジウムでの冒頭発言でこういう。――間接的な代表制民主主義よりも参加型民主主義が必要だが、このためには、共同体的な地方制度をもっと研究して役立てるべきである。共同体的社会の持続性は、共同組織、知識、共同習得運動の三要素にあるが、とくに知識だけを詰め込んでも真の習得をすることができないので、最後の要素を重視し、三者の結合から共同体が成り立つと考えるべきである。これまでの農村開発は知識だけ与え、共同組織、共同習得運動を活用しなかったので失敗した。紛争の解決は参加によって解決しやすい――。最後に今日の教育は過去の知識の繰り返しに終わって新しい認識を生まないが、道徳を基礎にした総合的理解をもたらす教育が必要だ、と結ぶ（Surichai 1992）。おそらく、共同体社会の総合的で共同的な伝統的習得過程が現在の教育制度でも必要だ、といいたいのだろう。総じて、このシンポでは、都市と農村間の資源の争奪による紛争という観点が十分でないように見える。

（7）アーナンの共同体認識の一端はすでに紹介したが（北原 1996b）、「共同体文化」論には批判的であり、むしろ戦略的共同体創出論の立場というべきである（Anan 1995）。「共同体文化」論のチャティップは、共同体復興をめざす農民の「最大綱領」と資本主義改良をめざす進歩的資本家の「最小綱領」の提携・妥協過程に現実の社会変革の可能性をさぐる（北原 1996a；Kitahara1996）。ただしこのヴィジョンの価値原理はポピュリズムであり市民社会論ではない。

（8）外部との関係が強化された一例として、一五年ぶりに再調査した「米作モデル村」が「自営業・インフォーマルセクター」村へと変貌し、若年層が農外就労に通勤し、在宅中高年層が下請自営業・雑業に従事する現状について、次の報告文を参照（北原 1997; 1999b、北原・赤木・竹内 2000: 196–265）。

（9）パースック＆ベイカー（Pasuk & Baker 1995: chap11）、ローダン（Rodan 1996: chap2）、河森（1998）、岩崎編（岩崎 1998）等の著作はいずれも、東南アジアの八〇年代に中間層が政府部門の外にそれと対抗するNGO組織を作り、中間層がヘゲモニーをもつ政治社会体制を形成しつつある客観的事実をもって「市民社会」を論じる傾向があるが、タイ人中間層知識人自らによる「市民社会」概念の定義と市民社会論の議論の言説蓄積はごく最近の動きである。

（10）もちろん、必ずしも激動の活動人生を経験しなかった進歩的・合理主義的社会科学者もこの反体制的知識人に準ずるだろう。政治学者のチャイアナンはその典型だが、本章では次説の部分的検討しかない（Chai 'anan 1987; Chai' anan 1995; Samudhavanija 1991（1993）; Do 1997; Chuchai 1997: 39–52）。彼の基本的認識は、一九三二年の立憲革命によって成立した国家が、市民の大半を占めた華僑・華人を排除し、つまり絶対王制時代には許容された市民を国民国家の構成員から完全に排除し、官僚層に独占される「官僚政体」が成立したが、このような官僚政体国家の構造が、資本家層・中間層を中心に市民層が厚く形成され、議会にも進出するようになった体制下でも、依然として維持されている、という点にあろう（Samudhavanija 1991［1993］）。浅見は、チャイアナンの分析枠組をアネークのリベラル・コーポラティズムと異なる「官僚政体」存続論だと理解し（浅見 1993: 85–89）、遠藤もこれを肯定的に参照しているが（遠藤 1996b: 36–37）、チャイアナンの市民社会を期待する価値観と官僚政体存続の客観的分析枠組とは別問題だろう。なお、比較的最近の論文では「官僚政体」がグローバル資本主義のバイパスに会ったと言う表現で、官僚国家の役割の後退を認めている（Samudhavanija 1997）。

（11）のちにアネークは、「タンマラット」という言葉がティーラユット自身の提唱ではなく、九七年一〇月のタマサート大学政治学部教官集会でチャイワット・サターアーナンによって初めて用いられたこと、同集会が通貨危機の政治責任を問うチャワリット首相罷免要求運動に直接参加しないための代案だったこと、この「グッドガヴァナンス」のタイ語訳は国家の統治能力のニュアンスが強いが、実はそれは、国家と個人の間の中間的な社会団体・組織が積極的に参加・協力し、市民社会・地方自治を育成する中で初めて実現される、という意味では不適切な表現である、等と述べる（Anek 1999: 89–114）。

（12）東南アジアの国家論について、さしあたり、マードック大学グループの注(2)等の近年の著作類および筆者の解説（北原 1995; 1999c）等を参照。アネークによる公衆衛生研究集会報告へのコメントの要点も歴史構造的な国家論の理解が必要だという論点につきる（Suwit 1996: 256–267）。

（13）そのほかの論客の答えは、チャイアナンの場合、「市民会議」という県レベルでの官民協議体を設置する提案にあるが、その主旨は、この民間団体に自主的な事業の決定・運営を、外国援助に代えて県予算を保証して、行わせる点にある（Chuchai 1997: 46–52）。またチャーチャイ・ナ・チェンマイの注目すべき論点は、(1)市民社会とは国家秩序の外部の組織・団体のことだ、(2)市民社会は国家の正当性と効率がおちたためその必要が生じた、(3)伝統的縦関係に対して横関係も出て来て、タイの市民社会では両者が混合する、(4)パートナーシップは政府と民間でも必要であり、官民の双方が相談し調整し合えば、解決法が生まれ、責任分担も可能となる、(5)ただし市民の役割担当能力は低く、訓練・経験が必要だ、(6)ＮＧＯは市民社会の促進剤だが、資金、組織、知識、技術、管理上の諸問題をかかえており、国家、実業界、大学等からの支援、情報交換が必要だ、等である（Chuchai 1997: 93–118）。

（14）地方実業家については、日本人の制度経済学者による参与観察をふまえた優れた業績も生まれつつある。上田のナコーン・ラーチャシーマ（コーラート）の事例研究では中央資本の直接進出から取り残された変わりにくい地方実業家の側面が強調されているとすれば（Ueda 1995）、遠藤のチェンマイの事例研究は、中央資本の進出によって再編された地方資本のダイナミズムの側面が強調されている（遠藤 1996a）。

(15) 彼らの九割が華人系である事実に対してソムキアットは何も語らないが、チュアンがあるときバンハーンに向かって「中国へ帰れ」と野次った、というようなエピソードだけで終わり、四〇年代までのような反華僑・華人暴動・運動に発展しない点は、ガシアンのいうタイ・ネーション意識の質的変化（北原 1999a）を示唆する。

(16) 独立国のタイでは、すでにラーマ六世王時代の一九一三年には、「農民は国の背骨」だが、その農民を外国人の華僑商人が搾取する、という言説があった（国立文書館：大蔵省 0301. 1. 30 / 15）。

引用文献

Anan Kanchanphan (1995) "Sathanaphap lae thitthang nai kan soeksa muban thai", sanoe thi kan sammana thang wichakan "ongkhuamru kiokap muban" Mahawitayalai chiengmai.

Anek Laothammathat (1999) "Prachasangkhom khuampen ponlamuang lae prachathippatai thongthin: thammarat khuan faima" Phatchari Sisan (ed) Khuam khat yaeng nai sangkhom thai yuk wikrit setthakit, Mahawitthayai thammasat.

—— Seksan Prasertkun, Anan Kanchnaphan & Direk Pathamasiriwat (1995) Wiphak sangkhom thai, Samakhom sangkhomsat haeng prathet thai.

Aphichai Phanthasen (1996a, b, c) Phatthana chonnabot thai: samthai lae mak (1), (2), (3), Mulanithi phumipanya.

Chai'anan Samutthawanit (1987) Rat, Chulalongkorn mahawitaylai.

—— (1995) Prachathippatai kap anakhot kanmuang thai, Phuchattakan.

Chathip Natsupha & Phonphirai Loetwicha (1993) Watthanatham muban thai. Sangsan.

—— & Phunsak Chanikonpdradit (1997) Setthakit muban phak fang tawanok nai adit, Sangsan.

—— lae khana (1998) Thritsadi lae naeokit setthakit chumchon chaona, krunghthep: Amarin.

Chuchai Suphawong (1996) "Phatthanakan khong prachasangkhom thai ruam samai", nai Suwit (1996).

—— & Yuwadi Khatkankrai (1996) "Kantotua lae kluangwai khong pracha sangkhom thai dan singwetlom", nai Suwit (1996).

—— (ed) (1997) Prachasangkhom: Thatsana nakkhit nai sangkhom thai, Matichon.

Kanchana Kaeothep (1996) Soesong watthanatam, Mulanithi phumipanya.

Kasian Tejapira (1994a) Lae lotlai mangkon, Krungthep: Khopfai.

—— (1994b) Chintanakam chat thi mai pen chumchon: khon chonchan klang lukchin kap chatniyom doi lat khong thai, Phuchattakan.

Komat Chungsathiarasap (1996) "Prachasangkhom: Miti mai khong kanmuang satharana", Suwit (1996).

Pasuk Phonphaichit & Sangsit Phiriyarangsan (eds) (1992) Rat kap chaopho thongthin kap sangkhom thai, chulalongkorn mahawitthayalai.

—— (eds) (1994) Khorapchan kap prachathippatai thai, Chulalongkon mahawitthayalai.
Phithaya Wongkun (1996) Setthatham lae athipatai chumchon thai. Amarin.
Sungsit Piriyaransang & Pasuk Phonpaichit (eds) (1993) Chonchan klang bon krasae prachathipatai, Chulalongkorn mahawitthaylai.
Surichai, Wun'gaeo (ed) (1992) Kan chai saphayakon kap kuam khatjaeng thang sangkhom: phonwat khong kanpen NICs kap thang luak kan phathana. Chulalongkorn mahawithayalai.
Suwit Wibunphonprasert (ed) (1996) Prachasangkhom kap kanphatthana sukkaphap: Bot wikro thang wichakan, Krungthep: Sathaban wichai rabop satharanasuk.
Thirayut Bunmi (1993) Sangkhom kemkhaeng: Khuamkhit-prachaya Thirayut Bunmi, Krungthep: Mingmit.
—— (1994) Chut plian haeng yuk samai, Krungthep: Winyuchon.
—— (1995) Wikrit manut yuk lokaphiwat, Krungthep: Wanlaya.
—— (1998) Sangkhom khem kaeng: thammarat haeng chat, Krungthep: Saithan.
Wiwat Khatithamnit (ed) 1993. Sithi chumchon: kan krachai amnat chattakan sapphayakon, Krungthep: Sathaban chumchon thonthin phattana.
赤木攻（1995）「チョンブリー県にみる地域政治の変容」北原淳・赤木攻（編）『タイ：工業化と地域社会の変動』法律文化社。
浅見靖仁（1993）「輸出志向型工業化時代のタイにおける国家―社会関係の展開：チャイアナンとアネークの所説を中心として」『東京大学教養学科紀要』26。
——（1995）「中間層の成長とタイ政治社会論の新動向」『総合的地域研究』9、京都大学。
——（1998）「中間層の増大と政治意識の変化」田坂敏雄（編）『アジアの大都市　バンコク』日本評論社。
岩崎育夫（編）（1998）『アジアと市民社会：国家と社会の政治力学』アジア経済研究所。
遠藤元（1996a）「タイにおける地方実業家の事業展開：チェンマイを事例として」『アジア経済』37（9）。
——（1996b）「タイ地方経済研究の新たな潮流と問題点：地方実業家をめぐる議論を中心に」『人文地理』48（5）。
河森正人（1994）「東北タイ民主化運動と九二年『五月事件』」『アジアトレンド』アジア経済研究所。
——（1996）「タイ現代政治における「農村の論理」と「都市の論理」」『アジ研ワールド・トレンド』アジア経済研究所。
——（1997）『タイ：変容する民主化のかたち』アジア経済研究所。
——（1998）「タイ：高度経済成長と市民社会の形成」岩崎育夫（編）（1998）。
北原淳（1995）「東南アジアの資本主義発展に関するマードック大学グループの研究」『経済と社会』2 創風社。
——（1996a）『共同体の思想：村落開発理論の比較社会学』世界思想社。
——（1996b）「歴史社会学からみた『地域』把握の課題：『共同体』概念の批判的検討」『農林業問題研究』32（3）京都大学。

—— (1997)「東南アジアにおける『ポスト緑の革命』と農村就業構造の多様化」、『国際協力論集』5 (2) 神戸大学。
—— (1999a)「複合社会における新しいナショナリズムの模索：タイのガシアン・テーチャピーラ氏の所論を中心に」『EX Oriente』（大阪外国語大学言語社会学会誌）1。
—— (1999b)「中部タイ農村社会の四半世紀：一集落の変化を題材に」『国際協力論集』7 (1) 神戸大学。
—— (1999c)「東南アジアにおける国家と資本の関係」『経済科学』7 (2) 名古屋大学。
北原淳・赤木攻・竹内隆夫（編）(2000)『続　タイ農村の構造と変動』勁草書房。
佐藤仁 (1998)「豊かな森と貧しい人々：タイ中部における熱帯保護林と地域住民」『地球の環境と開発』（講座：開発と文化五）岩波書店。
重富真一 (1996)『タイ農村の開発と住民組織』アジア経済研究所。
田坂敏雄 (1992)『ユーカリ・ビジネス：タイ森林破壊と日本』新日本出版。
玉田芳文 (1987 / 1988)「タイの地方における実業家と官僚：実業家のイッティポン（影響力）」『法学論叢』12 (1) / (2)。
—— (1988)「タイの実業家政党と軍：首相府令 66 / 2523 を中心として」『東南アジア研究』26 (3)。
Brass, Tom (1997) "The Agrarian Myth, The 'New Populism' and the 'New' Right" The Journal of Peasant Studies 24 (4).
Girling, John (1996) Interpreting Development: Capitalism, Democracy and the Middle Class in Thailand, Cornell University.
Hewison, Kevin (1997) Political Change in Thailand: Democracy and Participation, Routledge.
——, R. Robison & G. Rodan (1993) Southeast Asia in the 1990s: Authoritarianism, Democracy and Capitalism, Allen & Unwin.
Hoadley, Mason & Christer Gunnarson (eds) 1996. The Village Concept in the Transformation of Rural Southeast Asia, Richmond.
Ionescu, Ghita & Ernest Gelner (1969) Populism: Its meanings and national characteristics, London.
Kitahara, Atsushi (1996) The Thai Rural Community Reconsidered, Chulalongkorn University.
—— (1998) "Development and Asian Culture in the Context of Globalization" 『文化学年報』17　神戸大学。
Kitching, Gavin (1982) Development and Underdevelopment in Historical Perspective, London.
Ockey, James (1992) "Business Leaders, Gangsters, and the Middle Class: Spcietal Groups and Civilian Rule in Thailand" Ph. D. Dissertation: Cornell Univeristy.
—— (1993) "Chao Pho: Capital Accumulayion and Social Welfare in Thailand" Crossroad.
Phongphaichit, Pasuk & Sangsit Phiriyarangsan (1994) Corruption and Democracy in Thailand, Chlalongkorn University Political Economy Center.
Phongpaichit, Pasuk & Chris Baker (1995) Thailand: Economy and Politics, Oxford University Press.
—— (1997) "Power in Transition: Thailand in the 1990s", Hewison (1997).
Robison, Richard & David Goodman (eds.) (1966) The New Rich in Asia: Mobile Phones, McDonald's and Middle-Class Revolution, Routledge.

Rodan, Garry ed. (1996) Political Opposition in Industrializing Asia, Routledge.
—— (1997) "Civil Society and Other Political Possibilities in Southeast Asia" Journal of Contemporary Asia 27 (2).
——, K. Hewison & R. Robison (eds) (1997) The Political Economy of Southeast Asia, Oxford Univeristy Press.
Samudavanija, Chai-anan (1993) "State-Identity Creation, State Building and Civil Society" C. Reynolds (ed), National Identity and Its Defenders: Thailand, 1939–1989, Chiengmai.
—— (1997) "Old Soldiers never Die, They are just Bypassed: The Military, Bureaucracy and Globalization", Hewison. (1997).
Tamada, Yosihumi (1991) "Ittiphon and Amant: An Informal Aspect of Thai Politics" 『東南アジア研究』28 (4).
Taylor, J. L. (1993) Forest Monks and the Nation-State, ISEAS: Singapore.
Tejapira, Kasian (1992) "Commodifing Marxism: The Formation of Modern Thai Radical Culture" Ph. D. Dissertation：Cornell University.
—— (1996) "The Postmodernization of Thainess" Presented at The 6th International Conference on Thai Studies, Chiengmai.
Ueda, Yoko 1995) Local Economy and Enterpreneurship in Thiland: A case Study in Nakhonratchasima, Kyoto University Press.

（追記）本章では引用しなかったが、次の二つの修士論文からも、多くの知識と示唆をえた。外山文子「タイ民主化に於ける中央−地方関係」一九九八（神戸大学国際協力研究科提出）、三好知信「東北タイにおける農村社会の変容と農民運動」一九九八（筑波大学地域研究科提出）。

第5章

多民族国家と地方都市

水島　司

はじめに

植民地化以降の東南アジアの一つの重要な特徴として、ファーニヴァルのいう複合社会、即ち、質を異にする文化を持つコミュニティーが融合せずに併存するモザイク的状況をあげうるとすると、植民地期に東南アジア諸地域に生成してくる都市は、どのような位置にあったのだろうか。

本章で都市の事例としてとりあげるクアラ・カンサルが位置するマレー半島は、一九世紀後半からの錫鉱山開発や二〇世紀初頭からのゴムプランテーション開発に示される世界市場に直接リンクした一次産品の展開過程で、中国南部、南インド、および近隣の諸地域から短期間に大量の移民を受け入れた地域である。それらの移民は、言語、信仰、生活慣習の全てにわたり、古くから独自なものを築き上げてきた集団であり、マレー人とは全く異質な文化を携えてマレー半島にやって来た。複合社会の特徴である非融合性という意味でも、移動先の生業について、錫鉱山では中国人が、ゴムプランテーションではインド人がそれぞれ卓越し、居住空間に関しても、ゴムの比重を高めつつも米や果樹などの自給性の強い作物を中心にしていたマレー人の村落（カンポン）と並んで、相互に隔絶して併存していた。こうした結果として、植民地時代のマレー半島には、まさに典型的なモザイク状況が出現したと言える。

マレー半島の地方都市は、主としてこのような集団と生産と居住空間のモザイクの間を枝状につなぐ商品交換ネットワークの節々に出現した。地方に散在して成長してくる都市は、鉱山やプランテーション、村落を、世界的な商品・金融ネットワークに結節させていく歴史的役割を担っていたと言える。そのため、都市には、それらの一次産品を世界市場へと結びつける商業関係者や、貨幣経済への急速な移行を支えた金融業者が集まり住んだ。加えて、植民地支配下に成長してくる都市には、商取引のための装置だけではなく、統治のための装置も配置された。行政機関はもちろん、植民地官吏のための住居、病院、学校、宗教関係者などが暮らす空間が配置され、その結果、旧支配層、あるいは都市の雑業層が集まり住む空間も生まれた。

都市は、このように、植民地支配下で急速に成長してくる、世界にリンクされた新たな生産関係、社会関係に自己の現在と将来を託す人々が集まる空間であったから、その住民の中には、近隣の村落からだけではなく、海外から移動してきた人々も多く含まれていた。そして、これらの出自を異にする人々は、地政的条件と生産、交通条件によって規定される限定された空間としての都市の中に、近接して生きることになった。

このような、限定された空間に様々な集団が接近して暮らすという事態は、空間的近接性という点に限れば、マレー半島一般のモザイク状況とは異なるものと言える。複合社会論においては、モザイク化された複数のコミュニティーは、市場においてのみ交流関係を持つとされるが、マレー半島の地方都市は、その具体的な交流空間とみなすことができるかもしれない。

以上のような図式から本章での課題をあげるならば、地方都市での空間的な非モザイク状況が、マレー半島全体のモザイク状況とどのように関係しているかという問題を歴史的に検証することになろう。本章では、はじめに都市空間の形成過程について、マレー半島の一地方都市クアラ・カンサルでの住居地と商店街の過去一一〇年余の取引関係に関する資料を基にして叙述する。そして、地方都市が、そこでの諸コミュニティーの空間的近接性にもか

クアラ・カンサルの王宮．19世紀半ばから錫生産によって注目を集めたペラ地域は，その後マレー半島全体がイギリスの植民地となる中，真っ先に直接支配下に入った．クアラ・カンサルはその拠点都市であった．

かわらず、マレー半島全体のモザイク状況をむしろシンボリックに示すものになっていることとその要因について論ずることにしたい。

一　クアラ・カンサルの空間構成

イギリスは、一八世紀末から一九世紀初めにかけてペナン、マラッカ、シンガポールを次々と支配し、インド、中国へとつながる海上交易の東南アジアでの橋頭堡を確保した。海峡植民地として統合されることになるそれらの港市は、しかしあくまで交易ネットワーク上の点にしか過ぎなかった。イギリスが領土獲得へと動き、獲得した土地で殖産興業を図って植民地経営を行おうとするのは一九世紀後期からである。

現在の西マレーシアのほぼ中央部にあるペラ地域は、錫生産によって、一九世紀の半ばから注目を集めた。錫が本格的に採鉱されるのは一八四八年のロン・ジャッファル（Long Jaffar）によるラルット（現タイピン）での鉱脈発見以来であり、それをきっかけに中国人クーリーが大量にペラ地域に入り込んだ。一八七四年の年次報告によれば、ペラの人口は三万三〇〇〇人で、そのうち中国人が二万六〇〇〇人を占めていたという[1]。その大半が錫鉱脈の採掘に従事していたのであり、錫生産がペラの生産のほとんど全てであった。

　錫生産が本格的に展開してくると、その利権をめぐり、一九世紀後期には、中国人移民の間で形成されてきた結社が相互に争いを繰り返すようになる。そして、それぞれの結社に与して自身の利権の拡大を図っていたマレー人支配層の相互関係も、極めて不安定なものとなっていった。

　こうした関係に大きな変化をもたらしたのが、イギリスによる領域的介入政策の開始である。マレー人支配層によるスルタン位継承争いと秘密結社間の政治的混乱に乗じて締結したパンコール条約（一八七四年）と、後述するイギリス人初代ペラ駐在官バーチの暗殺事件（一八七五年）、同事件関係者の処罰を名分とした反英勢力に対する武力制圧によって、イギリスは事実上マレー半島全域を支配する地歩を築いた。そして、支配地域において、旧体制下での人身的支配の廃絶（奴隷制の廃止と旧マレー支配層の諸権限の廃止）、並びに土地の商品化への制度的基盤の整備（測量と土地権利関係の確定）を行い、マレー半島を世界市場へと結びつける体制を一気に整えた。

　このような、イギリス植民地体制への移行過程の中で真っ先に直接的な支配下に入ったのがペラ地域であり、そのペラ地域の統治の拠点となったのがクアラ・カンサルであった。クアラ・カンサルは、ペラ河上流に発達してきた町で、一八五〇年のあ

1875年，初代ペラ駐在官であったJ. W. W. バーチが暗殺され，事件関係者の処罰を名分とした反英勢力に対する武力制圧によって，イギリスはマレー半島全域を支配する地歩を築いた．事件の主犯は，今，英雄として祀られている．

る報告では、人口は五〇〇人ほどで、交通が盛んであったという。[2] マレー人のスルタンや貴族層が対岸のサヨンや隣接するコータラマ地区を根拠地にしており、イギリスの支配に入った当初も反英意識が強く、政情が不安定であったと言われる。

クアラ・カンサルは、このように、マレー人の支配が強く及んでいただけではなく、タイピンやイポーなどの錫生産の中心地から離れていたことや、町域の一部に植民地支配以前からのマレー人の既存の集落を含むようになったことから、「ペラの重要な［都市］センターの中で、クアラ・カンサルは伝統的なマレー集落のほとんどの要素を保持しており、マレー村落が近代的な都市センターへと変貌を遂げた希有な例である」と評価されている。[3] ちなみに、一八九一年の都市別人口統計では、全九五二人のうち、マレー人二〇八人、中国人四〇〇人、インド人二九二人という構成になっており、[4] この時点の都市としては、マレー人の比率が高い。また、一九八〇年の統計でも、全一万四五三九人のうち、マレー人が五一一二人、中国人が六三四一人、インド人が三〇六三人となっており、[5] 一般的に非マレー人が卓越することの多いマレー半島地域の都市の中では、マレー人の割合が比較的大きい方である。

クアラ・カンサルの町がイギリスのペラ駐在官の拠点となったのは、それがペラ河上流部における戦略的拠点であったことと、イギリスの後ろ盾で後にスルタン位につくことになるユーソフとイドリスが、いずれもこの町の近辺に居を構えていたからである。

パンコール条約の締結によってペラ地域に派遣され、一年後に暗殺されることになった初代ペラ駐在官J・W・W・バーチ（J. W. W. Birch：在任一八七四—一八七五）の時代には、町には駐在官の建物以外の行政施設らしいものはなかったと思われる。町が、植民地行政のための体制と施設を整えていったのは、バーチ暗殺後の反英勢力の武力鎮圧を経て、幾分落ち着いた治安状況となる第三代ペラ駐在官ヒュー・ローの時期（Hugh Low：在任一八七七—八九）

である。一八七九年にこの地を訪れたイギリス人女性イザベラ・バードの日記『黄金の半島』[6]には、そこがまだ虎が徘徊する土地であり、駐在官も簡素なマレー式バンガローで執務していた様子が描かれている。しかし、一八七七年の段階には、スルタンや駐在官、中国人有力者から成るマレー会議が開かれていることからして、行政施設の建物の整備状況はともかく、この町がペラ支配の中心地として機能し始めていたことは確かである。

かつての英人ペラ駐在官の官舎．クアラ・カンサルの町とペラ河を共に見下ろす小高い丘の上，戦略的な位置に置かれた．現在は，女学校の建物になっている．

クアラ・カンサルが植民地の地方都市らしい空間を持つようになるのは、一八九〇年代であろう。一八七〇年代の半ばに、ペラ全体でも計一八マイルの道しかなかったという道路状況は[7]、一八九〇年代初めには、「システマティックで総合的で効率の高い道路ネットワークと、かなりの距離数の鉄道路線を誇示する」状況になっていたという[8]。町が、陸上交通においてもネットワークに結ばれ、行政の中心としての体裁を構え始めたのである。

町全体のレイアウトがわかるのは、一九二〇年代に作成された地図によってである（図1参照）。町は、大きく三つのゾーン、即ち行政ゾーン、商業ゾーン、居住ゾーンの三つからなっており、以下に、各ゾーン毎に、その形成過程の特徴をみてみたい。

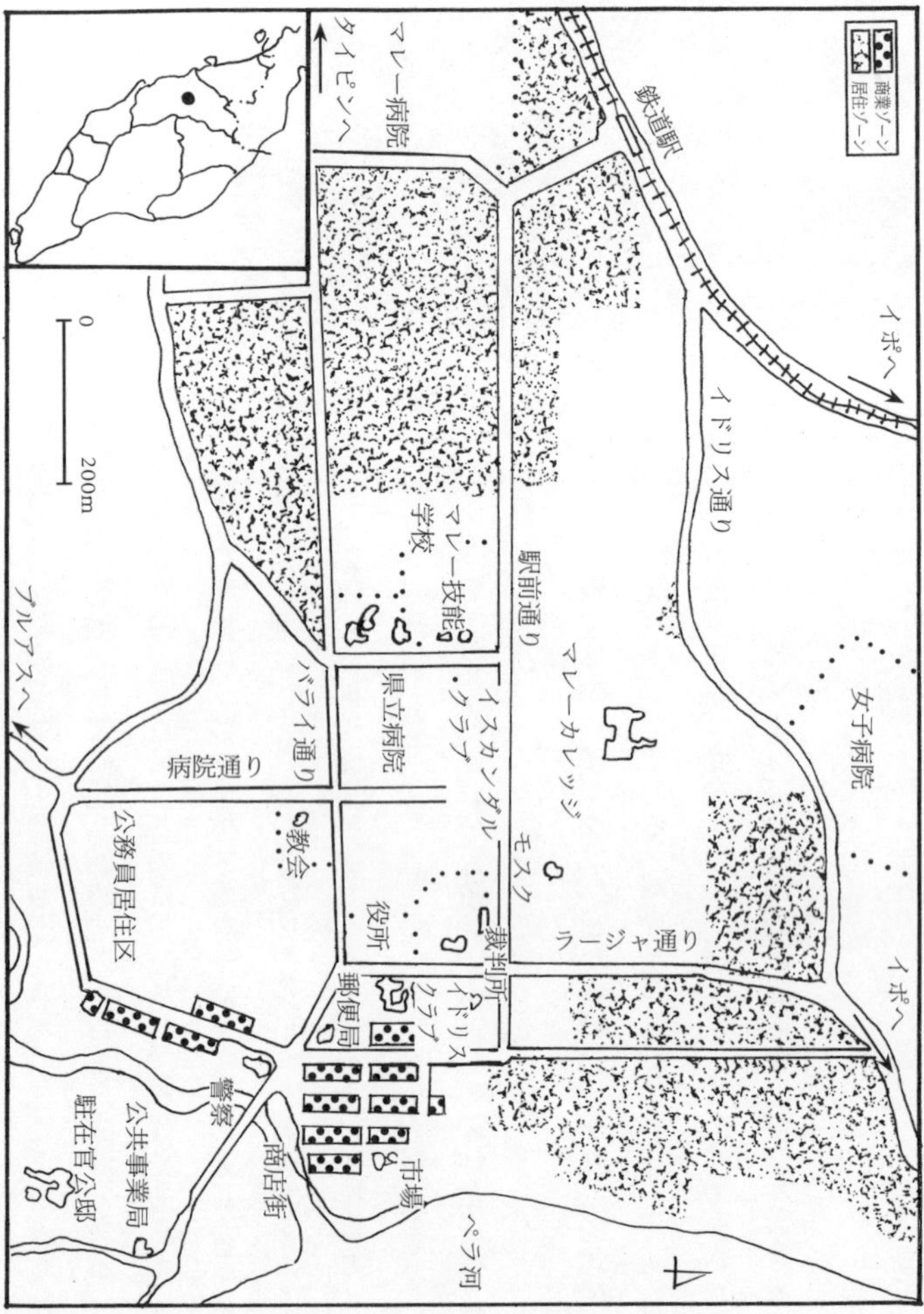

図1 クアラ・カンサル (1920年代)

二　ゾーン形成と特徴

クアラ・カンサルの県知事公舎.

1　行政ゾーン

今世紀初頭のペラ州全体の人口は三六万一〇〇〇であり、うち約半数が中国人が占め、マレー人は一四万五〇〇〇、インド人は三万五〇〇〇、ヨーロッパ人とユーラシアン（ヨーロッパ人と現地人との混血）が二〇〇〇という数値であった。[9]同時点の都市人口については、クアラ・カンサルの数値は得られないが、タイピンについては一万三〇〇〇強、イポーについても一万三〇〇〇弱という数値が得られる。[10]町の規模と当時の産業状況から考えて、クアラ・カンサルの人口は、それらよりもずっと少ない数字であったろう。

地図には、行政関係の施設として、役所、裁判所、警察、郵便・電報局、公共事業局などが描かれている。町の中心からはわずかにはず

マレー・カレッジ．ペラだけでなく，マレー半島全域のスルタン一族や貴族層の子弟に英語教育を授け，植民地官僚組織の末端に組み込むことを意図して設置された全寮制のエリート校．今でも，マレーシアにおける名門校として名をはせる．

れるが、駐在官の公邸（Residency）も町の南東に描かれている。公邸は、町と王宮（地図には描かれていないが、町の南方のペラ河に面した土地に位置する）との間の、町並と河を共に見下ろす小高い丘の上の戦略的な位置に置かれた。植民地統治のシンボリックな空間配置と言えよう。宗教関係の施設としては、キリスト教会やモスクがあり、また、都市に住む中間層の社交クラブとして、白人用（Idris Club）と現地人用（Iskandar Club）の二つのクラブハウスが別個に設けられている。

それらに加えて、大きな面積を占めているのが病院と学校である。地図には、マレー病院、女性病院、県病院が描かれているが、記録からも、複数の大病院が早い時期から設立されていたことが知られている。これらの病院の面積は町域の極めて大きな割合を占めており、そのプレゼンスの大きさは、植民地統治に果たす西欧的医療施設の枢要な役割を示唆している。また、学校については、一九〇五年に設立され、現在でもクアラ・カンサルのシンボルとなっている著名なマレー・カレッジをはじめ、いくつかの学校が町の中に設置されている。このうち、マレー・カレッジは、ペラだけではなく、マレー半島全域のスルタン一族や貴族層の子弟に英語教育を授け、植民地官僚組織の末端に組み込むことを意図して設置された全寮制のエリート校である。後に論ずるように、この学校がクアラ・

カンサルに置かれたことの意味は極めて大きいものがあった。

2　商業ゾーン

19世紀のマレー半島では，河を主な交通手段とした商業ネットワークが形成されていた．クアラ・カンサルでも，河に面した地区におそらく最古の商業ゾーンが成立し，今日でも渡し船が頻繁に対岸と結んでいる．

一八七九年にクアラ・カンサルを訪れた先述のイザベラ・バードは、クアラ・カンサルの町の状況について、「クアラ・カンサルでの商取引は、二―三のインド人を含むものの、主として中国人の掌中にあるようだ。彼らは一列の商店街をつくっている」と記し、商店街のエッチングの図を掲載している。[11] その図には、五―六軒の茅葺きの店が一列に並んでいる様子が描かれている。この商店街の位置については日記にも図にも明記されていないが、一般的に、一九世紀のマレー半島では河を主な交通手段とした商業ネットワークが形成されており、クアラ・カンサルの場合も、河に面した地区に最古の商業ゾーンが自然発生的に成立していたと考えてよいだろう。ペラ河に面した地区では、今日でも渡し船が頻繁に対岸を結んでおり、また近隣の村落でも、小舟を保有している者が少なくない。商店街の位置には、この地域における河と人々との暮らしの関係の深さと、河川を媒介

表1　クアラ・カンサル商店街区画の最初期の入手コミュニティー

年	イギリス人	チェッティヤール	中国人	企業	インド人ムスリム	マレー人	スルタンとその一族	不明	計
1885	9	10	7		5	4			35
1886	3	7	33	1	5	5		1	55
1887					2	5			7
1899						1(1)			1(1)
1901						1(1)			1(1)
1904			1(1)			3(1)	20(13)		24(15)
1905		4(4)	4(3)			18(16)	4(2)		30(25)
1906		6(1)					7		13(1)
Total	12	27(5)	45(4)	1	12	37(19)	31(15)	1	166(43)

註：括弧内の数値は，「リース合意書」から「譲渡」への改訂区画数　（区画数）

とした商業ネットワークの古くからの存在が示唆されている。

イザベラ・バードが描写した自然発生的な商店街との異同は明らかではないが、行政文書では、一八八〇年代半ばから、植民地政府の下で商業区画が設けられ、割譲ないしは売却され始めていることがわかる。そして、二〇世紀初頭までには、商店街の全区画が特定の所有者のものとなっている。このことは、行政ゾーンに生まれた諸施設と比較すると、かなり早い時期から商店街の形成が進んだことを意味している。この商店街の所有状況とそれへの様々なコミュニティーの関わりについては、商店街区画売買台帳からかなり正確な動向がつかめるので、その動向について以下に検討したい。

はじめに、各区画の政府からの割譲あるいは売却の最初の受け手のコミュニティーについて表1に示す。表では、一八八五―八七年と一九〇四―一九〇六年の二つの時期に数値の集中が示されている。これを、それぞれ第一期、第二期と呼ぼう。このうち第一期については特に説明を要しないが、第二期での数値の集中については若干の説明が必要である。というのは、一部の商店区画の保有形態が変更になったからである。即ち、一九〇四―〇六年に、それまで『リース合意書（Agreement for Lease）』によって保有されていた四三区画が『譲渡（Grant）』へと改訂されたのである。問題は、この『リース合意書』が現存しないために、それらのリースが何年から始まったのかはっきりしないことである。表では、本来一九〇四―〇六年以前に集計すべき数値を、便宜的に一九〇四―〇六年にまとめて集計しており、第二期の数値が多くなるという結果となっている（表では、新規割譲の数値に付して、改訂区画の数値を括弧で示している）。このような資料の欠落からくる問題を踏まえて、これらの数値の内容を分析し、時期的特徴を明らかにしたい。

まず、第一期では、中国人が四〇（区画、以下同様）、南インド出身の金融業者であるチェッティヤールが一七、イギリス人が一二、インド人ムスリムが一二、マレー人が一四、それぞれ入手している。確かに、中国人がかなりの数の区画を入手しているが、しかし、それ以外のコミュニティーの者も少なからず含まれており、むしろ多様な構成をとっていたと特徴づけられる。

個人別の獲得数を第一期と第二期それぞれについて集計すると、表2a、2bのようになる。表2aに示されるように、第一期では、中国人、チェッティヤール、インド人ムスリム、イギリス人の中に、場合によっては一〇以上の区画を入手している個人が含まれていることが注目される。つまり、何人かの有力者が、多数の区画を獲得していたわけである。彼らは、イギリス支配がクアラ・カンサルに及んだ際に、真っ先に商店街を確保した者達であり、チェッティヤールの存在に象徴されるように、商業・金融ネットワークの末端が、イギリスの支配下に入って一〇年もしないクアラ・カンサルに着実に及んでいたことを示している。

第二期の状況は、第一期とは全く異なる。上に述べた資料の欠落が、分析を若干曇らせるのではあるが、にもかかわらず、この時期の特徴はかなりはっきりと出てくる。即ち、第二期に、かなりの区画がスルタン一族あるいはマレー人（の高官）によって獲得されたことである。例えば、一九〇四―〇六年に新規に割譲された二六区画のうち、一六区画をスルタン・イドリスが獲得している（表2b参照）。同時期に『リース合意書』から『譲渡』へと改訂

表 2a　第 1 期 (1885-87) に商店街を獲得した者

コミュニティー	個　人　名		計
イギリス人	C. F. Bozzolo [Esq.]		3
	H. S. Ranking		5
	R. R. Rozells		2
	Sergeant Major Bob		2
		計	12
チェッティヤール	Mutu Chetty		1
	R. M. P. N. Nagapa Chetty		16
		計	17
中国人	Ch[e] An Ah Kui		4
	Chan Boh		1
	Chee Huah		2
	Guan Huat		1
	Khoo Chin Huah		1
	Khoo Eng		10
	Khor Thai		4
	Kon[g] Yek		5
	Leong Khen[g]		3
	Mooh Kua		2
	Neo Kong Haur		1
	Neo Ong		0.5
	Pek Kian		1
	Saw Tin		1
	So Tiew		0.5
	Tan Buan & So Tiew		1
	Tan Oon Peng		1
	Teow Too		1
		計	40
企　業	Messrs Bean Hin & Co.		1
		計	1
インド人ムスリム	Kadir Aman		1
	Mohamed Guse		1
	Saibu Marikan		5
	Sheikh Meerah		2
	Si Bungkal		2
	Sindasah		1
		計	12
マレー人	Akmah		1
	Alang Ahmat Bin Manjang		1
	Haji Abdul Rapor		1
	Haji Mohamat Noh		1
	Haji Mohamed		1
	Haji Pangaran Muda		2
	Mah Akip		1
	Mahomed		1
	Mohamad Misah		1
	Mohamad Sedick		2
	Wan Mat Saleh		1
	Yobe		1
		計	14
不　明	Jeuangu [Unreadable]		1
		総　計	97

(区画数)

表 2b　第 2 期（1904-06）に商店街を獲得した者

獲得方法	コミュニティー	個　人　名	計
「リース合意書」から「譲渡」への改訂 計 40	チェッティヤール	Navenna Shena Thana Ana Runa Sittambaram Chetty S/O Kumarappa Chetty	1
		Savenna Navenna Ana Navenna Sevagan Chetty S/O Arunasalam Chetty	1
		Sena Pana Lana Muna Raman Chetty S/O Palaniappa Chetty	3
	中国人	Hong Gow（洪九）	1
		Khu Guan Hin	2
		Lim Geok Hok（林玉福）	1
	マレー人	Haji Ali Bin Bendara Kali	2
		Haji Ensah Binti Kulup Mahomed	1
		Haji Hawa Binti Megat Abdullah	1
		Haji Mustapha Bin Toh Mentra Sate	2
		Indut Bin Abdul Latif	3
		Jeragan Bin Mahomed Ali Datoh Stia Bijaya D'raja	1
		Leydin Bin Tunku Muda	1
		Mahmut Bin Muhammad Taib	1
		Mahomed Noh Bin Lemu	1
		Mamat Bin Maoun & Daleh Bin Haji Hassan	1
		Nakuda Kuning Bin Nakuda Ali	1
		Skudiaman Bin Tuan Tinggi	1
	スルタンとその一族	Che Uteh Maria Binti Haji Sleman Raja Permisuri	1
		Sultan Idris	8
		Raja Perempuan Ayesha Binti Almarhoun Sultan Yusuf	6
申請による新規獲得 計 5	マレー人	Wan Mahomed Salleh Bin Wan Abubakar	2
		Hussin Bin Mahomed Saleh Datoh Laxamana	1
	スルタンとその一族	Sultan Idris	2
支払いによる新規獲得 計 21	チェッティヤール	Avana Roona Moona Muthaiah Chetty S/O Muthu Karupen Chetty	1
		Sena Pana Lana Muna Adikappa Chetty S/O Anamalay Chetty	3
	中国人	Leong Kean Shun（梁建勲）	1
	マレー人	Mahomed Noh Bin Abdul Latif Toh Sri Lela Paduka	2
	スルタンとその一族	Sultan Idris	14
不明　計 1	チェッティヤール	Seena Pana Lana Moona Raman Chetty S/O Palaniappa Chetty	1
		総　計	67

（区画数）

クアラ・カンサルの商店街．1880 年代半ばからは，植民地政府の下で商業ゾーンが設けられた．その後，ゾーン内各区画の所有者は特徴的に変遷しながら，現在の「モザイク状況」を形成した．

された全四〇区画のうちの三一区画が、スルタンとその一族、あるいはマレー人高官によって所有されているが、新規割譲に占める彼らの割合の多さから類推して、おそらく二〇世紀に入り、マレー人による商店街の獲得が一挙に進んだものと考えてまず間違いない。

この点は、スルタン・イドリスの例で確認できる。イドリスが最初に商店区画を獲得したのは一九〇一年のことであり、二区画（建物付き）を中国人の錫鉱山コントラクターから二六〇〇ドルで購入している。翌一九〇二年には、イギリス人から四区画を一七〇〇ドルで、一九〇三年には二区画を二人のチェッティヤールからそれぞれ一五〇〇ドルと一〇〇〇ドルで、一九〇四年には『リース合意書』から『譲渡』への改訂の六区画とは別に七区画を各々四〇ドルから一二五ドルで、一九〇五年にも同じく改訂された二区画に加えて五区画を政府への申請により入手している。一九〇六年になると、二一もの区画を一〇〇〇から一三三〇ドルの支払いで、政府あるいはチェッティヤールから購入し、その後も、一九〇八年には二人のマレー人から四区画を購入（価格不明）し、一九一一年にもチェッティヤールから一区画を二〇〇〇ドルで購入している。つまり、二〇世紀に入って、大量に商店街を獲得しているのである。改訂された区画も、同様に二〇世紀に入って獲得されたものに違いなく、イドリス以外のマレー人達も同様であったと考えてよいだろう。

このような動きに関して注目しておかないといけないのは、商店街獲得のコストがかなり高かったという点である。第一期においては土地の割譲は無料であり、唯一支払うべきなのは年に二ドルの都市税だけであったが、第二期になると、イドリスの事例で示したように、建物無しでも三六から一三五ドル、既に建物が建っている場合には一〇〇〇ドルから一三〇〇ドルの現金が必要だった。こうしたかなりの初期投資の必要にもかかわらず、この時期にスルタンをはじめとするマレー人達が大量に商店街を獲得したことになる。

第二期のこうした状況を出現させた要因は、どこにあったのだろうか。それは、何よりも、二〇世紀に入ってのゴム・ブームにあったと考えられる。当初からイギリス人植民地官僚とその統治に密接な関係を持ち、イギリスへの留学経験もあったイドリスは、新たな投資の機会に敏感であり[12]、ゴム・ブームを見越した商店街区画獲得にも積極的であった。イドリスだけではない。他のスルタン一族やマレー人の高官達も積極的に商店街を獲得しており、それは、ゴム産業が、マレー人支配層の目に、投資機会としてはっきりと映っていたことの証拠でもある。

ゴムは、コーヒーの失敗を受け、一八九〇年代から有力な一次産品としてマレー半島で栽培が始まった。クアラ・カンサルは、第三代駐在官のローが植物学への造詣が深く、早くから農業試験場を開設していたこともあって、マレー半島で最初期にゴム樹を育成した歴史を誇っている。早くも一八九七年には、クアラ・カンサルの政府農場からプランター達に三万五〇〇〇のゴムの種が配布され[13]、翌年には、三万二〇〇〇のゴムの種と六万近い苗が売却された[14]。採液までに七―八年を要するために、二〇世紀初頭にはまだ樹液採取は開始されないが、しかしこの時点で、それまでのどのようなプランテーション作物よりも重要な作物として認識されていた。一九〇五年のペラの年次報告によれば、この年にはゴムの話題が沸騰し、マレー人にとってゴムの採液がとても好ましいものとして認識されていたという。一九〇七年には、ゴムプランテーションで二万人以上の労働者が雇用されるようになり、一九一二年になると、単にプランテーションだけではなく、クアラ・カンサルのマレー農民の八割がゴムを植えていると報告されるに至った。[15] クアラ・カンサルの町の周辺で言うならば、コータ・ラマ・キリ地区では、一九〇九年までに八万本のゴムの樹が植えられた。[16]

こうしたゴムをめぐるセンセーショナルな状況の中で、当時のマレー人の中でも最新の情報に接する位置にあったイドリスが、ゴム産業に新たな利権と事業機会を窺っていたことは間違いない。事実、早くも一八九八年の段階で、彼は一万五〇〇〇エーカーのゴム用の土地を政府に申請し、会社を設立することを企画していた。[17] ゴムに対する期待が、この時期のマレー人エリート層の胸を熱くしていたのである。

この状況は、しかし一九一〇年代の末に激変する。図2と図3は、一八八五年から一一〇年間にわたる商店街区画取引文書をもとに、年別の商店街区画売却数と獲得数をコミュニティー別に分類してそれぞれ示したものである。二つの図を比較することによって、一九一七年から一九二〇年の間に大量の売買が発生し、主にマレー人あるいはスルタンとその一族が商店街を手放し、それらが中国人の手に移動している状況が確認できるであろう。

この一九一〇年代末に発生した商店街区画移動のピークの最大の理由は、一九一六年のスルタン・イドリスの死である。マレー人コミュニティーのリーダーとしてのイドリスの死は、イドリスをリーダーとしてあおいできたマレー人エリートにとって、大きな痛手であった。ここでの問題は、イドリスの資産が、スルタン一族やマレー人コミュニティーの間にはとどまらず、他のコミュニティーが獲得するところになったという点である。それは、この一九一〇年代末という時期が、経済的にも社会的にも、マレー半島のモザイク化への一つの転機になっていた時期であったことと関係があると思われるので、この問題について次の点を指摘しておこう。

まず第一は、第一次大戦によって、順調に見えたゴム産業の展開に翳りが見えてきたことである。大戦の勃発により、ゴム価格は一貫して低落し、一九一六年に一時的に盛り返したものの、大戦の終結によって需要は冷え切る。例えば、一九一八年のペラ年次報告は、「ゴム市況は崩壊し、町でも村でも土地の売買は生じなかった」としている。(18) 一九一九年に、いったん好転した市況も、一九二〇年末には暴落し、この頃から世界的なゴム生産制限や輸出規制が本格化することになる。大戦中からこのような激しいゴム価格の上下動と先行きの厳しさを感じ取ったマレー人エリート層は、ゴム流通への関与、あるいは商店経営に興味を失っていったと考えられる。

第二は、マレー人エリート層の将来への志向の変化である。一八七五年に起きたバーチ暗殺事件後の軍事行動と事件関係者の処罰によって、ペラの旧支配層は、イドリスのような親英の者を除きほぼ一掃され、その経済的権益も剝奪され、多くが年金生活者化した。植民地当局は、こうした旧エリート層を取り込んで植民地支配の安定を図ろうと、その子弟を植民地行政の官吏となるべく訓練し、行政機構の中へ登用する方向へと動いた。クアラ・カンサルの町に設立されたマレー・カレッジは、こうしたエリート層の取り込みと、その訓練のための機関の最も中心的なものである。この方向についての一九一〇年代の特徴として、植民地行政へのマレー人の登用が着実に進む中で、とりわけ第一次大戦によりイギリス人官僚が不足していったために、マレー人官吏のより高位のポストへの登用が現実化したという状況がある。マレー人エリート層の前に広がっていったこうした機会は、彼らの志向を、植民地当局が狙ったごとく、行政機構の中に見出す方向へと本格的に向かわせたと考えることができる。

以上のような幾つかの要因が導いたマレー人エリート層の商店街離れと植民地行政機構への本格的参入は、マレー社会のモザイク化を推進する重要な契機でもあった。商店街取引が示すのは、こうした動きの一つであろう。商店街区画取引の現在に至る過程は図2と図3に示されるとおりであり、その最終的結果は、図4と図5に示すように、一九九五年時点での商店街区画の所有者構成とテナント構成のいずれにおいても、中国人コミュニティーが

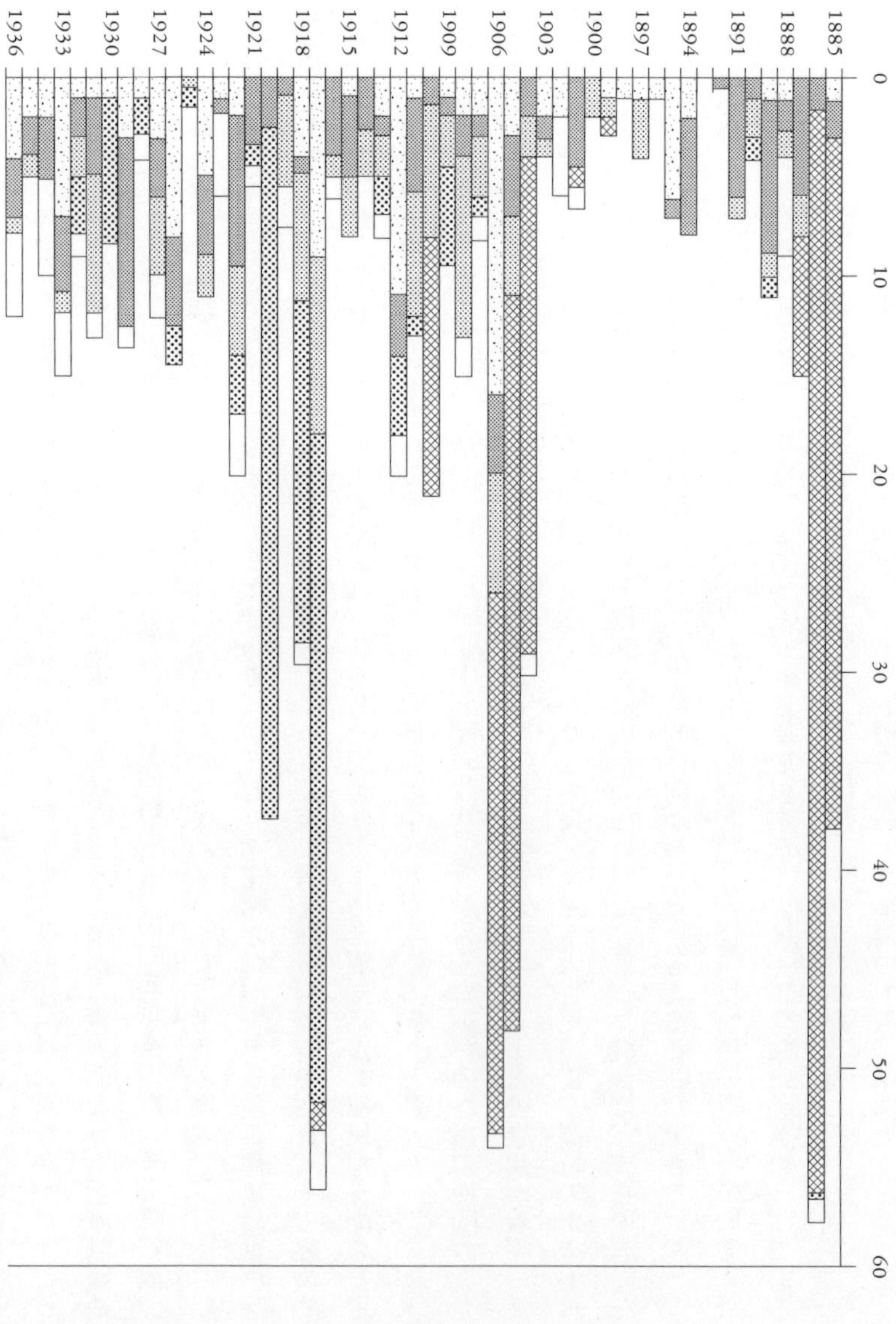
1885
1888
1891
1894
1897
1900
1903
1906
1909
1912
1915
1918
1921
1924
1927
1930
1933
1936
0
10
20
30
40
50
60

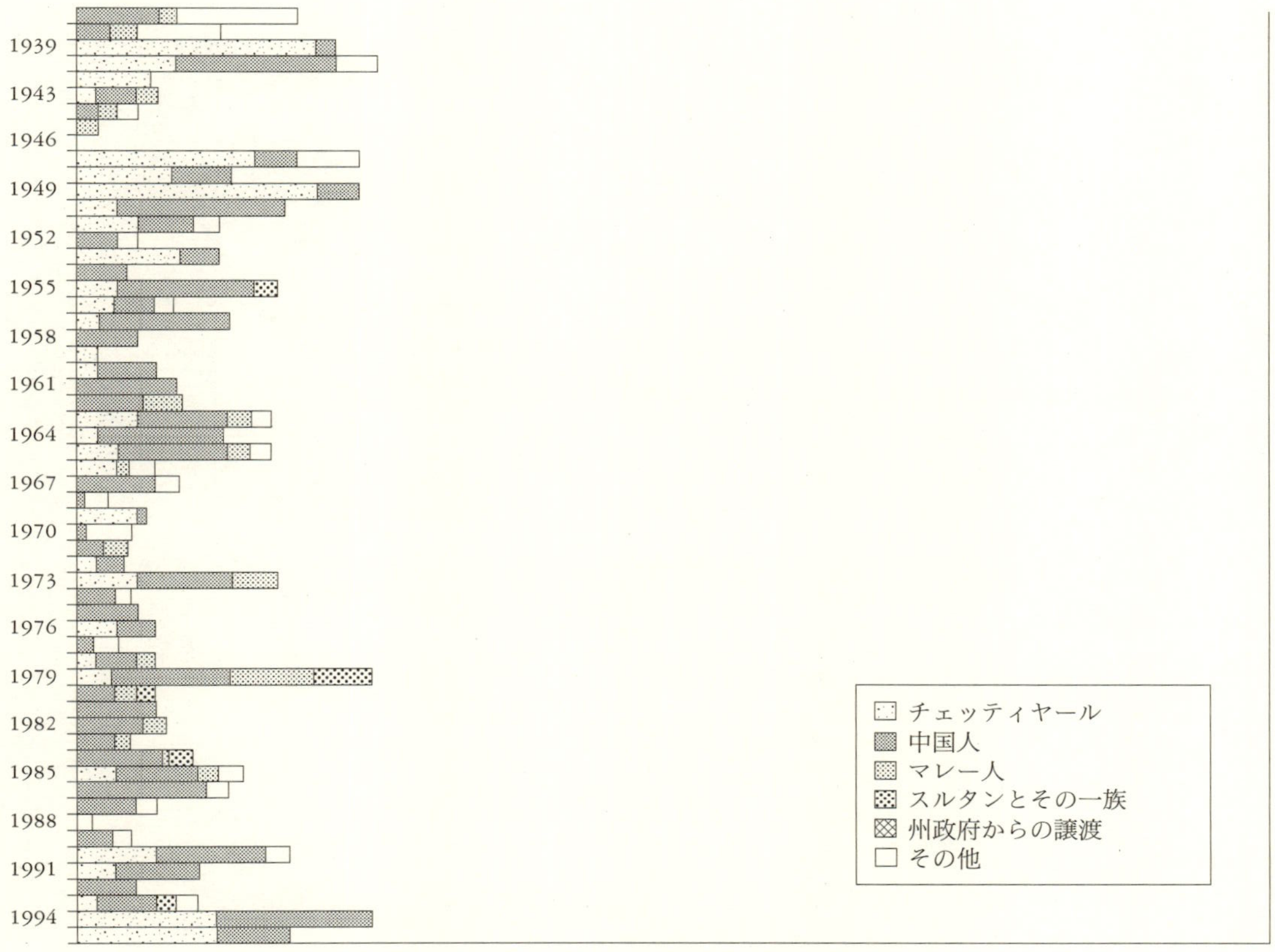

図2　クアラ・カンサル商店街区画売却数

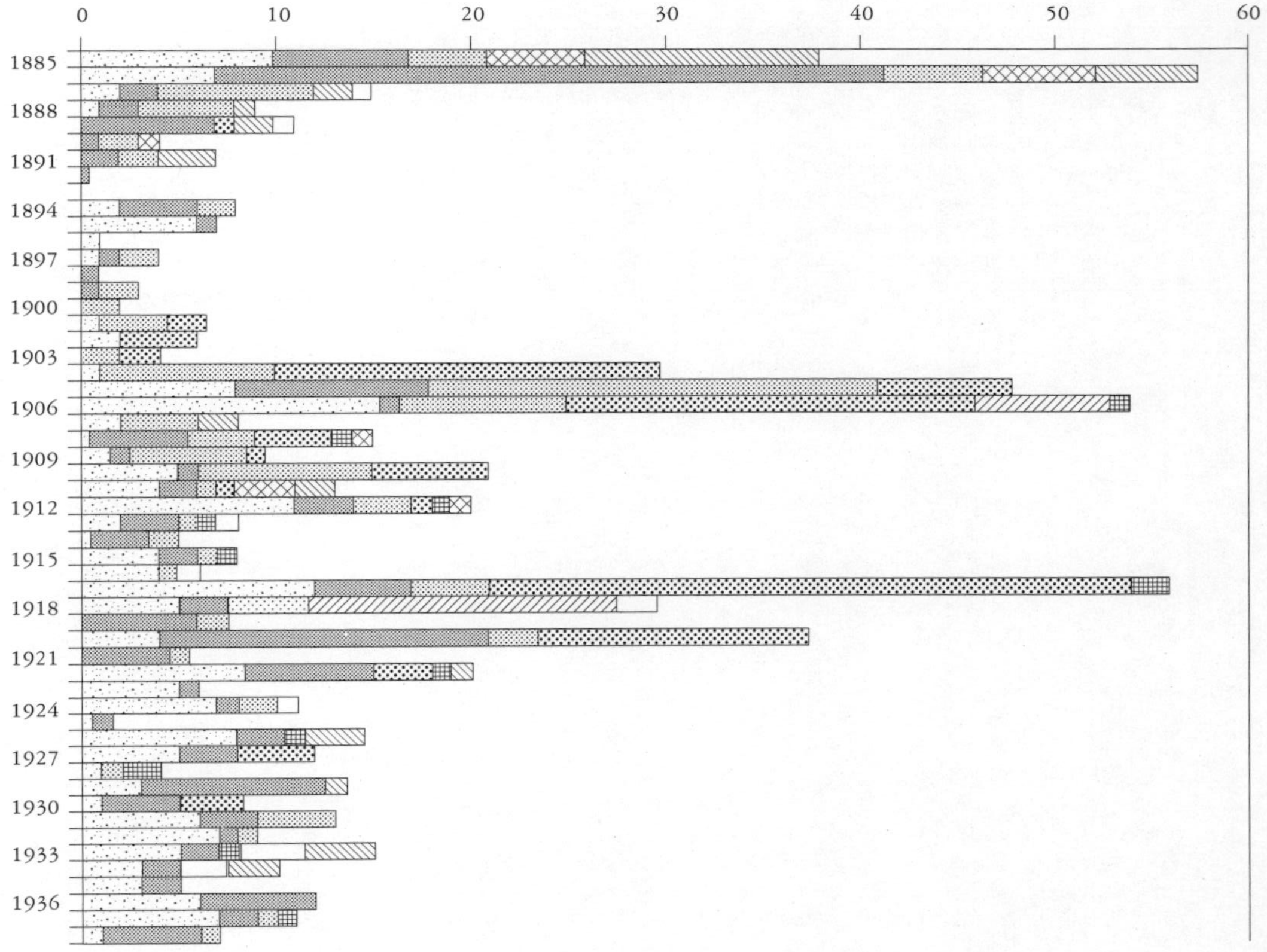
0
10
20
30
40
50
60
1885
1888
1891
1894
1897
1900
1903
1906
1909
1912
1915
1918
1921
1924
1927
1930
1933
1936

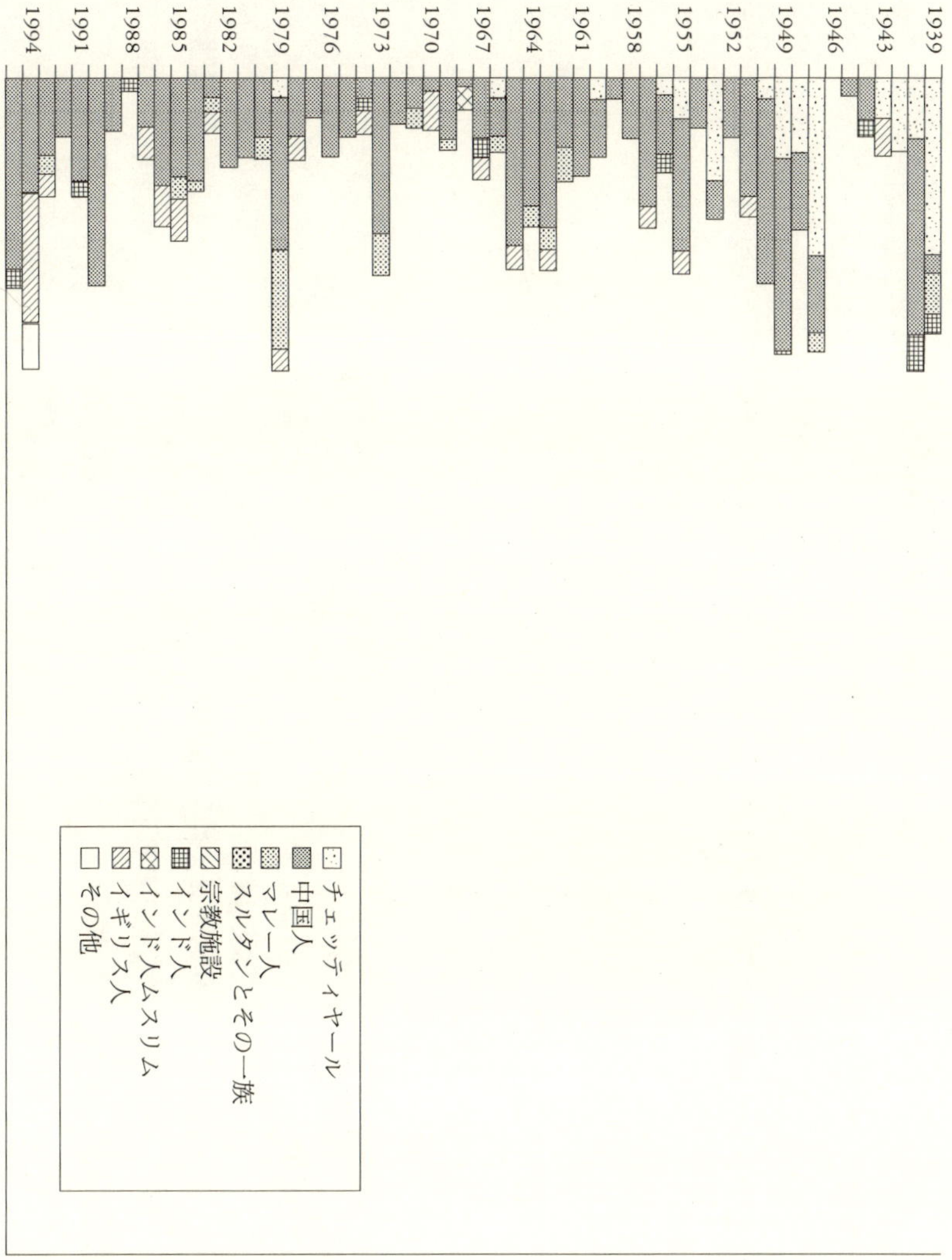

図3　クアラ・カンサル商店街区画獲得数

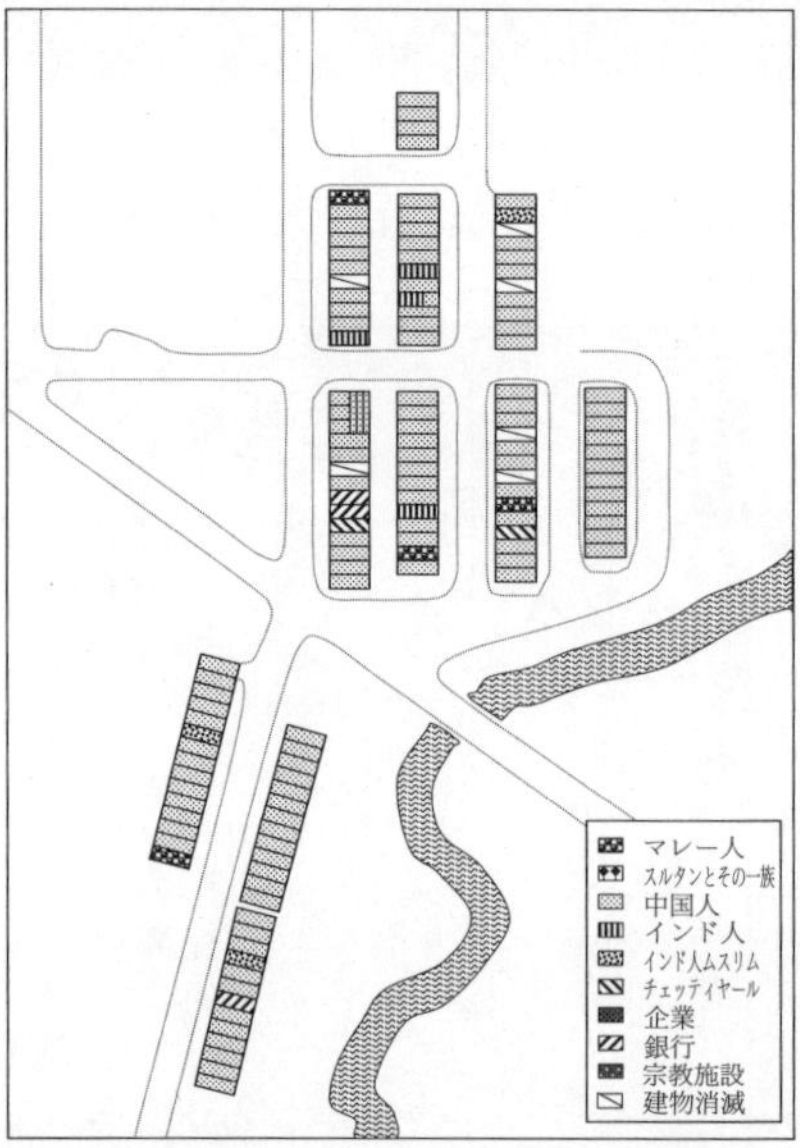

図4　商店区画の所有者（1995年）

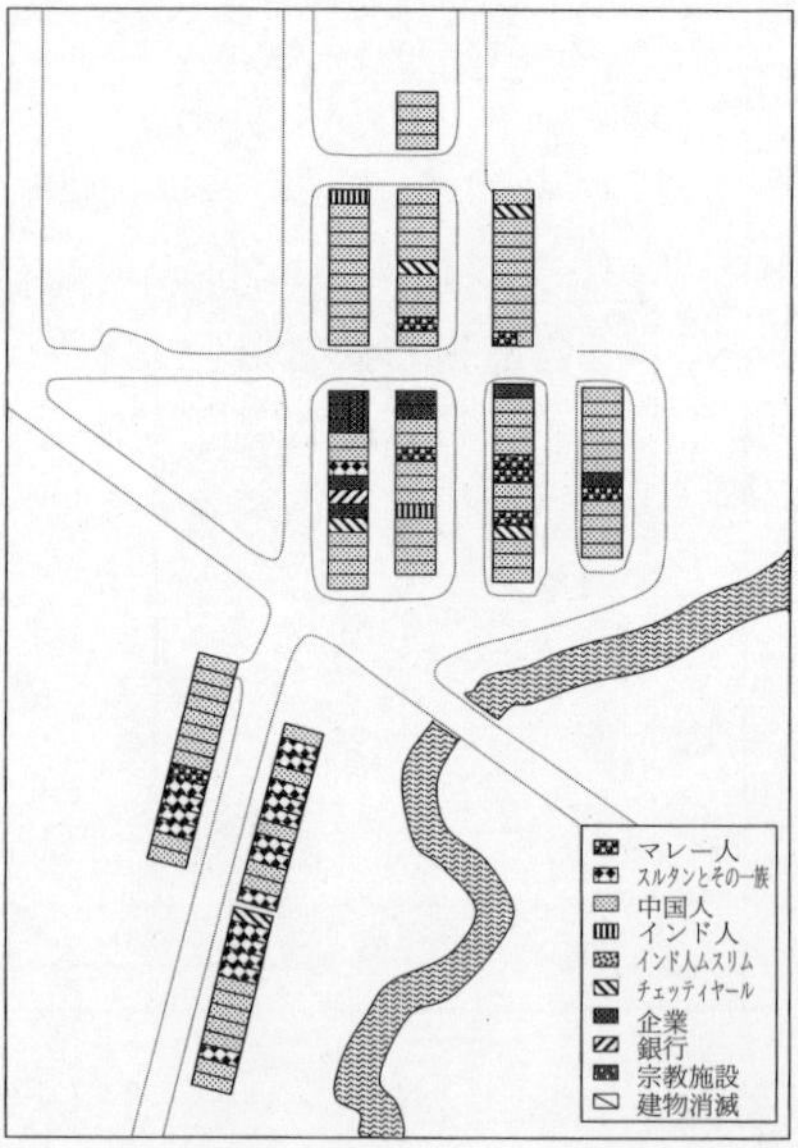

図5　商店区画のテナント（1995年）

卓越するというモザイクで示されるのである。

3　居住ゾーン

行政ゾーンと商業ゾーンの状況が以上のようであったとすると、それでは残された居住ゾーンはどのようであったのだろうか。

クアラ・カンサルの居住ゾーンには、コロニアル・スタイルのバンガローとマレー・スタイルの高床式住居が、ゆったりとした敷地の中に建っている（マレーシアの都市一般について言えることであるが、最初期には、商店街が商業従

居住ゾーンには，コロニアル・スタイルのバンガローとマレー・スタイルの高床式住居が，ゆったりとした敷地の中に建っていた（上）が，1970年頃から始まる都市再開発によって，一部は，タウンハウスと呼ばれる連棟式の住宅に形を変えている（下）.

事者や都市の雑業層を吸収する最も重要な居住空間であった。住居としての商店街は、分析の手続き上、居住ゾーンには含めないことにする）。また、それらの一部は、一九七〇年頃から始まる都市再開発によって、タウンハウスと呼ばれる連棟式の多数の住宅に形を変えている。この居住ゾーンについても、過去一〇〇年以上にわたる取引記録があるので、その形成の特徴を検討してみよう。

居住ゾーンについては、最初に何年から占有され始めたかについては、資料的に確認ができない。そもそも町域の一部に既存の自然集落が古くから存在していたと考えられる。ただし、土地関係の資料から見る限り、イギリスの支配下で明確な所有権の形で居住ゾーンの地片が割譲（alienation）されたのは、一八八六年前後である。そして、ごく一部の例外を除いて、一九〇九年までに全ての区画の割譲が終わっている。総面積は、約三六万平米である。

各地片の最初の割譲の状況を見ると、はっきりとした特徴がある。表3a、3bは、コミュニティー別の割譲状況を区画数と面積に分けて示したものであるが、区画数で三分の二、面積で四割弱がマレー人に割譲されていることがみてとれる。特に、一九〇〇年以前の時期に関しては、マレー人以外への割譲は全く見られない。

マレー人の初期における比重の高さは、次のように解釈

表3a　クアラ・カンサル居住ゾーンのコミュニティー別割譲（区画数）

年	イギリス人	チェッティヤール	中国人	インド人	マレー人	スルタンとその一族	不明	計
1893					4			4
1894					13			13
1895					2			2
1896								
1897								
1898								
1899								
1900								
1901								
1902								
1903								
1904						1		1
1905			1/2		1 1/2		1	3
1906					1	2		3
1907			1	1	7			9
1908		1 1/2	1		2 1/2			5
1909	1		1		2			4
1910								
1911								
1912								
1913								
1914								
1915								
1916						2		2
1917								
1918								
1919								
1920								
1921								
1922								
1923								
1924								
1925								
1926								
1927								
1928								
1929		2						2
Total	1	3 1/2	3 1/2	1	33	5	1	48

表 3b　クアラ・カンサル居住ゾーンのコミュニティー別割譲（面積）

年	イギリス人	チェッティヤール	中国人	インド人	マレー人	スルタンとその一族	不明	計
1893					15,499			15,499
1894					32,973			32,973
1895					5,188			5,188
1896								
1897								
1898								
1899								
1900								
1901								
1902								
1903								
1904						13,929		13,929
1905			2,869		9,716		8,215	20,801
1906					4,217	46,733		50,950
1907			27,632	20,453	23,366			71,451
1908		6,030	64,175		10,319			80,524
1909	3,302		14,358		35,612			53,273
1910								
1911								
1912								
1913								
1914								
1915								
1916						13,136		13,136
1917								
1918								
1919								
1920								
1921								
1922								
1923								
1924								
1925								
1926								
1927								
1928								
1929		2,703						2,703
計	3,302	8,733	109,034	20,453	136,892	73,798	8,215	360,428

（平米）

することができる。第一に、クアラ・カンサルの一部にマレー人の自然集落を含んでいたらしい点である。つまり、従来からの居住者が、保有権を追認されたということである。しかしながら、マレー人が割譲を受けた全ての地片がそうであったわけではない。というのは、彼らの間に、テメンゴン、ナホダ、ダトーなど、旧支配層に用いられた称号がかなり含まれているからである。おそらく、これらの旧支配層は、クアラ・カンサルの新たな植民地都市としての展開の中で新たに移動してきたのではなかろうか。第二に、マレー人以外の割合が低いのは、その多くが商店街に住んでいたであろうことと、クアラ・カンサルの土地に住居地を獲得して永住しようという者が一九世紀の時点ではいなかったことを示唆している。

居住区ゾーンの割譲におけるマレー人の独占状況は、一九〇五年頃から変化し始める。というのは、一部の非マレー人が割譲を受け始めるからである。中国人をはじめとする非マレー人の一部が、この町を住み処と考えて居住地を入手し始めたのであろう。なお、非マレー人への居住地の割譲における特徴は、一つの地片面積が極めて大きいことと、駅前やクアラ・カンサルとタイピンを結ぶ主要道路沿いにあったという点である。ちなみに、一九〇六年までには、主要な行政施設やモスクと並んで、鉄道と町の中心部を結ぶ道路も完成している[19]。

居住ゾーン内の未占有地は、一九〇九年にほぼ消滅する。この中心部での未占有地の消滅と並んで、交通手段の整備による土地の全般的評価の高まりと[20]、土地権益に関わる法体制の整備を背景として、居住ゾーンでも土地売買が始まるようになる。最初の取引が発生するのは一九〇八年のことであり、その後は、図6a、6bに示すように、現在まで頻繁な取引が生じている。件数的に最も頻繁なのは、一九七〇年代の都市の再開発時期であるが、それはいわばミニ開発のようなものであり、面積規模としてはそれほどのものではない。それに対して、圧倒的に取引規模が大きかったのは、一九二〇年以前までの時期である。

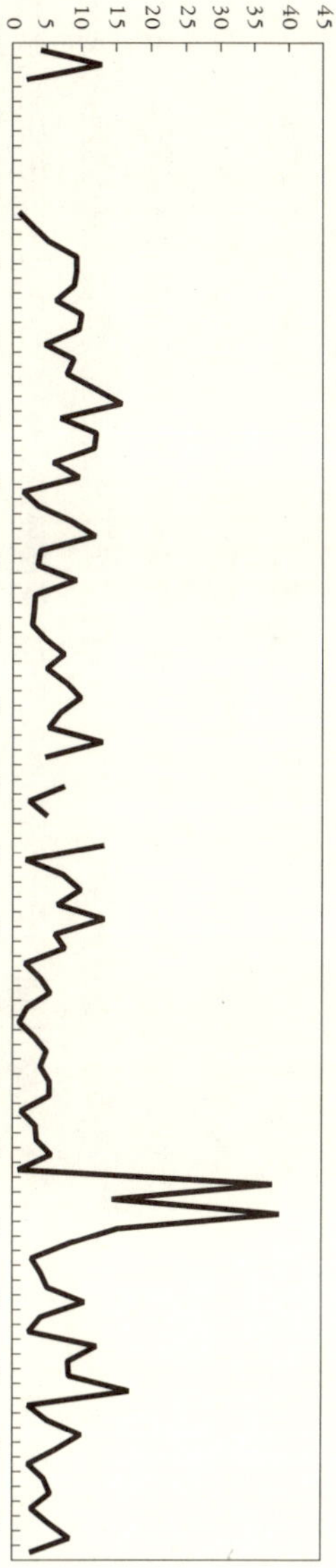

図6a　ケアラ・カンサル居住ゾーンでの土地取引動向（区画数）

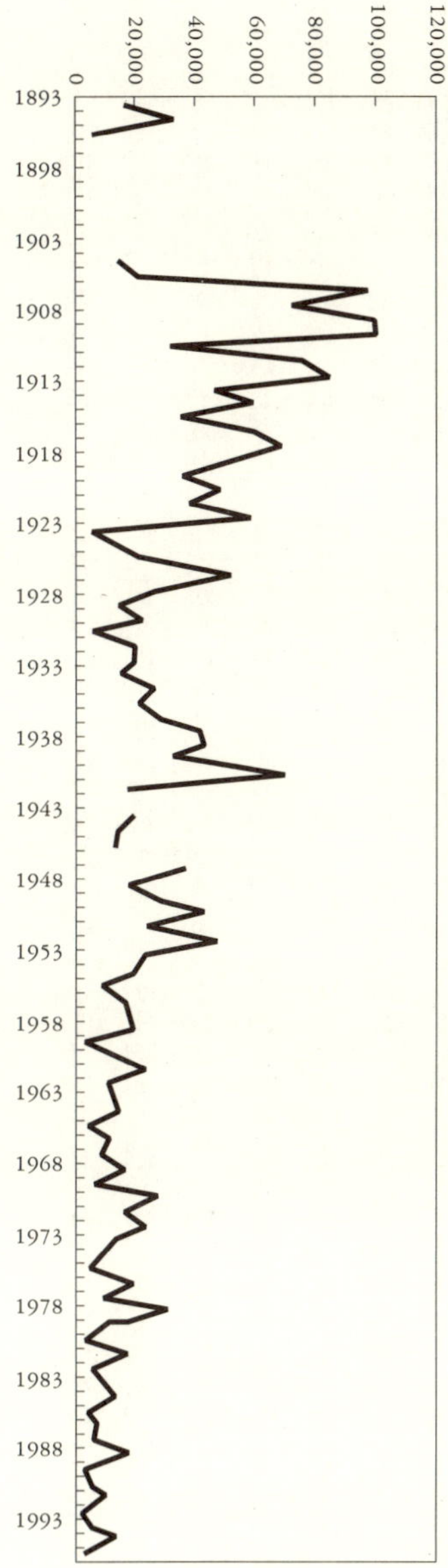

図6b　ケアラ・カンサル居住ゾーンでの土地取引動向（面積：平米）

居住ゾーン内での土地取引における各コミュニティーの関わりについては、それぞれ次のような特徴を指摘することができる。まず、既に述べたように、最初期の割譲ではマレー人が圧倒的な割合を占めていた。彼らの土地取引に対する比重は、しかし、一九七〇年代から大きく後退してくる。これに対して、中国人の場合は、一九〇七年から一九一一年にかけて少数だが広い面積の地片の割譲を受け、それらの土地が一九〇九年から一九一四年にかけて頻繁に取引され、その後しばらくの休止期間を経て、一九二〇年代末から現在までコンスタントに顔を出し、戦後はその割合を大きく増加させ、特に一九七〇年以降は、ほとんど土地取引を独占するという動きを示す。その帰結は、最初期の割譲と現在の居住区域のコミュニティー別所有状況を示した図7と図8に示されているとおりである。マレー人と中国人の交替劇、つまり、都市部での中国人のプレゼンスの大きさというモザイク化の現象がここでも進んだことになる。

非マレー人としては、中国人だけでなく、インド人やインド人ムスリムも土地取引に一貫して加わっているが、特にユニークな動きを見せているのが南インド出身の金融業コミュニティーであるチェッティヤールである。チェッティヤール達は、クアラ・カンサルの都市形成の中で、極めて重要な役割を果たしてきた。それは、彼らの金融活動が、商店街の形成においても、居住地域の形成においても、中心的な役割を果たしてきたからである。チェッティヤールの活動の重要性は、商店街区画と居住区画の抵当化に際しての、資金の供給者としての彼らの比重を示した図9および図10a、10bによって、一見して明らかである。即ち、図9に示されるとおり、商店街区画の抵当については、一九二〇年代半ばまで彼らが圧倒し、居住ゾーンについても、図10a、10bに示されるとおり、第二次大戦前まで圧倒するのである。土地取引の中に銀行が登場するのは、ようやく一九二一年のことであり(クアラ・カンサルに進出して土地取引に顔を出す銀行名と年次を示すと、Honkong and Shanghai Banking Corporation(香港上海銀行)一

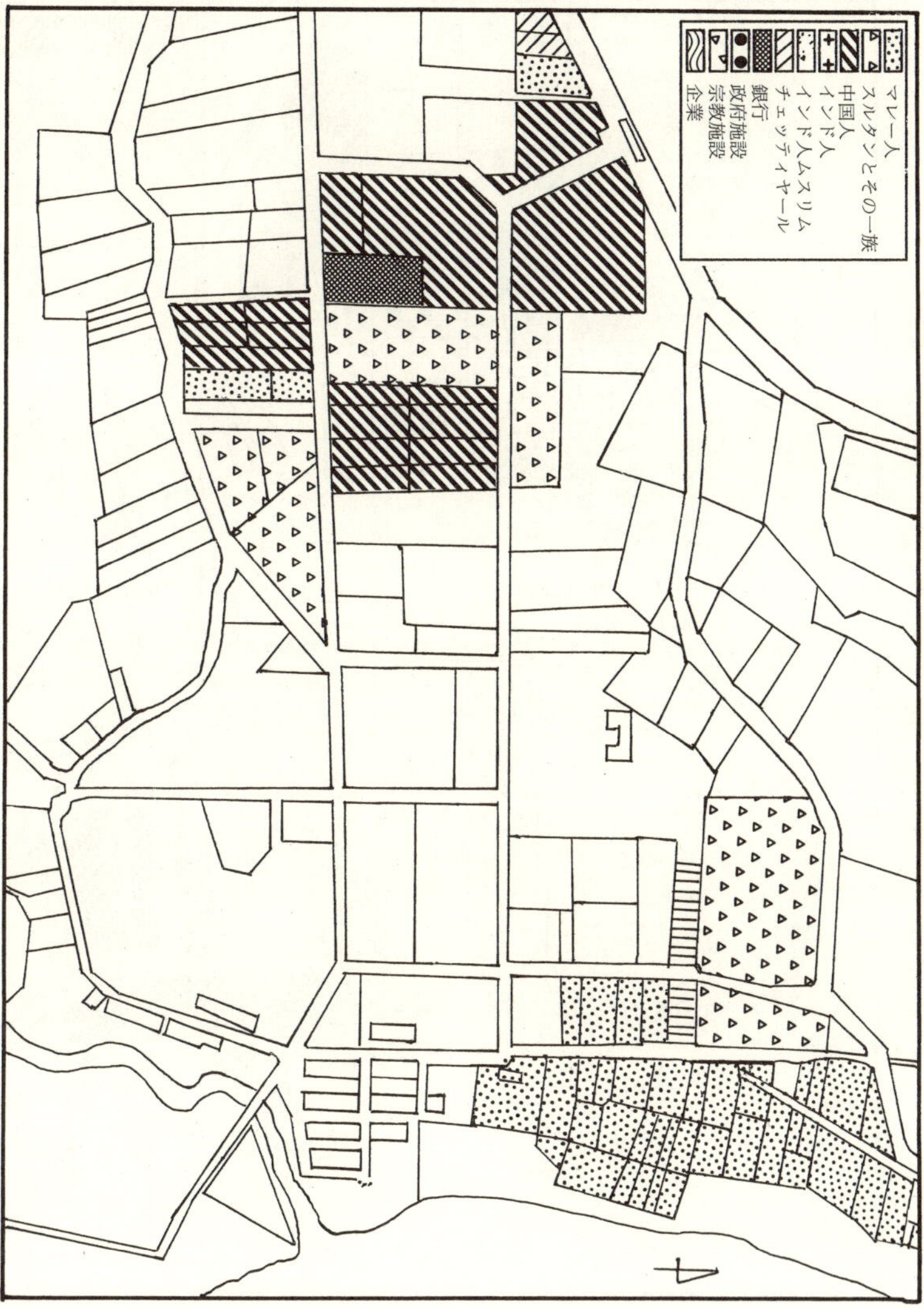

図7　居住ゾーンのコミュニティー別土地所有（最初期）

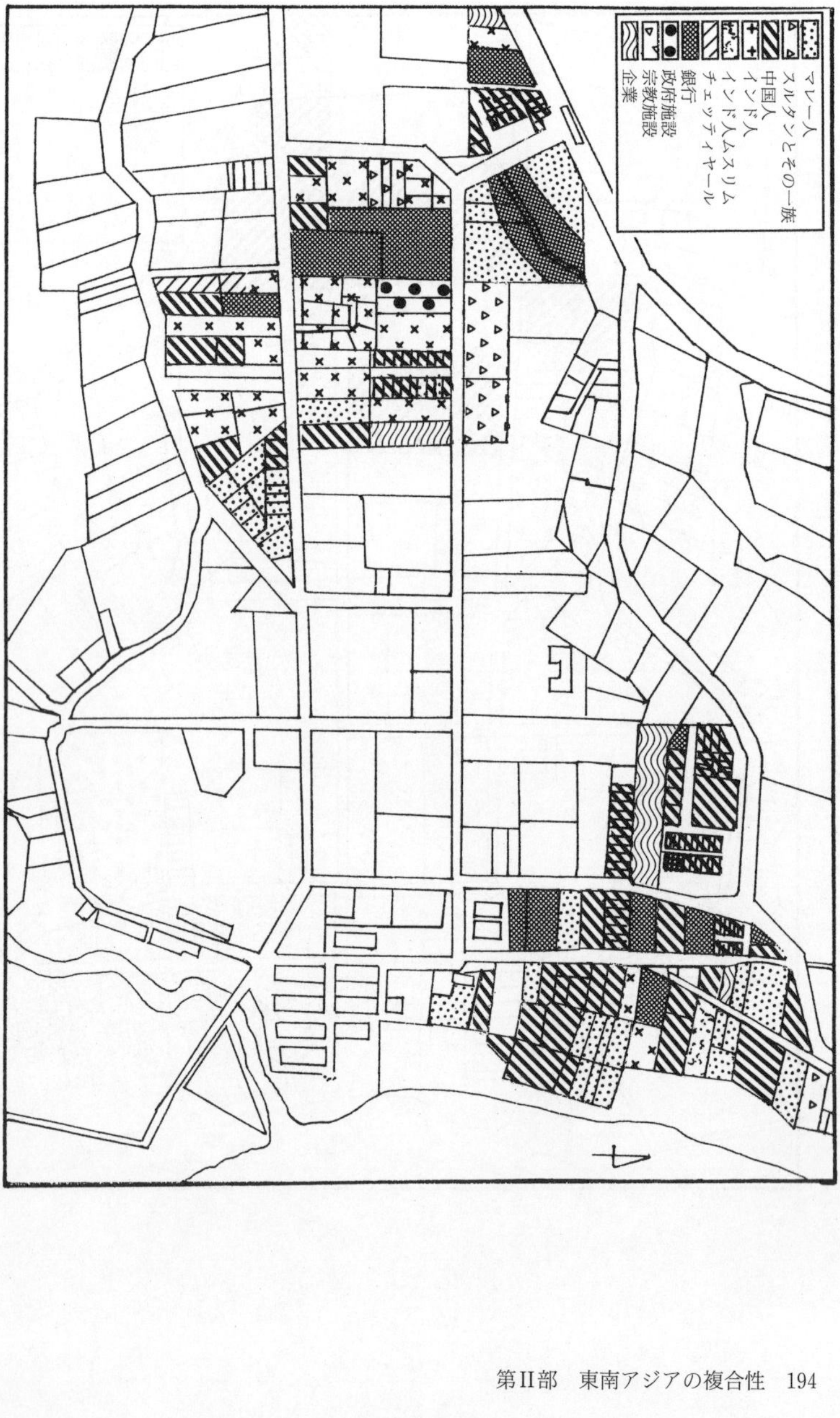

図8　居住ゾーンのコミュニティー別土地所有（1995年）

九二一年、The Bank of Malaya Limited（マラヤ銀行）一九二六年、The Chartered Bank of India, Australia, & China（インド・オーストラリア・中国特許銀行）一九二七年、Chettinad Bank Limited（チェッティナード銀行）一九三〇年、Oversea Chinese Banking Corporation Limited（中国対外銀行）一九三四年、の順となる。これら以外の銀行は、全て第二次大戦以降に登場する）、銀行が登場してもしばらくは、チェッティヤールがクアラ・カンサルの主要な資金源であり続けたわけである。

チェッティヤールの金融活動は、二〇世紀初頭からのゴム・ブームによる現金経済の浸透と、植民地統治による土地権益の安定化という制度的基盤の上で成立していたものである。しかし、ここで詳述するスペースはないが、地価水準を度外視したとも思われる攻撃的な融資活動が、土地市場の成立と土地ブーム、そして抵当権設定による資金需要の拡大をもたらしたという印象が強い。そして、注目されるのは、このチェッティヤールのお得意さんが主としてマレー人であったという点である。

マレー人とチェッティヤールとの取引関係は緊密であり、マレー人の抵当化の相手は、銀行よりもチェッティヤールの方がはるかに多い。他方、中国人の場合には、一九一三年までの一時期に頻繁にチェッティヤールから資金を得ていたが、銀行が本格的に営業し始めてからは、もっぱら銀行からローンを得ている。そのことは、特に一九七〇年代以降のタウンハウスの獲得において顕著である。金融に対するこの両者の違いが、近代的な金融機関へのアクセスのレベルの違いに基づくのか、単に時期的な違いによるのかは必ずしもはっきりしないが、近代の事業経営に不可欠の金融への関係の違いは、一つの研究対象になりうるように思われる（スルタンとその一族の場合には、政府関係のローンが多く、資金融資の政治的意味合いが示唆されているように思われる）。

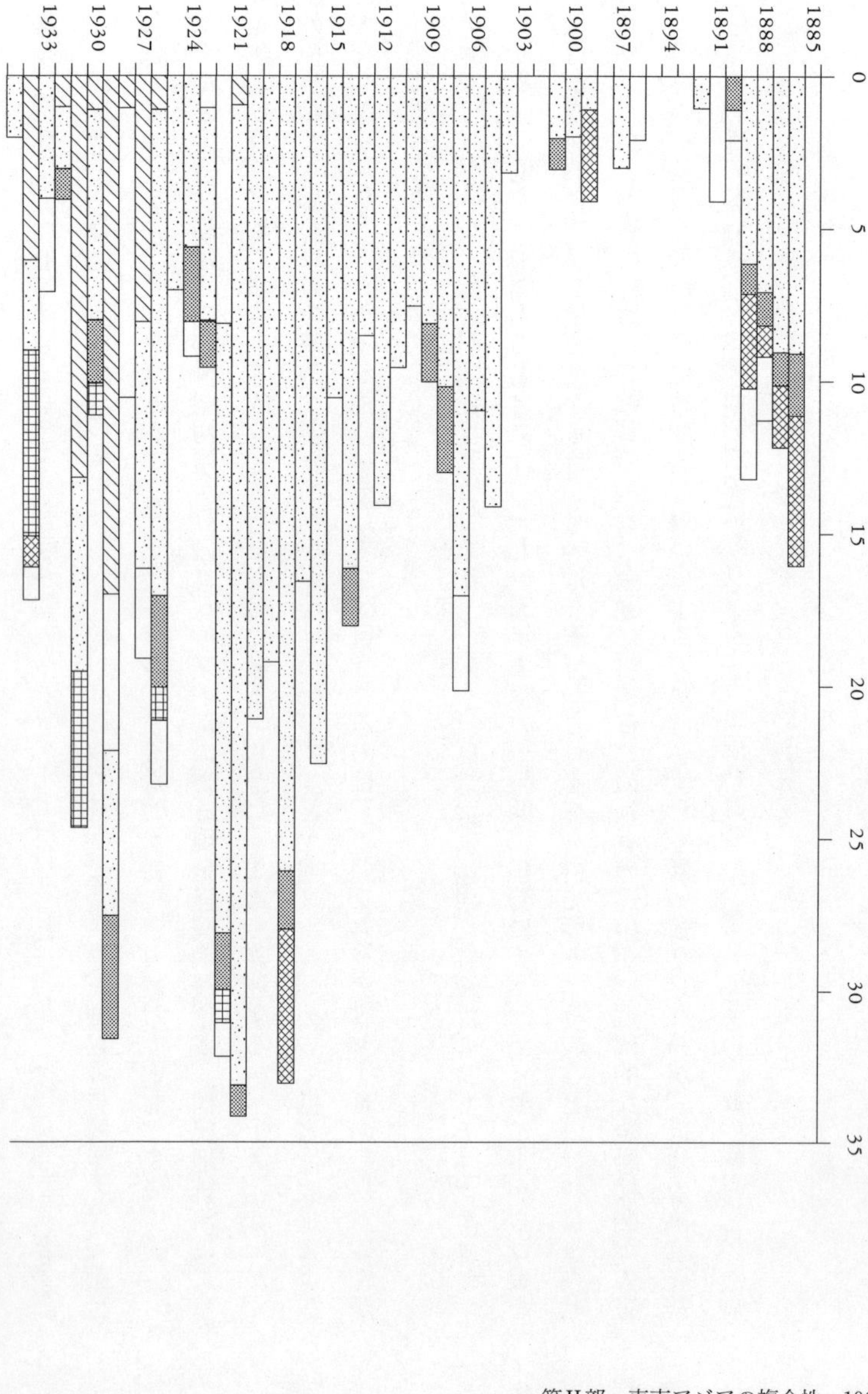
1885
1888
1891
1894
1897
1900
1903
1906
1909
1912
1915
1918
1921
1924
1927
1930
1933
0
5
10
15
20
25
30
35

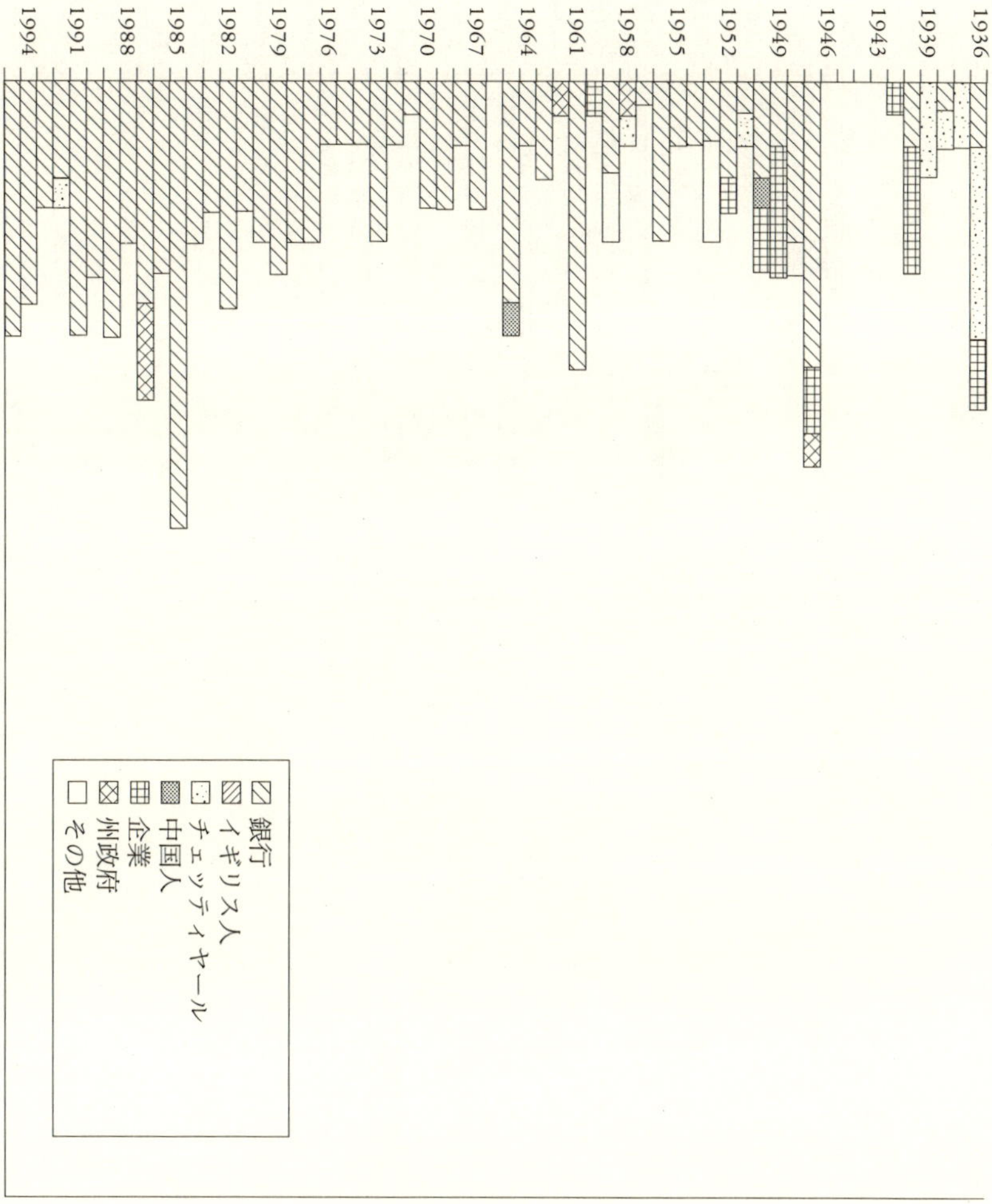

図 9　クアラ・カンサル商店街の抵当権者

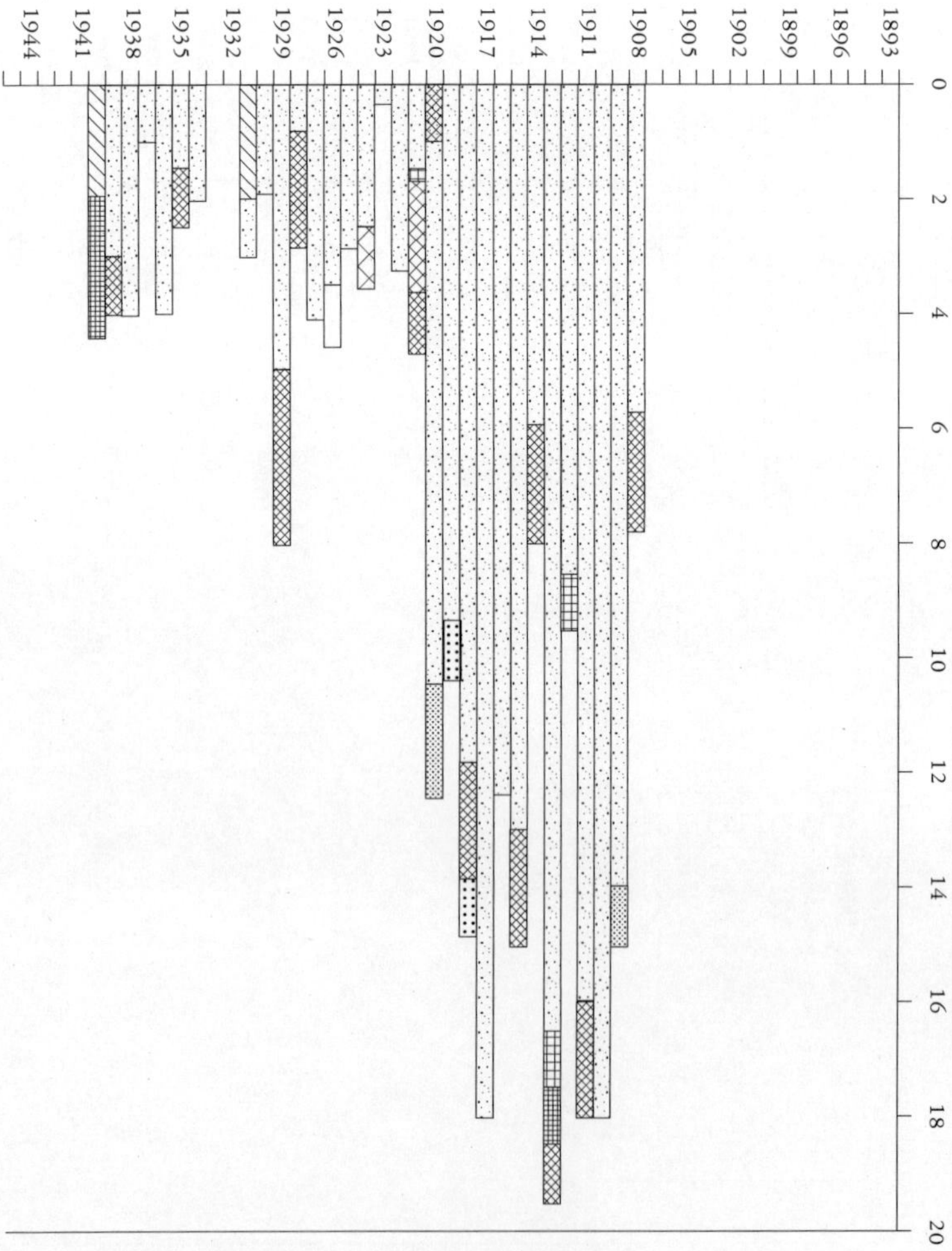
1893
1896
1899
1902
1905
1908
1911
1914
1917
1920
1923
1926
1929
1932
1935
1938
1941
1944
0
2
4
6
8
10
12
14
16
18
20

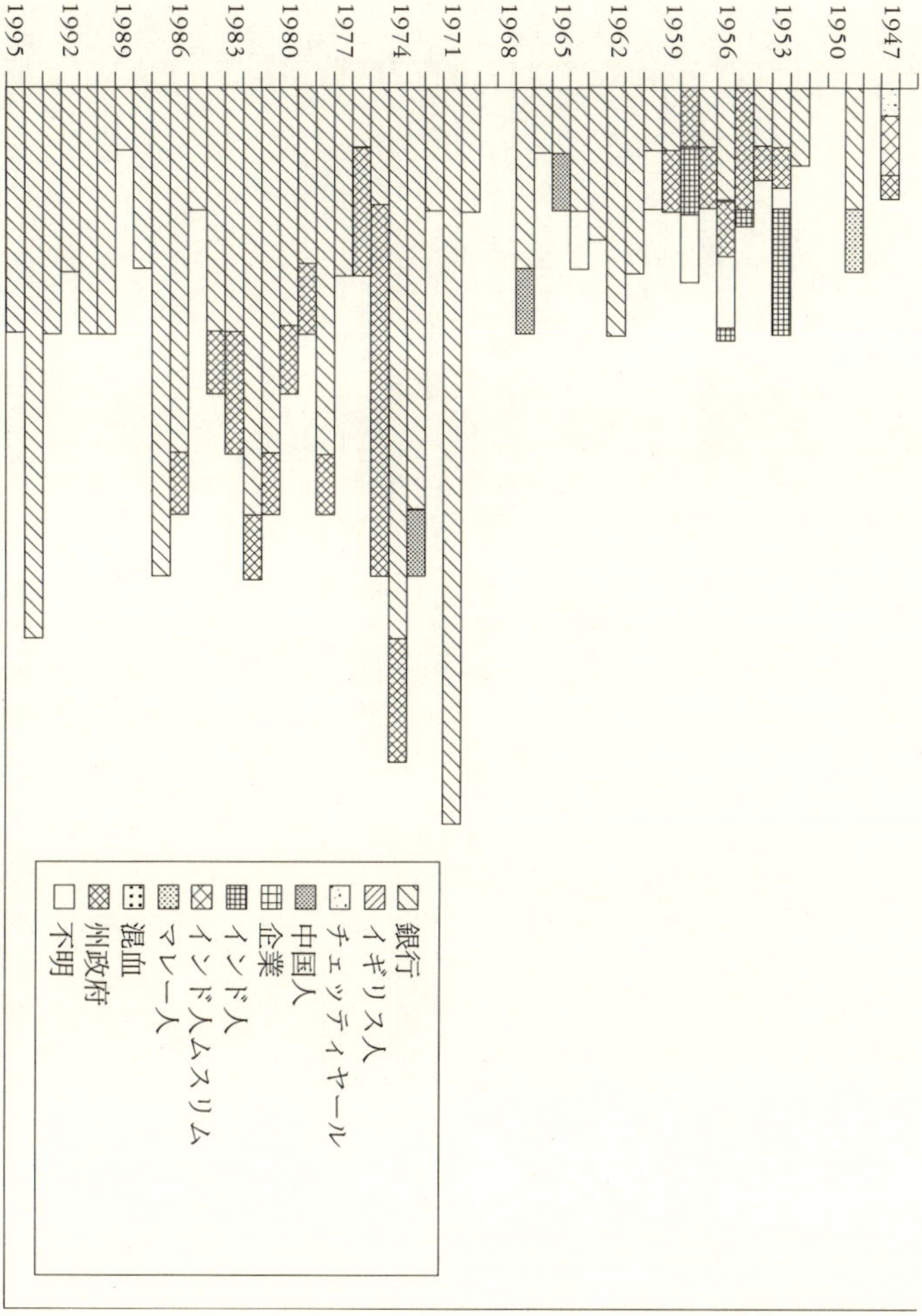

図10a　クアラ・カンサル居住ゾーンの抵当権者（区画数）

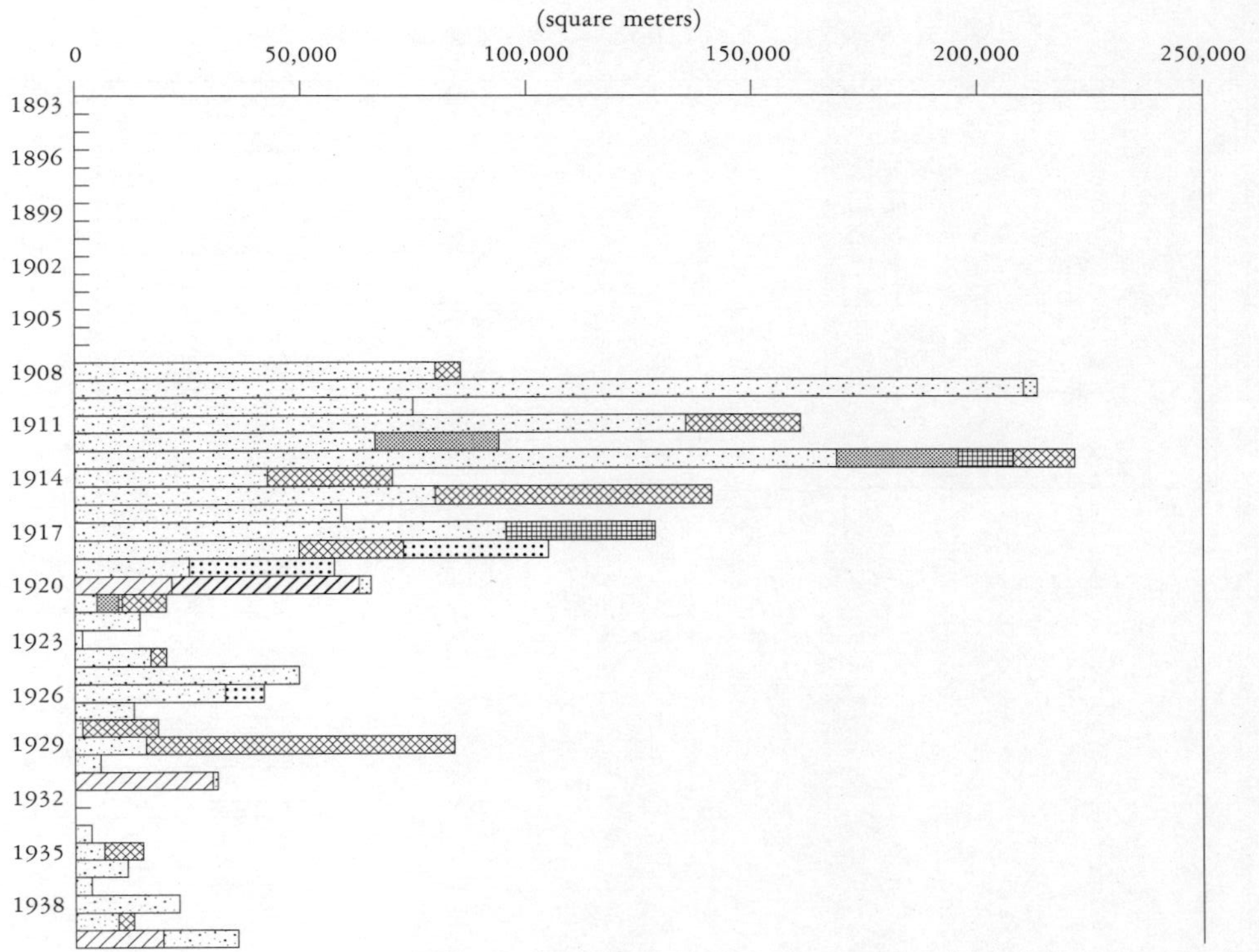
(square meters)
0
50,000
100,000
150,000
200,000
250,000
1893
1896
1899
1902
1905
1908
1911
1914
1917
1920
1923
1926
1929
1932
1935
1938

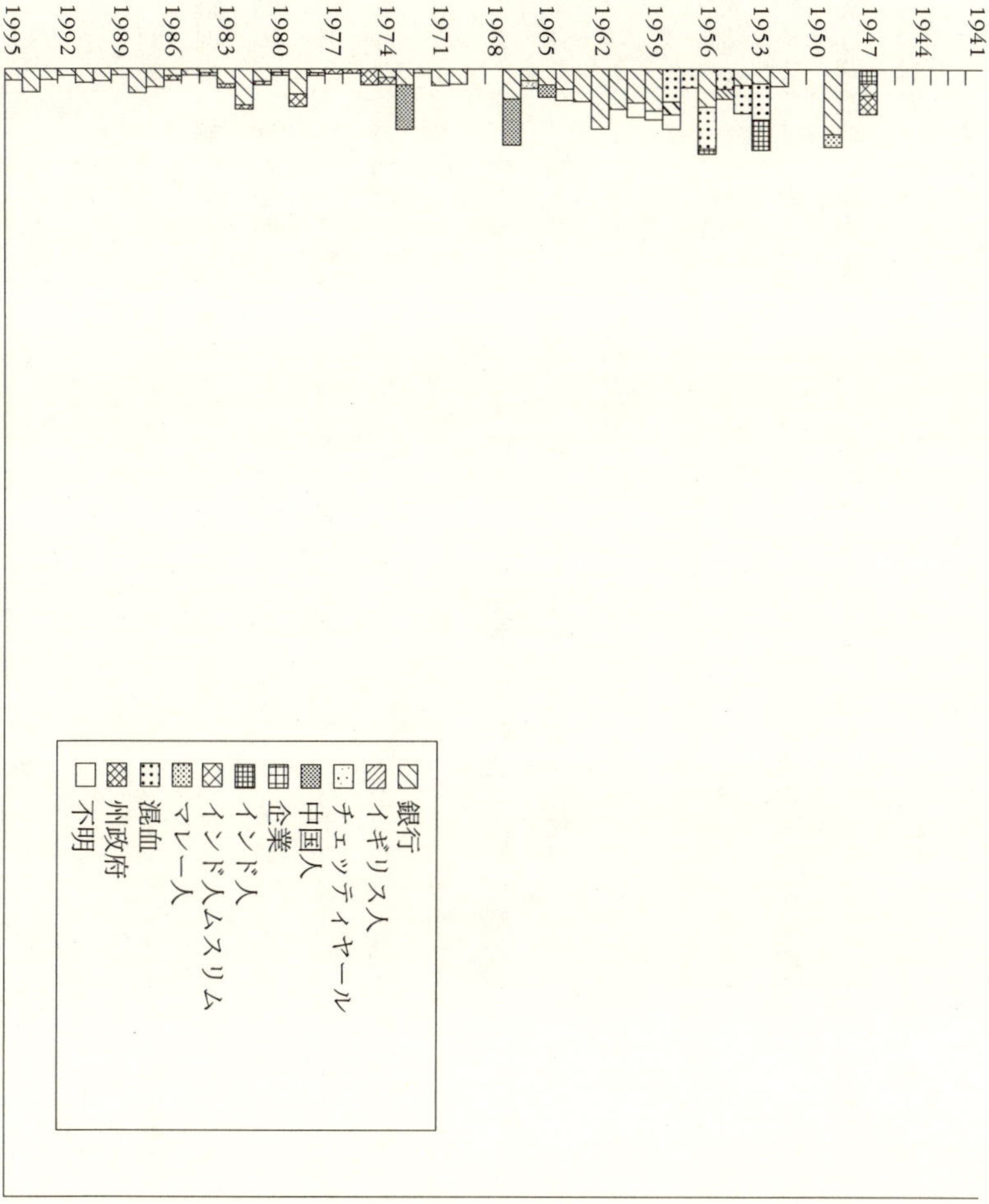

図10b　クアラ・カンサル居住ゾーンの抵当権者（面積）

4　ゾーン形成のまとめ

行政ゾーン、商業ゾーン、居住ゾーンの三つに分けて、これまで各ゾーンの形成過程とその特徴を解明してきたが、それらを整理し、解釈すると、次のようになるだろう。

一九世紀後期に、マレー半島でのイギリス植民地支配が成立すると、土地制度の確立により、土地がそれまでとは異質なものとして、つまりそれまでの誰もがアクセス可能な対象としてではなく、近代的土地所有権の設定により、排他性をもった経済的財として立ち現れた。それらの土地は、区画され、割譲され、所有権を設定され、以後活発な取引の対象となった。

植民地統治下で、クアラ・カンサルでは、行政ゾーンに統治に必要な様々な施設がつくられ、植民地体制が目に見える形で形成された。商業ゾーンでは、一九世紀末の植民地統治初期には、中国人を筆頭に、マレー人を混じえた様々なコミュニティーに属する者が商店街区画を入手し、他方、居住ゾーンでは、マレー人がほぼ独占的に居住区画を入手した。

二〇世紀に入ると、マレー半島に新たな状況、即ちゴム・ブームが生じた。ゴム・ブームは、商業ゾーンでは、スルタン・イドリスをはじめとするマレー人エリート層に多数の商店街区画を獲得させた。また、居住ゾーンでは、非マレー人による割譲地の入手が始まり、未所有地は間もなく消滅した。そして、土地は価格を持った商品として取引され、あるいは資金入手のための財として担保に使われることになった。この土地市場の成立には、インド人金融コミュニティーであるチェッティヤールの資金供給が深く関わっていた。

ゴム・ブームは、しかし第一次大戦に入って急速に翳りを見せ始め、一九二〇年代初頭には世界的な生産・輸出削減処置がとられた。また、同じく第一次大戦中に、マレー人エリート層のリーダーであり、企業的精神の旺盛であったスルタン・イドリスが死去するという事情が加わった。こうした流れの中で、マレー人エリート層は、植民地政府が彼らの登用に積極的であったこともあって、商取引への関わりよりは植民地官僚となることに活路を見出そうとし、商店街から手を引いた。手放された商店街の多くは、取引を重ねながら、最終的には中国人の手に渡っていった。

一方、ゴム・ブームは、消費のありかたの多様化と現金需要の著しい増加をもたらしてもいた。消費への強い嗜好を前にして、最も手っ取り早い方法として多くのマレー人がとったのは、土地を担保にして借金し、現金を入手することであった。居住ゾーンの土地を無料で割譲された多くのマレー人は、割譲地を担保にしてチェッティヤールから借金を重ね、新たな経済システムに対応した。これは、村落部のマレー人にとっても同様であったが、村落部の場合は、後に述べるマレー土地留保制の網が掛けられたために、変化の波は押しとどめられ、留保制がとられなかった都市部では、活発なマレー・非マレー間の取引が継続した。この過程で、最初期にマレー人に与えられた居住地の多くは、幾たびもの売買、抵当を重ねながら、次第に中国人やインド人などの手に渡っていった。表4a、4b、4cと表5a、5b、5cは、こうしたコミュニティー間の一一〇年間の取引状況を売買と抵当にわけてまとめたものである。それらから、例えばマレー人は、七八万平米の土地を入手し六八万平米の土地を手放しているが、入手した土地のうち一四万平米は無料で割譲を受けたものであるから、結局差し引き四万平米の土地を売却したという状況が見て取れるのである。

表 4a, b, c　クアラ・カンサル居住ゾーンでのコミュニティー間土地取引（売買）

（件数）

売手＼買手	ヨーロッパ系	チェッティヤール	中国人	企業	インド人	インド人ムスリム	マレー人	宗教関係	政府	スルタン一族	不明	計
銀行												
ヨーロッパ系	1	2		1			2			4	1	11
チェッティヤール	1	14	13	1	33	3	11			1		77
中国人	1	4	304	10	15	7	28			3		372
企業			1	6	1							8
インド人		26	15	2	112		5	2		1		163
インド人ムスリム			17	1	3	10	19					50
マレー人		14	58	60	15	12	614		1	7		781
混合			1							1		2
宗教関係							1					1
政府							1			6		7
スルタン一族	1	7	35		4		4			75		126
不明	1				1							2
初期土地割当（政府）	1	5	4		1		45		1	8	1	66
計	6	72	448	81	185	32	730	2	2	106	2	1666

註：初期土地割当（政府）には，いったん割当てられた区画が何らかの理由で政府に返還され，再び割当てられたケースを含む．

（区画数）

売手＼買手	ヨーロッパ系	チェッティヤール	中国人	企業	インド人	インド人ムスリム	マレー人	宗教関係	政府	スルタン一族	不明	計
銀行												
ヨーロッパ系	1	2		1			1 1/5			4/5	1	7
チェッティヤール	1	11 17/30	9 11/15	1	14 7/18	3	10			18/67		50 23/24
中国人	1	3 1/2	133 13/55	9 1/2	8 15/16	3	9 1/35			2 18/77		170 41/94
企業			1	6	1							8
インド人		12	8 39/43	2	61 4/83		5	2		3/11		91 8/35
インド人ムスリム			4 25/49	1	3	6 35/47	1 16/81					16 19/42
マレー人		11 43/57	22 47/66	1 7/11	12 3/52	6 3/13	145 9/19		2/43	4 19/24		204 50/71
混合			35/47							1		1 35/47
宗教関係							1/9					1/9
政府							2/43			3/4		47/59
スルタン一族	1	1 2/5	31 1/4		1 5/8		2 3/4			28 20/93		66 19/79
不明	1				1							2
初期土地割当（政府）	1	3 1/2	3 1/2		1		36		1	6	1	53
計	6	45 57/79	215 22/37	22 10/73	104 2/35	18 40/41	210 21/26	2	1 2/43	44 1/3	2	672 37/55

註：初期土地割当（政府）には，いったん割当てられた区画が何らかの理由で政府に返還され，再び割当てられたケースを含む．

（面積）

売手＼買手	ヨーロッパ系	チェッティヤール	中国人	企業	インド人	インド人ムスリム	マレー人	宗教関係	政府	スルタン一族	不明	計
銀行												
ヨーロッパ系	8,215	5,447		8,215			19,090			18,926	8,337	68,230
チェッティヤール	2,145	29,744	34,572	22,120	47,094	8,110	38,493			317		182,596
中国人	14,358	36,948	190,427	22,425	40,416	10,781	33,305			6,544		355,204
企業			9,178	36,923	11,064							57,165
インド人		55,413	39,233	10,004	230,358		9,380	4,882		3,024		352,294
インド人ムスリム			14,789	3,047	5,058	21,170	3,220					47,284
マレー人		31,278	43,031	7,652	38,934	16,510	530,082		223	15,235		682,946
混合			2,376							13,929		16,305
宗教関係							97					97
政府							223			10,447		10,670
スルタン一族	8,337	4,793	12,855		8,052		6,222			171,997		212,257
不明	8,215				8,337							16,552
初期土地割当（政府）	3,302	8,733	109,034		20,453		142,855		4,349	78,419	8,215	375,361
計	44,572	172,356	455,497	110,387	409,765	56,571	782,967	4,882	4,572	318,840	16,552	2,376,961

（平米）

註：1．初期土地割当（政府）には，いったん割当てられた区画が何らかの理由で政府に返還され，再び割当てられたケースを含む．
2．全購入面積が全売却面積より大きいのは，土地がいったん別のコミュニティーの者（代理人など）に移動する場合があるため．

表5a, b, c　クアラ・カンサル居住ゾーンでのコミュニティー間土地取引（抵当）

（件数）

売主＼買手	銀　行	イギリス人	チェッティヤール	中国人	企　業	インド人	インド人ムスリム	マレー人	混　血	州	不　明	計
ヨーロッパ系			11								1	12
チェッティヤール	1		2			1						4
中国人	125		23	4		2		1		10		165
企　業	12											12
インド人	15	9	33	1		1			3	5	2	69
インド人ムスリム	2		2									4
マレー人	4		144	1	1	4	3	3		13		173
混　血												
宗教関係												
州												
スルタン一族			15							12		27
不　明										1		1
計	159	9	230	6	1	8	3	4	3	41	3	467

（区画数）

売主＼買手	銀　行	イギリス人	チェッティヤール	中国人	企　業	インド人	インド人ムスリム	マレー人	混　血	州	不　明	計
ヨーロッパ系			11								1	12
チェッティヤール	1/41		2			1						3 1/41
中国人	118 20/27		21	4		1/4		1		10		155
企　業	12											12
インド人	15	8 1/2	31	1		1			3	5	2	66 1/2
インド人ムスリム	1		2									3
マレー人	4		126 4/15	1/5	1	2 3/4	3	3		13		153 13/60
混　血												
宗教関係												
州												
スルタン一族			9 14/15							11 3/11		21 6/29
不　明										1		1
計	150 13/17	8 1/2	203 1/5	5 1/5	1	5	3	4	3	40 3/11	3	426 76/81

（面積）

売主＼買手	銀　行	イギリス人	チェッティヤール	中国人	企　業	インド人	インド人ムスリム	マレー人	混　血	州	不　明	計
ヨーロッパ系			36,324								8,337	44,661
チェッティヤール	315		2,703			11,954						14,973
中国人	73,736		380,700	72,180		639		1,874		2,483		531,612
企　業	75,207											75,207
インド人	41,527	59,671	314,695	2,096		32,213			6,434	3,564	64,426	524,627
インド人ムスリム	299		4,249									4,548
マレー人	12,100		517,364	4,732	282	10,922	4,022	3,132		87,919		640,474
混　血												
宗教関係												
州												
スルタン一族			101,049							166,363		267,413
不　明										8,337		8,337
計	203,184	59,671	1,357,085	79,008	282	55,729	4,022	5,005	6,434	268,667	72,762	2,111,850

（平米）

三　モザイク性のシンボルとしての都市

最後に、モザイク化の問題について若干の考察を加えておこう。

これまで、クアラ・カンサルというマレー半島の地方都市の、しかも土地・商店街取引という極めて限られた視点から、都市の形成と植民地統治およびコミュニティー相互の関わりなどについて見てきた。クアラ・カンサルのようなマレー人の伝統的支配地域であっても、都市には中国人やインド人をはじめとする様々なコミュニティーが外部から集まってきた状況が見てとれる。都市に生きるようになった彼らは、商取引や政府関係の仕事などの生業につき、その一部は、時の経過と共に土地を入手し、互いに近接して生活するようになった。この都市での生活空間の近接性は、しかしながら、結論から言うならば、モザイク性を解消するものではなかった。それは、以下のような事情による。

第一の、最も重要な理由は、植民地統治政策がコミュナルな志向性を決定的に持っていたことである。それは、簡潔に言うならば、村落と都市、農業と非農業、統治者と非統治者、エリートと非エリート、マレー人と非マレー人というような二分法を貫き、積み重ね、差異の恒常化を図るという志向性である。それは、土地制度においては、マレー保留地法に典型的に示された。マレー保留地法というのは、マレー人以外の者が、マレー保留地として政府が指定した領域内に土地を持つことを禁じた法律であり、一九一三年に施行された。ゴム・ブームによって土地の価値が急激に上昇し、マレー人がカンポンの土地を担保にして借金を重ね、その結果チェッティヤールをはじめとする非マレー人の手に多くの土地が移動していくという状況に直面して立法化されたものである。マレー人からの土地移動を抑止するという政策の背後には、植民地支配の根幹はマレー人の民生の安定にあり、彼らの生活の安定はそのまま植民地統治の安定とつながっているという植民地政府の明確な認識があった。

この法律の下で、その後次々と保留地が囲い込まれ、マレー人以外が土地を所有する空間が狭められていった。クアラ・カンサル周辺の村落地域も広くマレー保留地とされ、非マレー人が土地を入手できる空間は、クアラ・カ

都市のモザイク性を象徴するように，市街各所にコミュニティー毎の宗教施設が見られる．イスラームモスク（上），ヒンドゥー寺院境内のシャリオット（中），中国寺院の内部（下）．

ンサルの町の中へと限定された。つまり、クアラ・カンサルの町域居住者の複合性は、それ以外の地域の単一性・排他性の裏返しの現象として生じたものであり、あくまでコミュナルな二分法の中での複合性であった。

コミュナル政策の一貫性は、教育や官吏の登用政策にも示された。既に記したように、クアラ・カンサルのシンボルであるマレー・カレッジは、マレー人エリートの子弟を排他的に選別し、徹底したエリート教育を施す機関であった。そこを通過した子弟が目指すマラヤ高等行政官のポストには、マレー人が排他的に登用された。エリート教育機関と行政とが連携した一連のコミュナルな装置としてのマレー・カレッジが、町のシンボルとして空間の中心に据えられたのである。

地方都市の中にも、確かに複数のコミュニティーが接することのできる施設と機会が存在した。例えば、イスカンダル・クラブというクラブ組織がそうしたものの例である。しかし、既に述べたように、それは元々白人専用のイドリス・クラブに対して設置された現地人エリートのためのクラブであり、その影響は限られていただけではなく、あくまで白人とアジア人との二分法にもとづく装置であったことに留意する必要がある。スルタンの誕生祝いや、個々のコミュニティーが主宰する祭礼も、様々なコミュニティーが接しうる機会として存在し、事実多くの住民が参加したが、それらはまず時間的に限定されていただけでなく、主宰者と見物人という形の役割分担の上で成り立っていたものであり、モザイク性を打ち破る性質のものではなかった。

第二の要因は、都市の生活の空間的・時間的限定性という点である。外部から移動してきたコミュニティーにとっては、出稼ぎという時間的限定のゆえに、都市での近接した空間の中に永続的な地縁的つながりを育てようという意識が芽生えなかった。また、マレー人にとっても、出身村とのつながりの強さの故に、都市での生活はあくまで一時的なものであるという意識が長く続いた。独立後、隣組のような近隣互助組織を都市部で創ろうとした政府の試みがいっこうに成功しないことに示されるように、都市での地縁的関係は、現在に至るまで成立していない。

第三の要因は、各コミュニティーが歴史的に培ってきたノウハウの差が、モザイク化をいっそう推進したという点である。確かに、マレー半島に移動してきたインド人の大半は、プランテーションの単純労働者であったが、インド人移民の中には、インド亜大陸で広く商業や金融業に従事する者や、古くからインド洋交易に従事するインド人ムスリム（マリカンなど）が少なからず含まれていた。加えて、マレー半島に比較して一世紀は早くイギリス植民地支配を受け、その下でなされてきた英語教育により、専門職としての資格を身につけたエンジニアーをはじめとする中間階層も含まれていた。彼らは、ある意味で、植民地支配を早く受けたことによって得られた武器を携えてやって来たとも言える。

クアラ・カンサルの華人学校．特に 1970 年代以降，商業ゾーン，居住ゾーンいずれにおいても，マレー人と中国人の交代劇，すなわち都市部での中国人のプレゼンスの大きさという，モザイク化の現象が進んだ．

このことは、中国人についてもある程度あてはまるであろう。南中国諸港を結節点とした古くからの海上交易ネットワークの存在と東南アジア諸地域への中国人移民の進出は、長期にわたり、商取引や小商品生産へのノウハウを蓄積させていた。中国人エリートの存在は、クアラ・カンサルの商業区域に、出発時点で複数のかなり有力な商人が見られることからも窺い知れる。また、他の中国人にしても、たとえ錫鉱山のクーリーを出発点としていても、転身への志向と自信は常に潜在していた。マレー人の場合にも、一方には、奴隷制にみられる人身的支配と河川を主要手段とする商品流通への関税徴収にみられる経済的支配に基礎を置くエリート層と、他方には、未開のジャングルを縫う河川に沿って散在する家屋を住居とし、自給性の強い生活をおくる一般の住民が居た。前者が、イギリスの植民地支配の下で官僚へと志向したのも、こうした歴史的に蓄積されたノウハウの延長上にある動きである。植民地支配下で世界市場に直接結びつきながら展開するマレー半島世界は、こうしたノウハウを育んできた諸コミュニティーの生きる世界であり、そのモザイク性は、植民地支配のコミュナルな政策の下でさらに尖鋭化していった。本章で提示した地方都市形成の特徴は、こうしたモザイク性のシンボルとしての都市のあり方を逆に示すものであろう。

註

（1）Report on Larut for the year ending 31st December, 1874, From H. B. M. Assistant Resident of Perak, to the Hon'ble Colonial Secretary, Singapore: para. 21.
（2）James Low, Observations on Perak, the Journal of the Indian Archipelago and Eastern Asia, vol. 4, 1850: 502.
（3）Lim Heng Kow, The Evolution of the Urban System in Malaya, Penerbit Universiti Malaya, Kuala Lumpur, 1978: 65.
（4）Perak Government Gazette, 1891, cited in Lim Heng Kow, op. cit. : 43.
（5）Information Malaysia 1992–93 Yearbook, Berita Publishing Sdn. Bhd., 1992: 78.
（6）Isabella Bird, The Golden Chersonese, Singapore, Oxford University Press, 1990.
（7）F. Swettenham, British Malaya, George Allen and Unwin Ltd., London, 1906, revised edition in 1929: 118.
（8）Lim Heng Kow, op. cit. : 38.
（9）Perak Administration Report［以下 PAR］1902: 9.
（10）PAR 1901: 15.
（11）Isabella Bird, op. cit. : 320.
（12）J. M. Gullick, Rulers and Residents　Influence and Power in the Malay States 1870–1920, Oxford University Press, Singapore, 1992: 212–213.

(13) PAR 1897: 3.
(14) PAR 1898: 7.
(15) PAR 1905: 18; PAR 1907: 26; PAR 1912: 7.
(16) PAR 1909: 7.
(17) PAR 1898: 5.
(18) PAR 1918: 4.
(19) Lim Heng Kow, op. cit. : 67.
(20) F. Swettenham, op. cit. : 238–239.

第Ⅲ部　地域性の形成

第6章

空間の履歴

——サラワク南西部国境地帯における国家領域の生成

石川 登

一　空間の弁証法

M・フーコーが、空間の死について語ってから、すでに二〇年近くたつ。「時間は、つねに豊かで多産であり、生命をもち、弁証法的なものとされてきたのに対して、空間は、あたかも死んだもの、固定して非弁証法的なもの、動きようのないものとして扱われてきた」(Foucault 1980: 70) のが、彼の不満であった。カント、ヘーゲル、そしてマルクスらのさまざまな弁証法的思想のもとで、時間は矛盾を含みながら生き生きと変化するものとして語られ (Williams 1976: 106–108)、近年でも、「事件」や「変動局面」、そして「構造」など大小さまざまな刻点によって区切られたり延ばされたりしながら、社会の動態を語る大切なレファレンスとされてきた (ブローデル 1991–95)[1]。

これに対して、空間は歴史動態の背景画として静止したものとして扱われ、社会変化にかかわる重要な因子としての地位を失ってしまった。一九世紀中期から二〇世紀中期までの一世紀のあいだに確立された空間に対する時間のヘゲモニーは、私たちの社会の読み方を大きく規定してきたといってよい (Soja 1989)[2]。地域の構造的理解に努めても、プロセスの考察を欠いた地域の考察は、死に体の空間をさらに非弁証法的な静物にするものでしかない。本章では、フーコーの言葉を借りれば、「死んだもの、固定したもの、非弁証法的なもの、動きようのないもの」として扱われてきた社会空間の一つである近代の国家領域を考察の対象とし、空間をプロセスのなかで考える作業を進めたい。その存在証明が、まさに「国境」という制度的境界に依存することから、国家領域は数ある共同体の空間のなかでも、もっとも固定したものとして扱われてきたといってよいだろう。これにあえて焦点をあて、従来の固定的な構造論を切りくずすことが以下の議論のねらいとなる。具体的には、東南アジア島嶼部の小王国サラワクの領域生成の動態に注目し、一八四一年から二〇世紀初頭における国家と社会の関係のなかに顕在する空間の履歴を検討していきたい[3]。

二　国家の境界と領域

近代国家の領域形成は、静的な構造論もしくは形態論を中心に論じられてきた。近代国家は、それ以前の政体といかなる点で異なるか――このような問題設定を中心に行われてきた領域形成に関する考察を本論の出発点にしたい。従来の政治地理学においては、通常、「辺境」(frontier) と「境界」(boundary) は区別され、近代国家は、前者ではなく後者をもって規定されてきた。すなわち、不明確 (fuzzy / unbound) なゾーンではなく、直線的 (linear) な境界によって括られることが、近代国家の成立に必要不可欠な要件とされた。

たとえば、B・アンダーソンは、基本的に上記の視点にそいながら、明確な領土をもった近代の国民国家に先行する政体として、宗教共同体と王国という二つの「文化システム」に注目した (アンダーソン 1997)。宗教共同体 (たとえば、イスラーム共同体、キリスト教世界、仏教世界など) は、国家や領地の枠組みを越えて存在する。「異教徒の暮らす空間も本来的には、この聖なる文化に帰依すべき領域であり、たまたま未だそれに帰依していない『化外

（けがい）』の民がその土地に暮らしているにすぎない。この意味で、世界宗教の宗教共同体は、『普遍』なのであり、それゆえ世界は無限の拡がりをもっている」（若林 1995: 163）。これに対して、王国は「『すべてを高き中心のまわり』に、つまり王という特権的な身体の近傍であることによって組織される。この近傍性は、地理的な近傍性である場合もあれば、血縁的な近傍性や忠誠関係における近傍性の場合もある。いずれにせよ重要なことは、国家がその中心（＝王）によって定義される世界においては、『境界はすけすけで不明瞭であり、主権は周辺にいくほどあせていって境界領域では相互に浸透しあっていた』」（若林 1995: 163–164）。

これらの「文化システム」に対して、近代国家は、明確なテリトリーをもつ政体であり、これを規定する国境は、「隣接する国家の領土の接触するところにあり、主権の限界を決め、そのなかにふくまれる政治的地域の空間的かたちを定義する特別の意義をもつ。［中略］境界は［中略］国家主権のあいだの垂直的な接触面が地表と交差するところに成立する。［中略］垂直的な接触面として、境界は水平的な広さをもたない」（Muir 1975: 119、アンダーソン 1997: 286 より重引）。

ここで注意したいのは、これらの「辺境」と「境界」という別個の構成原理によって性格付けられる二つの政体類型には、往々にして進化論的な視点が付与されており、通常、圏的（zonal）な辺境と直線的（linear）な境界は、一対の段階的連続性をもっているとされることである。たとえば、「辺境」から「境界」への変化は、西ヨーロッパにおいては、封建制社会から近代国家への移行を特徴付けるものとして議論されてきた（Sahlins 1989: 4）。

しかしながら、この政体の領域的進化主義は、近年の歴史的研究によって修正を迫られるようになる。特に注目されるのは、前近代的な地体（geo-body）は、近代国家の成立後も残存するという、従来の領域論に対するアンチテーゼの出現である。たとえば、ピレネー山地社会を対象としたP・サーリンズの精緻な検証が明らかにしたのは、フランス／スペイン国境地帯では、圏的な辺境が、近代国家のもとでの直線的な境界設定後も存在し続けたということであり、そこでは、従来の社会進化論的なパラダイムに対する疑義が提出されている（Sahlins 1989）。

近代国家の成立に必須な国境設定は、従来無主の土地であったところに、しばしば暴力的な性急さをもって複数の国家が行う線引きであり、国境の成立が、伝統的な社会編成を瞬時に変化させるわけではない。ことに近代国家が植民地国家である場合、従前のぼやけたゾーンとしての支配圏が重なり合うような政体のあり方が新しい植民地的政体と共存したことは、西ヨーロッパ諸国が間接統治の名のもとで、伝統的な政治システムを温存しながら植民地管理を進めたことからも理解できる。

「辺境」と「境界」という異種の空間の概念化にもとづいた領域生成についての議論は、すでに明らかなように、最終的には構造論や形態論にとどまってしまう。近代国家の生成にあたって発生する「領域」のもつ意味の変容、すなわち国家と社会のあいだで行われる「領域」に関するキャッチボールのプロセスや新システムにおける旧システムの残存とその変化の動態は、一系的な移行論では見えてこない。

三　ボルネオの伝統的政体と近代国家

先に論じたような辺境、もしくは曖昧な帯域にくるまれた政体は、近代以前のヨーロッパのみならず植民地化以前の東南アジアにも広く存在した。すなわち、近代国家以前の政体のプロトタイプとしての「マンダラ（mandala）」

である（cf. Heine-Geldern 1956、Wolters 1982、関本 1987、土屋 1988、白石 1999）。自生的政治システムとしてのマンダラ型政体は、その領域形成について以下のような性格をもつ。英明なる人間（men of prowess）のカリスマ的な力に立脚した政体の支配領域は、その力の拡大と縮小によって伸縮し、その源から離れるにつれて光が暗くなるように、その外縁部は徐々に不鮮明になっていく。このような支配領域は、中心からの力の放射にもとづいた圏的な広がりであり、近代国家としての植民地国家が明確な境界を領域生成の根本とするのとは異なる。

本章の考察対象であるボルネオにおいても、近代国家としての植民地が成立する前は、S・タンバイアが「銀河系政体」（Tambiah 1976）と称したように、ブルネイ、サンバス、クタイ、バンジャールなどのスルタン王国を数多くの土候がとりまき、マンダラ政体に特徴的な領域形成がみられた。これらイスラーム的文化システムの干渉し合う最周縁部は、まさに銀河系の縁のような帯域であり、英明なるスルタンの力が重なり合い、浸透し合う空間であった。

このようなボルネオのぼやけた地体に近代国家が介入し、領土の分割を行ったのが一八二四年の英蘭条約である。この結果、シンガポールの南をオランダが、その北をイギリスが領有することで合意する。しかしながら、この「シンガポールの南と北」での分割という曖昧な条約事項は、スマトラ島については、オランダ側の領有権の承認ということで後に落ち着くが[4]、ボルネオ島の境界設定となると問題を残す。当時は、やっかいな問題を避けるために、英蘭両政府がボルネオの具体的な分割をみあわせ、島の中央部をつらぬく山地帯を大まかな境界としたのみで実際の領域確定は行われなかった（図1参照）。

以下で考察していくボルネオ島西部は、二重の意味で緩衝地帯であったといえる。すなわち、この地域は、一八二四年の英蘭条約によって生じた領域的緩衝域であると同時に、境界をもたない伝統的政体としてのブルネイ・スルタンとサンバス・スルタンによる緩やかなの圏的支配の狭間として従来から存在してきたのである。

このような社会空間に、突然、自らをラジャ（王／支配者）と称して王国をうちたてたのが、ジェームス・ブルックという英国人青年であった。マンダラ国家／銀河系政体などの「文化システム」と植民地国家、辺境と境界、英明なる王と植民地行政機構――これらのあいだの位相が錯綜し、従来の構造論的な二分法では説明しきれないマージナルな植民地王国としてのサラワクが、ここに形成されることになる。

図1　ボルネオ周辺図

四　英蘭条約の落とし子——疑似マンダラとしてのサラワク王国

一八四一年から一〇〇年にわたり、ボルネオ西部の「シンガポールの南と北」にまたがる政治的緩衝地帯にブルック一族によって建設されたのがサラワク王国（現東マレーシア、サラワク州）である。親の遺産を手にした元東インド会社官吏のジェームス・ブルックは、シンガポールからニューギニアにいたる領域でのイギリス支配権の確立を願う若き覇権主義者であった。彼がブルネイ・スルタンとイスラーム土候たちの内戦が激化していたサラワク（現在のクチン周辺部）に寄港したのが一八三九年である。当時のブルネイ・スルタンにとり、地元のマレー人土候の反乱を押さえるためならば、さいはての地サラワクを、この白人冒険家に割譲することは、当時のサンバス・スルタンへのオランダ政府の接触を考えても、政治的損失ではなかった。かくてボルネオの辺境であったサラワクは一八四一年にジェームス・ブルックの王国となる。この王国は当初、植民地としての承認を欧米列強諸国から受けることもあたわず、スルタンによる象徴的主権の譲渡のみを国体成立の証としていた。それは、従来ボルネオに散在したイスラーム土候たちの伝統的政体を越えるものではなく、その領域の外縁も明確な境界を欠いていた。

本論は、このようなサラワク王国が、上でみた「マンダラ」ないし「銀河系政体」に近似した性格をながく温存していたという視点にたつものである。しかしながら、サラワク王国が近代国家としての植民地政体ではなかったという指摘だけでは、従来のサラワク歴史研究を支配してきた懐古的オリエンタリズムの上塗りでしかない。重要なのは、このような前近代的国家がいかに植民地として変質し、のちのイギリス統治(一九四六―一九六三)を準備するような近代国家に転成していったか、その過程の検討である。

西洋近代国家は、常に社会に対して外在的で異質なものであるという考えにとらわれると、私たちは歴史や地域に固有にあらわれる国家の形をしばしば見失うことになる。新種の政治経済的権力が持ち込まれるにあたっては、在地社会にすでに埋めこまれた自生的なシステムの姿を借りることは珍しいことではない。過去にも多くの植民地体制が国家として在地に根をはる際、近代国家とは分別される「伝統的政体」ないし「文化システム」を手本とした。「ポルトガル人のマラッカ港湾国家も、また蘭領東インド会社も、当時の東南アジアにおける国家のありかたをいわば模倣し、適応をとげたのであった。リックレフスの一八世紀ジャワ国家の歴史的研究によれば、当時のジャワの君主たちは、オランダ東インド会社を、自分たちとならぶ同じような君主のひとつとみなしていたという。君主たちとその国家が、諸社会にとっては異質で外在的だったのであり、西洋人が異質だったのではない」(関本 1986: 37)。

建国当時のサラワク王国も同様で、スルタン、小土候、イスラーム商人(nakoda)、ダヤックの有力者(orang kaya)、そして華人の経済結社(kongsi)の頭目などからみれば、新興の土候の一つでしかなかった。特に初代ジェームス・ブルックの治世(一八四一―一八七一)には、イスラーム土候の懐柔やイバンなどの敵対勢力の討伐に自ら参加するラジャの力の本質は、その勇敢さと機知にあった。マレー世界で王の権勢の象徴である黄色いパラソルを侍従に掲げさせ、自身のアスタナ(宮殿)で臣民の聴聞を毎朝行うラジャは、まさに自己を「英明なる王」に擬するものであったと考えられる。

白人ラジャは、イギリスやオランダの植民地官吏と異なり、本国政府の利益と安寧を支配地のそれに優先させるという絶対的使命を当初からもっていなかった。この点は、王国の財政運営や組織化、そして国家の領域化における見事なまでの制度的不徹底もしくは不首尾を理解するうえで重要である。

財政面をみると、サラワク王国は、最初から国家として破産していた。西洋の商業資本の介入を恐れたことに加え、一族の自己権益を守る必要から、ラジャは大規模プランテーション農園の導入や鉱物資源の開発を許可しなかった。商品作物や鉱産物の輸出税を国家収入にするという植民地国家の常道を拒否した王国は、鉄木、グッタ・ペルカ、ジュルトン、ダマール、イリペ・ナッツなどの森林産物への課税と人頭税、そして華人コミュニティへの阿片の卸売り収入を国家財政の基盤とするが、国家財政は恒常的な赤字状態にあった。(5) この赤字は、ラジャが相続した遺産やイギリスのパトロンからの度重なる借金で補塡された。

サラワク王国の生態基盤は、人口密度のきわめて低い熱帯雨林であり、水利事業にもとづいた東洋的専制主義的な食料増産や労働力動員は望むべくもなかった。さりとて港市国家や交易国家のように、君主を中心とした商人国家となりえるほどの物流が収束することもなかった。このような王国では、砦を中心に行政官を配し、河川と港を流通する森林産物に対する関税と人頭税を課しても、その徴収能力はきわめて貧弱なものでしかなかった。

他の東南アジアの王権と同様に、権力の移譲は血縁原理にもとづき、王国は三代にわたりブルック一族の血をひく者によって統治された。王国の組織原理は、ラジャと臣下の二者的関係に依拠し、ごく少数の白人官吏がラジャに仕えた。一八四二年の時点で、サラワク政府は、わずか四人の白人行政官と二人のマレー人官吏(Native Officer)から構成されていた。一八八四年においても、白人行政官三〇人とマレー人官吏一五人前後からなる小さな政府であり、今世紀初頭にようやく五〇人弱の白人行政官が雇われている(Naimah 1999)。お雇い英国人およびマレー人官吏は、東南アジアに伝統的にみられる不安定なとりまき(entourage)で、個人的忠誠と給与の交換がラジャとのあいだの紐帯原理であり、ポストの補充で組織が自律的に存続するような植民地的官僚機構とはほど遠いものであった。ラジャは、他の植民地提督のように代替え可能な官吏の長ではなく、司法、軍事、経済政策のすべての決定がラジャ個人に委ねられていた。

ちょうど一八世紀のジャワの君主たちが、蘭領東インド会社を、自分たちと同じような君主として見なしていたのと同様に、軍事力、財政基盤、そして官僚組織を欠いた初代ラジャのもとでのサラワク王国は、従来のボルネオにおけるスルタン政体の狭間ないし「文化システム」の最辺境にうちたてられた新興土候の域を決して出ていなかった(6)。しかしながら、サラワク王国の変容は、白人であり、イギリス人であり、キリスト教徒であるラジャを、近隣の植民地政府が、在地の弱小土候と見なしてくれなかったことから始まるといってよい。

五　国家の場と実効的支配

以下では、サラワクが「王国」から「植民地」に変容していく過程を、その領域形成の過程、すなわち領域生成にかかわる国家の実効的支配の検討をとおして考えていきたい。

近代国家の領域が社会のなかで内在化されるプロセスに関しては、B・アンダーソンとトンチャイ・ウィニッチャクーンによる地図についての考察が示唆に富んでいる。地図が中立的・普遍的なものでなく、地図の作成自体が、特定社会の歴史段階や文化に固有の行為であること、そして、その理解のためには、地図研究を広義の歴史研究の枠組みのなかに位置付ける必要があることが指摘されるようになって久しい。このような取り組みは、とりわけ地図の出現が近代国家の生成に密接に関与する場合、きわめて生産的な議論につながる可能性をもつ。アンダーソンは、「地図」を「人口調査」と「博物館」とともに、国家の想像（imaginings）のための重要な文法として位置付けている。すなわち、人口調査は、被支配者を確定し、数量化による租税台帳や徴募台帳の作成を可能にする。博物館は、国家の系譜の正当性を明確にするための民族的歴史の馴化に貢献してきた。そして地図は、地理学の成立と地理教育の普及とあいまって、政治的空間の最終的なロゴ・マークとして近代国民国家の空間認知の礎となった（アンダーソン 1997）。

近代地理学の成立および近代国家の地体（geo-body）の大量複製としての地図の出現が、いかに国民のあいだで国家の「場」を内在化させることに成功したか——この問いは、アンダーソン自身が『想像の共同体』の旧版で論じたナショナリティに関するテーゼを地図をとおして浮き彫りにするものである。アンダーソンは、インドネシアという国家生成における「サバンからメラウケに至る」「新しい巡礼圏」の確立とその旅への国民の動員を論じ、国民が生まれた場所を離れて中央の学校や都にでかけ、共通の言葉を話し、共通の国家を想像し合う多くの人々と出会いながら、自身のナショナリティを内在化させていく過程を検討した。人口調査によって範疇化されたこれらの人々、たとえば、「マレー人」や「ブギス人」、「ジャワ人」などが「政治的目的のためにどこで終わるものか、領土的に限定することで、断乎として分解」（アンダーソン 1997: 288）されるためには、幾何学的格子（ジオメトリカル・グリッド）に区切られた地図上の国境が必要であったわけである

地図は、まさに国家が支配する空間のテキスト化に他ならない。地図が意味をもつためには、テキストを読みとることのできる国民、つまり文字なり地図なりの識字能力を備えたマスの形成が前提となる。たとえばトンチャイ

は、国家領域の生成に関する広義のコミュニケーション論ともいえる著書、*Siam Mapped: A History of the Geo-Body of a Nation* (Thongchai 1994) のなかで、実際の測量技術の発展に加えて、資本主義の浸透にともなう印刷媒介の拡大のもとで「プリント・ナショナリズム」へのアクセスをもった近代国家の識字層の形成を取り上げている。

アンダーソンやトンチャイの地図に関する議論では、制度的な意味での国家領域の生成ではなく、実際には、国家領域なるものに感応し、これを想像する主体としての国民の統合論が展開されている。(7) 以下では、これらの国家統合に関する文化論的アプローチから離れ、国境地帯という現場から得られる歴史資料を援用しつつ、空間管理にかかわる国家の実効的支配の諸相を検討する。(8) 具体的な作業としては、蘭領西ボルネオのサンバス地区との国境に隣接するサラワク南西部ルンドゥ地区を、一九世紀後半から今世紀初頭にかけての歴史のなかに位置付けながら、国家の最周縁部から見えてくる領域生成の過程を明らかにしていきたい。

六　国境の内在化、人と商品の帰化

図2は、サラワク王国の領土的伸長を示している。一八四〇年代には、クチンの周辺に限られていたサラワクは、軍事的および商業的要衝における砦の設置をとおして、その版図を拡大していった。しかしながら実際は、土地の国有が法制化された一八七〇年代以前には、国家に固有の領域は存在せず、その司法権が適応される範囲も確定されていなかった。サラワク王国の領土的拡大の唯一の根拠は、クチンの本庁と蛸足的につながれた砦と、そこに駐

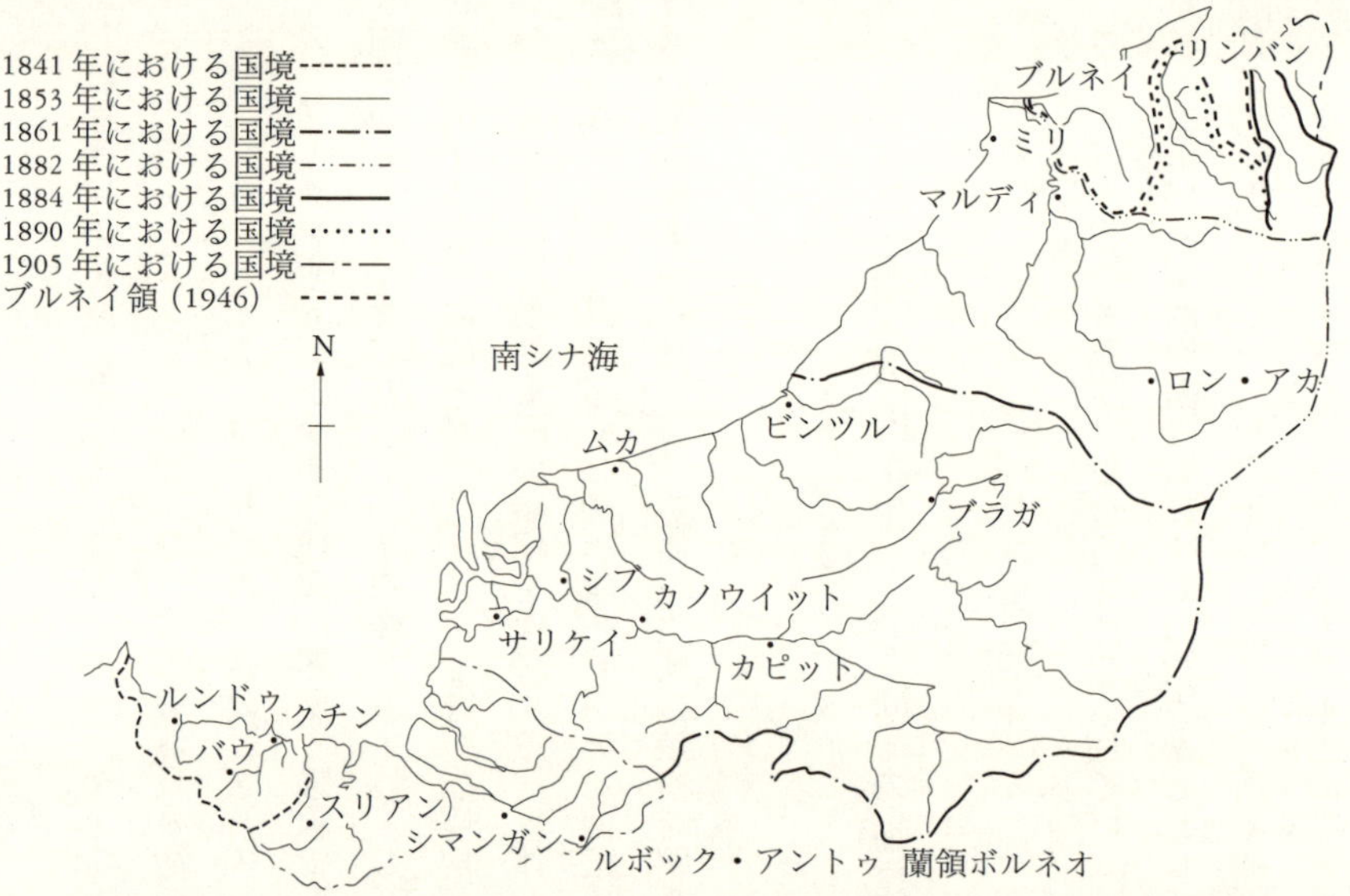

図 2　サラワク王国の領土的拡大

出典　D. Chew, *Chinese Pioneers on the Sarawak Frontier* 1841–1941

在する白人行政官の存在でしかなかった。ラジャの力の象徴としての砦の連鎖は、まさに点の集積であり、面的な広がり、すなわち領域的な実体性は付与されていなかった。

さきに述べたように、一八二四年の英蘭条約は、「シンガポールの南と北」という地図上の緯度による分割を意図したものだった。しかし、ボルネオ島に関しては、実際の領域確定は行われず、その中央部をつらぬく山地帯が境界とされた。つまり、サラワク南西部は、ブルネイ・スルタンとサンバス・スルタンによる圏的支配の狭間であるのに加え、英蘭条約のもとでも、植民地支配における緩衝地帯となったのである。

蘭領サンバス地区と接するルンドゥ地区（Lundu District）は、クチンに隣接した行政区としてラジャ・ブルックに直接統治され、サラワク植民地支配の歴史のなかでは最も古い行政単位の一つである。この行政地区は、沿岸部のダトゥ岬から内陸部のラヤ山

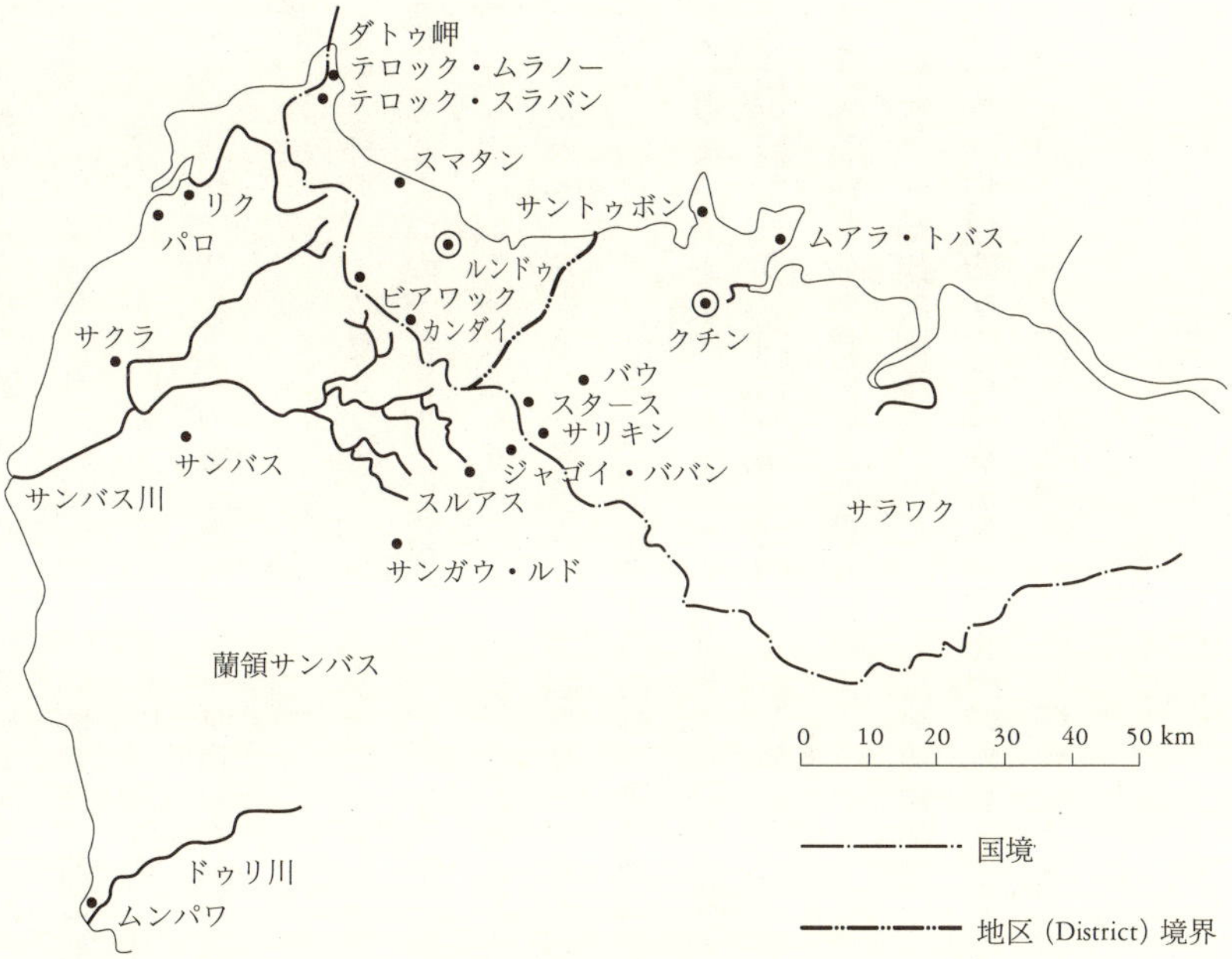

図3　ルンドゥ地区周辺図

にまたがる分水嶺によって区切られ、南シナ海と蘭領西ボルネオ領（現インドネシア共和国、西カリマンタン州）にはさまれている（図3参照）。領内最大の河川ルンドゥ川の河口には、砦を配した庁舎があり、植民地行政に関する事務が執行された。民族的には、マレー、華人、およびジャゴイ、ララ、スラコウ、スブヤウなどのダヤックから構成されていた。

イバンをはじめとする反政府勢力の活発な他の地域にくらべ、ルンドゥ地区は少数の華人と恭順な陸ダヤック、そして体制派のマレー人から構成され、若い白人行政官が内陸部の砦に赴任する前に経験をつむ研修の場とされていた。ルンドゥ川の交通の拠点に設置された砦には、わずか一名づつの白人行政官とマレー人官吏が駐在するのみで、彼らには行政的決定権は与えられず、日常の些末な審議事項まで直接ラジャの決断に委ねられていた。

図4が示すように、蘭領サンバスとサラワク南西部の国境は、アピ山を最高峰として緩やかにダトゥ岬につらなる稜線をもって分けられていた。サラワク領では、国境部からルンドゥ川、トゥバ川、スリキン川が下流に延び、サンバス領では、サンバス川、ランダック川、スパラン川が平野部に向かって流れ込んでいる。ブルネイ・スルタンとサンバス・スルタンの支配圏の境は、測量の対象とされず、分水嶺のみがぼやけた境界として認識されていたわけである。

このようなフロンティアが、国家の境界として画定されていく歴史的過程は、まさに国境の内在化と人と商品の帰化という二つの「自然化」の過程でもあった。この自然化（naturalization）という言葉は、サラワク南西部における国家領域の生成を考えるうえで、一つの鍵概念となる。これを「何ものかが、かつては存在しなかったにもかかわらず、あたかも昔から存在するように想起される状態」と考えれば、ルンドゥ地区の国境地域で一九世紀後半から進行したのは、ヒトとモノの帰化による内なる国境の自然化に他ならない。「帰化」とふつう翻訳される国籍の変更が、naturalization と表現されることを考えても、人々と商品が naturalize することは基本的には同一の現象と了解することは可能だろう。国家の場が常態となるためには、まず国境の内在化が必要であり、この過程で、移動を本質とする人々と商品の国籍の確定が進んでいく。

サラワクが植民地国家として形をなしていく過程は、この小王国が一つの社会経済的単位として閉じていく過程であった。物理的な国境の線引きが、実際には意味をもたない第一次熱帯雨林に覆われた国境部において、国家という本質的には外在的な政治権力の空間的境界が事実上の効力をもつのは、それが人と商品の移動を規制する時に他ならない。

表1は、一八七一年から一九三〇年代にかけて『サラワク官報』(Sarawak Gazette) に掲載されたルンドゥ地区の国

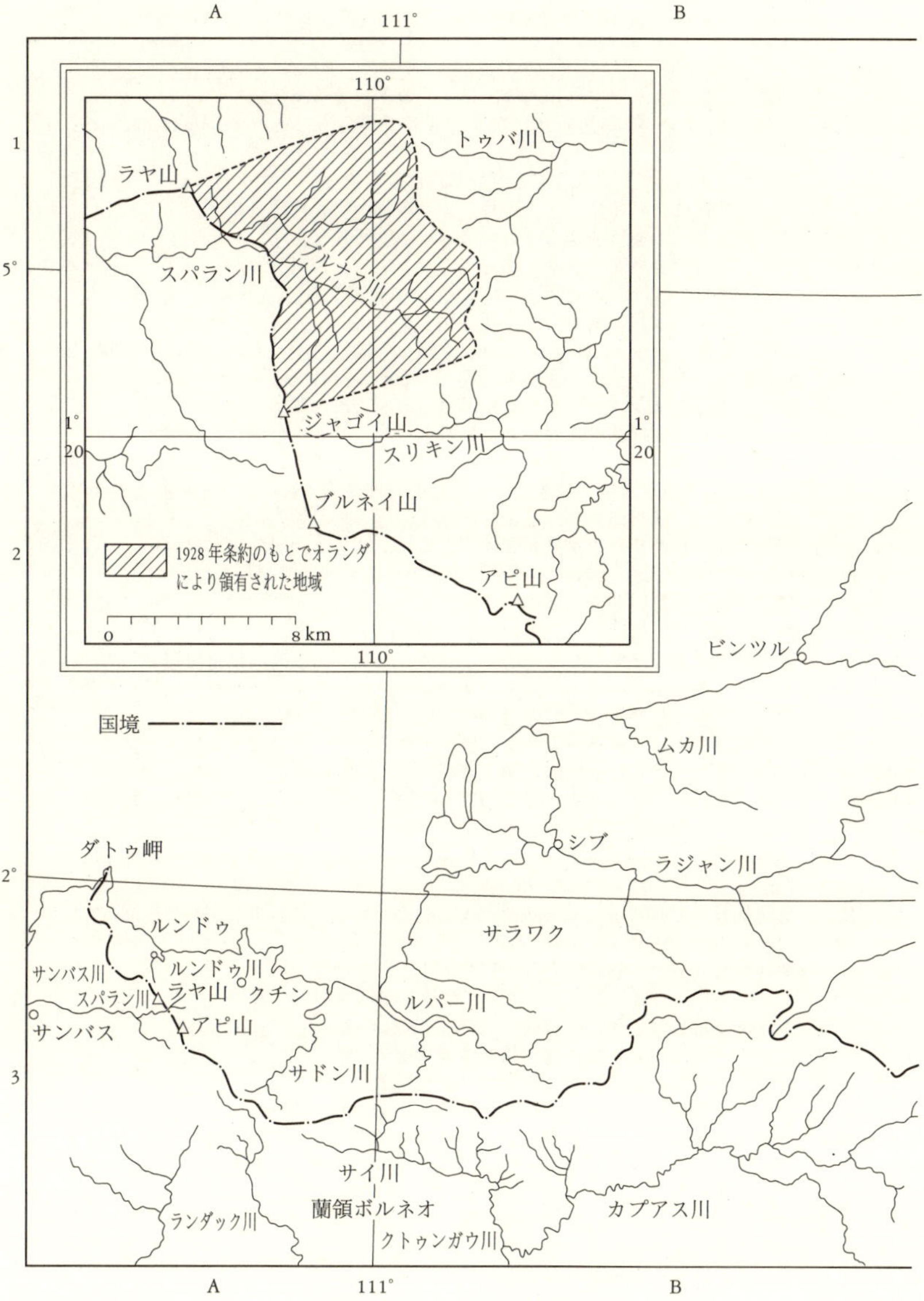

図４　サラワク南西部国境地帯

表1　ルンドゥ地区国境関係の政府通達および関連報告（1871-1937）

年	月/日	
1871	5/12	婚姻法：他国者サラワク領内重婚禁止，妻子扶養義務化
1874	7/24	サラワク/サンバス国境画定に関する政府委員会（committee of administration）開催
1874	5/11	サラワク/サンバス国境地帯で焼畑耕作に従事するジャゴイ・ダヤックの処罰
1876	6/5	サンバス領におけるサラワク臣民による森林産物収穫禁止
1876	6/27	サンバス領への通行に際してのパスポート携帯義務化
1876	6/27	サンバス領の森林産物収穫に際して，サンバス・スルタンからの許可取得とパスポートの携帯義務，森林産物への10%納税義務化通告
1878	8/31	野生ゴム，サゴ粉に対する輸出税課税
1879	3/4	蘭領の犯罪者ハジ・バカーのサラワク領への逃亡に関する政府委員会開催
1879	3/4	蘭領におけるサラワク臣民襲撃に関する政府委員会開催
1883	9/27	蘭領におけるサラワク臣民殺害に関する政府委員会開催
1883	12/8	ガンビールおよび胡椒に対する輸出税課税
1884	8/1	国境地帯のジャゴイ・ダヤックへのサンバス・スルタンの徴税要求に関する報告
1884	7/22	サラワク/サンバス国境線設定についての蘭印政府提案に関する政府委員会開催
1885	5/1	パスポート不携帯の華商の蘭領での逮捕についての報告
1887	12/20	蘭領に逃亡したサラワク犯罪者の引き渡しに関する政府間協定決定
1890	10/10	サンバス領（パロ）におけるサラワク臣民による森林産物収穫禁止
1891	2/5	蘭領に逃亡した犯罪人追尾の手続きに関する通告
1891	3/2	蘭領に逃亡した犯罪人追尾の手続きに関する通告
1891	12/31	蘭領に逃亡したサラワク犯罪者の引き渡しに関する政府間協定決定
1891	4/1	サンバス領で蘭印政府当局により逮捕されたサラワクのクーリーに関する報告
1892	1/2	蘭領に逃亡したサラワク犯罪者の引き渡しに関する政府間協定決定
1892	3/3	ブダウンにおける天然痘発生に起因する住民のサンバス領への移住に関する報告
1882	3/17	蘭領に逃亡した犯罪人収監に関する報告
1893	1/3	サンバス・スルタンよりの許可証を携帯しサラワク領に移住を希望するサンバス・マレーの処遇に関する報告
1893	2/1	ラジャの許可を得てスラバン湾に移住した蘭領スラサン島民に関する報告
1893	12/1	逃散クーリーの国境での逮捕報告
1893	10/2	塩密輸およびパスポート不所持により蘭領サンバス地区ムンパワで逮捕されたサラワク・マレー商人に関する報告
1893	6/1	海洋貿易商および船長の登録義務化通告
1893	3/1	8人のサンバス華人のサムンサンにおける逮捕報告
1893	10/2	ルンドゥにおける不法胡椒売買者逮捕報告
1893	9/1	スマタンにおける木材伐採に対する課税通告
1893	10/2	スマタンにおける木材伐採に対する課税通告
1893	4/2	サンバス領民による木材伐採および船舶建造に対する課税通告
1893	2/1	サンバス領民による木材伐採および船舶建造に対する課税通告
1893	10/2	蘭領サンバス地区スムドゥンより移住したマレー人50家族のスマタン定住に関する報告
1894	4/2	パスポート不携帯者の国境越境監視についてダヤック村民への協力要請
1894	1/2	労働契約下のクーリーおよび犯罪者の越境逃散防止のため、サンバス領への通行に際しての許可証携帯義務化通告
1894	4/2	逃散華人クーリーの捜査および逮捕に関する報告
1894	3/1	ダトゥ岬付近の洞窟におけるサンバス領のダヤックによる燕の巣の収穫に関する報告
1894	4/2	ルンドゥにおいて不法胡椒売買を行った華人の逮捕に関する報告
1894	3/1	サンバス領民による木材伐採および船舶建造に対する課税通告

1894	5/1	マスケット銃[9] の密貿易を行ったダヤックの逮捕および 3 か月の入獄に関する報告
1894	11/1	疫病の沈静後，サンバス領パロよりサラワク領に戻る移民の増加に関する報告
1895	9/20	逃散ジャワ人クーリー逮捕に関する政府委員会開催
1895	10/1	蘭印政府サンバス地区副長官によるジャワ人クーリー逮捕協力要請
1895	1/2	サンバスに戻り 11ヶ月間妻子の扶養を怠ったサンバス・マレー人の妻（ルンドゥ在住）の離婚申請許可
1895	8/1	ルンドゥの商人の使用する秤の精度管理に関する報告
1895	8/1	サンバス・マレー人によるマスケット銃の密貿易取り締まりに関する報告
1895	8/1	スマタンにおける森林伐採申請の許可通知
1895	8/1	マレーおよびダヤック住民に対する予防接種の開始
1895	9/2	サンバスにおけるコレラ発生，これによるスマタン港への外国船の寄港禁止通告
1896	1/2	サンバス・マレー人によるマスケット銃密貿易，商人逮捕と猟銃接収に関する報告
1896	8/1	サンバス・マレー人によるサラワク領内での重婚者の逮捕に関する報告
1899	8/1	国境近隣のプリンサとテロック・ムラノー間の沿岸部での疫病発生に関する報告
1900	6/1	サンバス領への通行に際してのパスポート携帯義務化通告
1900	6/8	サンバス領への通行に際してのパスポート携帯義務化通告
1900	7/2	サンバス領への通行に際してのパスポート携帯義務化通告
1900	8/1	帰化申請手続き告知
1900	6/1	逃散マレー人のサンバス領内での逮捕と収監に関する報告
1900	8/1	輸出税算出のためのシンガポール向け材木計測に関する報告
1900	9/1	税関管理のためのルンドゥ河口における商品積載船の監視についての報告
1912	2/1	サンバス臣民によるサラワク領内でのエンカバン収穫に関しての報告
1912	8/1	サラワク産プラチャンに対する蘭印政府による輸入税課税，これに起因するスマタンでのプラチャン売り上げの減少に関する報告
1914	6/1	サンバス移民と地元ダヤックのあいだの土地紛争（村落境界）に関する報告
1917	9/1	ルンドゥにおけるサンバス・ダヤックの重婚およびサンバスにおけるルンドゥ・ダヤックの重婚に関する報告
1924	4/2	森林法違反者への罰金措置についての報告
1926	9/1	国境線画定のためのプエ-ダトゥ岬間の実地検分報告
1930	3/1	ルンドゥ，スマタンおよびスンパディにおける阿片の売り上げ報告
1932	1/2	蘭領からのタバコの密貿易により逮捕された華商に関する報告
1932	2/1	国境越境犯罪人の追跡捕獲失敗に関する報告
1932	6/1	国境部における華人住民の監視のための電報機器と人員の配置に関する建議
1932	8/1	蘭領における天然痘発生による国境通過許可証受給禁止および交通遮断通告
1934	5/1	木材商品化徹底と国境部における保護林の拡大に関する報告
1935	12/2	国境部のジャゴイ・ダヤックの越境焼畑耕作および耕作地不足の現状に関する報告
1935	4/1	国境部におけるジャゴイ・ダヤックに対する人頭税課税指示
1935	6/1	越境犯罪人追跡を怠った現地人官吏の処罰に関する報告
1936	2/1	テロック・スラバンにおけるゴムおよびタバコの密貿易に関する報告
1936	8/1	ムアラ・トゥバス，ダトゥ岬間のゴム密貿易に関する報告
1936	5/1	ゴム密貿易を行った蘭領マレー人逮捕（罰金 500 ドル）に関する報告
1937	4/1	国境部におけるジャゴイ・ダヤックの越境焼畑耕作に関する報告
1937	5/1	国境部のジャゴイ・ダヤックに対する人頭税課税指示

（出典：Sarawak Gazette 1871–1937）

境関係の政府通達および関連報告の一部をまとめたものである[10]。その内容は「結婚登録義務化」「他国者重婚禁止」「妻子扶養義務化」「森林産物への課税」「農作物への課税」「密貿易取り締まり」「国境警備」「パスポート携帯義務化」「阿片管理」「国境越境焼畑耕作の禁止」「人頭税納付義務」「耕作地登記義務」「越境犯罪人逮捕」「逃散クーリー逮捕」「度量衡管理」「コレラ・天然痘発生時の国境通行禁止」「帰化申請」など多岐にわたっている。

上記の通達や禁止事項からは、基本的には三つの支配の文法を読みとることができる。すなわち、これら国家空間の生成に関与する制度的な支配の網の目は、労働力としての人々の囲い込み、これに付随した人々の国家帰属にかかわるアイデンティティの操作、そして課税対象としての商品の国境を越える空間移動の規制という三点に収斂している。たとえば、「パスポート携帯義務化」「越境犯罪人逮捕」「逃散クーリー逮捕」「コレラ・天然痘発生時の国境通行禁止」「阿片管理」「国境越境焼畑耕作の禁止」「人頭税納付義務」「耕作地登記義務」などは、サラワク領内で土地を耕作し商品作物を生産する農民の移動を管理するものであり、「帰化申請」「結婚登録義務化」「他国者重婚禁止」「妻子扶養義務化」などの一連の通達は、これらの労働者のサラワク領内での定住を促すための国家による個人と家族の社会的帰属の決定に深くかかわっている。「森林産物への課税」「農作物への課税」「度量衡管理」「密貿易取り締まり」「国境警備」は、輸出税の課税対象である商品の国境を越えた移動を規制するものである。

以下では、これらの国家による実効的支配の諸相に注目しながら、いかにサラワク南西部国境地帯において国家の領域生成が進んでいったかをさらに考察していきたい。まず次節では、焼畑耕作、阿片、家族をめぐる国家管理に焦点をあて、人の移動に関する実効的支配を検討し、これと関連して、人々の記憶と忘却に関する国家介入についても領域生成という視点から考察を加える。そして最後に、国境通過に際して発生する商品の転生の問題を取り上げて、物の移動と国家領域生成の関係を明らかにしていきたい。

1　人の移動と国家——焼畑、阿片、家族、記憶

資源としてのヒトとモノを、国家と市民社会に分配するにあたり、そのバランスを可能な限り前者に傾けようというのが、国家支配の基本的原理である。特に植民地では、国家による資源の専有は著しいものとなる。この分配の過程は、二つの段階を含んでいる。まず、労働力が社会に蓄積され労働市場が形成される。次に、これらの労働力によって生産された鉱物なり農業生産物なりのモビリティが規制され、国家領域を越えて移動する商品への関税収入が国家の財源とされる (cf. Breman 1990, Migdal 1988)。このような労働力と商品の領域内での囲い込みのためにこそ、国家領域の画定が必須となる。

第二代ラジャ、チャールス・ブルックの治世（一八七一―一九一七）以前には、サラワク王国に制度的な国土は存在しなかった。サラワク領土の国有が法制化されたのが一八七一年であり、以後、サラワク領の土地は一エーカーあたり五〇セントの貸与料をもって九〇〇年という年限付きで臣民に払い下げられるようになる。この貸与は、農業を目的に土地を使用する場合のみ成立し、一〇年のあいだに耕作地ないし放牧地に転換されない場合は、政府に返還されるという条件がつけられた (SG Jan. 24, 1871: 39)。ルンドゥ地区においては一八八九年の時点で、従来の居住者のダヤックに加え、すでに一〇〇〇人前後のマレー人と華人のコミュニティが形成されていた（表2）。これらの三つの民族集団は、おのおの生業形態や共同体の歴史を異にし、一八七一年以降に進行した国境の内在化に、それぞれ異なった形で向き合うことになる。

ダヤックにとり、国土の成立は、その移動性の剥奪を意味した。焼畑による陸稲耕作に従事してきた内陸部ロン

表2　ルンドゥ地区の民族集団別人口（1889年）
（SG Oct 1, 1889）

	男子	女子		合計
ダヤック				2,105
スブヤウ	432	412	844	
ララ	163	170	333	
スラコウ	411	393	804	
ジャゴイ	68	56	124	
マレー	547	476		1,023
華人	765	182		947
インド系	20	5		25
合計	2,406	1,694		4,100

グハウスの住民たちにとり、人口圧の増大や焼畑耕地の生産性の低下は、新しい森林の開拓によって解決されるべきものであった。しかしながら、商品作物の栽培を前提とした土地登記の進行のもと、サラワクおよび蘭領サンバスの国境隣接地域に残る第一次森林を求めて移住することが制限された。一八七〇年代から一八八〇年代にかけては、サラワクのルンドゥ地区と蘭領西ボルネオのサンバス地区の両植民地にまたがって居住し焼畑耕作を行うジャゴイ・ダヤックへの人頭税の課税を主張して、両政府がたびたび衝突している（SG May 16, 1874: n. s., SG July 24, 1874: n. p., SG Aug. 1, 1884: 81）。以後半世紀以上のながきにわたりジャゴイ・ダヤックの帰属問題は、サラワクと蘭領サンバスの両政府にとっての重要な懸案事項となっていく。

> ダヤックのジャゴイたちにとって、耕地不足は深刻な問題であり、いまだに豊富な第一次森林の残っている蘭領ボルネオ領内での焼畑耕作を希望している。私［ルンドゥ地区行政官］は、彼らに、そのためには蘭領ボルネオ政府からの許可が必要なこと、そして、もし国境の向こう側で耕作する場合も、蘭領ボルネオ政府とサラワク政府の両方に納税の義務があることを言い渡した（SG–LDMR Apr. 1, 1935: 51）。

一八九〇年代には、ルンドゥ地区の歳入のなかで、国境部に近い山間に居住するダヤックからの人頭税は第一位を占めるようになり(11)、領内の臣民、特に移動性の高い焼畑民からの税の確保は植民地経営に不可欠なものとなった。

次に、華人とマレー人が、ルンドゥ地区の労働市場を構成する重要な民族集団となった過程を検討すると、一八七〇年代から進んだ労働力の囲い込みは、「移動」と「定着」という二つの段階からなることがわかる。中国人移民とマレー人移民のサラワク領への移動と定着は、組織化、労働形態そして共同体の形成などに関して異なる性格をもっている。

華人農業労働者は、優遇政策のもとで、土地の貸借料支払いと納税を免ぜられ、シンガポールとサラワクのあいだの汽船運賃も政府が負担した。当時、ガンビールと胡椒の栽培をサラワクの主要産業にしようとした第二代ラジャは、このようなインセンティヴにより、シンガポールおよび蘭領サンバス在住の華人資本家（taukay）を誘致し、サラワク領におけるプランテーションの発達をもくろんだわけである。当時、特にサンバスにおける華人の経済的結社（kongsi）では、金鉱の産出量減少と蘭印植民地政府との衝突のため新天地を求めて転出する者が少なくなく、サラワクは多くの華人労働力を吸収する場となった。サラワク南西部では、バウに金鉱掘削のために華人居住区が形成され、ルンドゥではガンビールと胡椒の栽培に従事する華人クーリーの人口が増加した。

行政官の報告書ではplantation, garden, farm, またはkongsiと記載される華人の農園は、華人資本家が土地登記を行い、彼らがそこに農業労働者を割り当てるかたちで形成された。多くの華人クーリーは、ガンビールおよび胡椒の苗の代金や収穫までの生活費を農園主から借り受けた。収穫された農作物は、一般の市場に卸すことは禁じられ、市場価格より低い値段で農園主に買い上げられた（SG June 1, 1889: 77）。

サラワク政府が、これらの華人農園経営に果たした役割はきわめて大きい。農園開発と華人労働力の確保を促す優遇政策に加え、これらの労働力のサラワク領からの流失を防ぐため、きわめて直接的なスキン・ディープ・ポリティックスとも呼びうる政策にラジャは加担している。すなわち、サラワク政府は、阿片の流通を国家的に統制し、これを華人農園経営者に卸したのである。[12] 農園主は、労働者の逃散を防ぐ方策として、阿片の前渡しによってクーリーたちを負債でしばり、ガンビールや胡椒など換金産物を栽培させた。また、ラジャは華人コミュニティに対しては、酒（arrak）の醸造および販売と博打場の開設を許可し、農園主が、阿片とともにクーリーたちを借金でしばり、そのモビリティを奪うことを容認している。

「自暴自棄となったクーリーたちの多くは、手持ちの最後の一セントまでを阿片と賭博に使いはたし、あげくの果てには、小屋の梁から首を吊って、自ら己の惨状に終止符をうつ」（SG June 1, 1889: 78）と報告されたこれらの契約労働者が、国境を越えて蘭領サンバスに逃散することは、法律で厳に禁じられた。以下は、逃散クーリーおよび犯罪者の国境越えを阻止するために、ラジャが下した通行許可証保持に関する通告である。

通行許可証：労働契約中にも関わらず逃散したクーリーおよび犯罪者の効率的な捕縛のため、以後、蘭領サンバスに戻る個人ならびに集団の代表者は、サラワク領を出る前に、クチン、パク、シムンジャン、もしくはルンドゥにおいて政府発行の通行許可証の取得することを義務化する。国境越境者は、これらの通行許可証を通過するダヤック村落の長に提示する義務があり、通行証明書を携帯しない者は、ダヤックの長によって犯罪者としてクチンに連行される（SG January 2, 1894: 56）。

これらの逃散クーリーの捕縛については、蘭領サンバスの当局との連携がとられ、国境地帯に居住するダヤックも通行人の監視、追跡、および捕縛の任を負った。ルンドゥ駐在の白人官吏は国境地帯の村々を訪れて、不法越境者の監視を依頼している。

シダマックとスバコ経由でスマタンに向かう。シダマックに午前一〇時に到着。私を待っていた約五〇人のスラコウ・ダヤックと、通行許可証不携帯で国境［原文ではfrontier］を越える者の取り扱いについて協議した（SG April 2, 1894: 56）。

華人農業労働者にとり、サンバスとの領土的臨界が、茫漠とした境界から、その越境が社会的制裁をともなう国境へと変化したのに対して、マレー人たちが国境を認知し、サラワクの国土を内面化していった過程は大きく異なっている。華人クーリーが、内陸のガンビールや胡椒のプランテーション形成をとおして、労働現場に張りつけられた一方で、マレー人移民は海岸部のココ椰子のプランテーション開拓をとおしてサラワクの地に定着するようになる。蘭領サンバスで従来ココ椰子生産に従事していたマレー人（およびブギス人）の海洋貿易者（ナコダ）たちは、ポンティアナックからダトゥ岬にいたる沿岸部の耕地が減少するにつれて、新天地をサラワクにもとめ活発に土地登記の申請をおこなった。その結果、一九世紀末までにスマタンとダトゥ岬のあいだの沿岸部には、ココ椰子プランテーションが帯状に形成された（図5参照）。

ブリンサ川とテロック・ムラノー間の沿岸線は、いまや間断なくココ椰子農園のために拓かれており、二～三年前に植えられたこれらのココ椰子は元気に育っている（SG July 1, 1898: 142）

これらのプランテーションのための労働力としては、多くの場合、ナコダの指揮のもとで、蘭領サンバスの村落から数十戸の単位でマレー人家族がサラワク側に移住した。多くの場合、大工、呪医などの技能者を含む村人が集団で移住し、チェーン・マイグレーションにより移民がさらに増加したが、サンバス側の母村との親族紐帯は維持された[13]。

このような村落の分出を中心に形成されたマレー人の共同体を新しい国土に固着させるためには、華人移民に対

図5　ダトゥ岬―スマタン沿岸部

するようなギャンブル、飲酒、そして阿片購入による借金による縛りつけではなく、まさに国家による家庭内領域への介入が行われたことが注目される。表1でも見られるように、サラワク政府はマレー人移民の「重婚禁止」ならびに「家族の扶養義務」を厳しく通達し、移民が蘭領サンバスとサラワクに同時に複数の家族をもつことを禁じている。華人労働者がプランテーションから逃散し、追尾と捕縛の対象とされたのに対して、マレー人の場合は、サンバスに家族がいながらサラワク領で新たに結婚し家庭をもった者、ならびにサンバス領に舞い戻ってサラワクに残した家族の扶養義務を怠った者が国家的処罰の対象とされた。政府から任命されたマレー人の村長およびプンフル（地区長）にとって、家族の国家帰属の画定のため婚姻登録は、人頭税の徴収に加えて最も大切な職務とされた。以下の官報にみられるように、しばしば両植民地政府の照会のもと、重婚者の摘発が行われている。

一一日に第一省長官代理が裁判を開き、サンバス・マレーのハジ・オマーに六か月の禁固を宣告した。ハジ・オマーは、現地人官吏のタン・アハマットに、サンバスに妻はいないとの虚偽の申告を行い、これにより、ルンドゥの女性との結婚を許可された。しかしながら、ハジ・オマーは実際には、サンバス監獄からの脱走者であり、すでにサンバスに妻子がいることが判明し、上記の宣告となった（SG Aug. 1, 1896: 101）。

一六日、プエのアハマットの娘、カヤの訴えを受ける。蘭領スラサン島民である夫のハジ・タリプは、彼女のもとを去り、すでに一一か月間、扶養の義務を怠っている。ハジ・タリプは、現在サンバスにおり、妻のもとに戻る意志がないことは明らかであり、これによってカヤの正式な離婚が承認された（SG Jan. 2, 1895: 11）。

華人の農園労働者、マレー人のココ椰子耕作者、そして内陸の焼畑民ダヤックたちのサラワク領での定着に加えてサラワク政府が腐心したのは、労働力たる人々の健康の保全であった。一八九五年に初めてワクチン接種を行う以前には、サラワク政府は疫病の発生に対して、国境を閉じることによって領内住民の罹病を防止した。ひとたびコレラや天然痘などが発生すると、まず二つの政体間の人々の通行が禁止され、国境に隣接する住民は国家領域の周縁部から、より中心部へと移住させられた。

サンバスにおけるコレラや天然痘の発生の知らせは、いちはやくサラワク領へと伝わり、これらに対してサラワク政府は、国境通行の禁止をもって対処している。国境の向こう側で発生した疫病に対する人々の恐れは、国家によって画定された空間の差異を人々に内面化させたという点で、いかなる制度的支配よりも有効なボディ・ポリティックスとして、国家領域の内在化に役だったと考えられる。(14)

(サンバス領でのコレラ発生に対する)予防措置がスマタンの港でとられ、サンバス船の寄港が禁止された。クチンに向かうサンバス船が、頻繁にスマタンで一時停泊をすることを鑑みた措置である(SG Sept. 2, 1896)。

二四日のオラン・カヤ・パセーの報告によると、サラワク国境に隣接する蘭領村落アロックにおいて天然痘が発生した模様である。二五日に補助医師が到着し、約六〇〇人に予防接種を行う。現時点では、サラワク領において実際の発症事例はないが、サンバスへ抜ける道は閉じられ、サラワク領への通行は禁止されている(SG Aug. 1, 1932: 142)。

以上で取り上げた労働力の国家領域内での囲い込みといった問題は、従来の政治経済学的な考察を大きく越えるものでない。これに加えて、国家の領域が認識され、時系列的な連続性をもつ過程を理解するためには、人々の記憶と忘却に関する国家的介入の検討が必要となる。

『ドイツ国民に告ぐ』のなかでのJ・G・フィヒテの表現を借りれば、国家の「外的な国境」は「内的な国境」にならねば存在しえない（フィヒテ 1997）。集合的アイデンティティなどというものは言葉だけで実際は存在せず、すべてのアイデンティティはきわめて個人的なものである。それゆえに、「国境」は個人的なアイデンティティの投影として想像されなければならない（バリバール 1997: 171–2）。国家による「記憶の地図化」(cf. Boyarin 1994) は、個人と家族、家族と親族、そして親族と村落を繋ぐ紐帯としての記憶を、国家領域という一定の枠組みのなかで培養し、囲い込むとともに、その枠組の外との関係を忘却させるという重層的なプロセスを含んでいる。

すでに検討したように、移民の「重婚」禁止と「家族の扶養」を義務化することはサラワク政府にとり重要であった。移民がサラワク領内と領外に同時に複数の家族をもつこと、そして妻子を養うことを怠ってサラワク領外に去る行為は、国家による干渉の対象となった。このような家族の形態や機能についての制度的介入がもたらすものは、国家枠のなかでの「家族の自然化」ないし「家族国籍の単一化」(cf. バリバール 1997) であり、世帯レベルでのアイデンティティ・ポリティックスに密接に結びついている。

人頭税の徴収に加えて、婚姻登録が村長と地区長に課された重要な責務であったことをはすでに述べた。人々の国家帰属の画定の一つのチェック・ポイントとして、結婚を契機として国家の台帳に人々の名前を記録することは、「世帯」の単位での人々の把握に加えて、これから生まれてくる「個人」をサラワク臣民として画定していくためにも必要であった。

サラワクにおいては、出生主義と父系出自認知の原則により、以下の条件を満たす個人に国籍が与えられた (Boyd 1936: 415)。

(1)　サラワク領内（領海を含む）で出生した者

(2) 上記に該当する父をもち、サラワク領外で出生した者
(3) サラワクに帰化が認められた父をもち、サラワク領内で出生した者

表1からも明らかなように、一九世紀後期から今世紀初頭にかけての国境地帯の人々の交通は、それが熱帯雨林に覆われた小人口世界であるにもかかわらずきわめて頻繁であった。陸路に加えて、サラワクと蘭領サンバス間の海路は、モンスーンで海が荒れる半年間を除き、多くのナコダや華人の貿易船、そして地元住民の小舟（perahu）が行き来した[15]。このような状況で、サラワクに流入した移民第一世代のうち、少なからぬ数の人々が再び国境を越えて蘭領サンバスに戻ったり、二つの領土を越境しながら暮らしていたことは想像にかたくない。

しかしながら、このような状況は、第一世代と第二世代が交代するきわめて短いタイムスパンのなかで大きく変化していく。すなわち、自らをサラワクの人間と疑いなく呼ぶ集団の誕生である。移民第二世代になれば、彼（女）らにとっての地図化された記憶は、まさにサラワクに関するものに限定され始め、親世代の記憶の忘却は加速する。蘭領サンバス生まれの親たちがアイデンティティの拠りどころとする風景や記憶のなかでの地図はサンバスのものであるが、サラワク生まれの子供たちにとってのそれは、村の敷地であり、近隣のサラワクの海や川、そして山々に関するものとなる。たとえば、一九〇八年当時のルンドゥのマレー人たちは、ほぼすべてが一八八〇年代以降にサンバスから移民した「サンバス・マレー」(Melayu Sambas)であったが(SG June 1, 1908: 136)、この民族集団のもつ記憶の地図は、世代が更新する数十年の時間の幅のうちに完全に書き換えられ、民族のラベルの「サラワク・マレー(Melayu Sarawak)」への変化とともに、新しい世代の記憶はサラワクという空間に限られるようになる。

国籍ないし市民権の生成を考えるにあたっては、最近の民族やエスニシティに関する議論と同様に、国家による

「名付け」に加え、「名のり」とも呼ぶべき人々の自発的な行為にも注目しなければならない。サラワク政府が移民第一世代の「名のり」、すなわち「帰化」(naturalization)にきわめて熱心であったことは興味深い。一九〇〇年に『サラワク官報』において通達されたサラワクへの帰化手続きでは、サラワク領内に五年以上居住し、永久的に居住することを望む者は、帰化請願書をラジャに提出することが義務付けられている。帰化申請者は、年齢、出生地、父の名と出生地、職業および母の名と出生地、既婚・未婚の別、既婚者の妻の名、妻の両親の名、子供の数、性別、現在の居住地、職業、サラワク領内での居住年数を明言し、永久的に居住することを希望する旨をラジャに宣言することでサラワク臣民となることができた(SG Aug. 1, 1900: 146)。

個人や親族の履歴が国境という空間によってひとたび断絶すると、人々の記憶の地図は国家の枠にそって書き換えられていく。上記の国籍条項および帰化申請をとおしてサラワクへの国家帰属を明確なものとした第一世代がもうけた子供たちは、親たちの出身村や親族、近隣地域、そして国土に関する集団的記憶を時間の経過とともに徐々に失っていく。労働移民を受け入れたサラワク国家は、このような構造的健忘症を期待したのである(16)。

2　国境と商品化——鉄木、イリペ・ナッツ、胡椒、ゴム

人の移動とアイデンティティに関する国家管理に加えて、物の移動が管理の対象とされるようになるのは、ルンドゥ/サンバス国境地帯では一八七〇年代のことである。当時、両政府にとっては、鉄木などの木材やイリペ・ナッツなどの森林産物が主要な課税対象品であり、これらの商品の国家領域を越えた移動が取り締まりの対象となった。まず一八七六年に、サラワク政府に先んじてオランダ政府はサンバス・スルタンの名前のもとで、サラワク臣民

(Sarawak Subjects) によるサンバス領での森林伐採についての通告を発した。それは、(1)以後サラワク臣民がサンバス領に入るときはパスポートを携帯し、(2)森に入る際には、サンバス・スルタンの許可を得ること、さらに、(3)木材および森林産物を領内から持ち出す際には、一〇パーセントの輸出税を納めることなどを申し入れるものであった (SG June 5, 1876: 3)。

一方ルンドゥ側では、鉄木などの木材は、主に蘭領サンバスのマレー人および華商によって伐採され、スマタンならびにルンドゥ河口に集積されたのちシンガポールへ運ばれた。サンバス領における規制と同様に、これらのサラワク産の木材切り出しに対しては輸出税が課され、ルンドゥ駐在の官吏は頻繁にルンドゥとダトゥ岬のあいだの沿岸部の視察を行っている (May 1, 1893: 78, Dec. 1, 1894: 208, April. 2, 1894: 56, Aug. 1, 1895: 144, Dec. 2, 1895: 220, Aug. 1, 1900: 175)。たとえば、以下でみられるように、サラワク領で伐採した木材を用いて船舶を建造するサンバス・マレー人や切り出した木材を主にシンガポールに輸出していた華商は、厳しく納税を義務付けられている。

二二日付けの指令に従い、本地区で木材を伐採し、舟 (sampan) の建造に従事するサンバス・マレー人に関しては、一〇艘につき一艘を税として納めさせることとなった。木材切り出しおよび造船のためには、法務事務所で許可を取得しなければならない (SG Feb. 1, 1893: 26)。

四日にスマタンに華人船が入港。ナコダ (船長) は、沿岸部でピナンガ材木[17]の切り出しを希望している。同船は、一八九〇年の一〇月にもスマタンに寄港しており、五〇ドルの税金の支払いを条件に伐採が許可された。今回も同額が課税された (SG Sept. 1, 1893: 146)。

イリペ・ナッツは、鉄木などの木材と同様に市場価値が高く、住民にとっては貴重な収入源であった。[18] その結実は不定期であり、収穫時には多くの人々がサラワク／サンバス国境を越えて移動した。サラワク側の住民にとり、サンバス住民によるイリペ・ナッツの収奪は現金収入の減収を意味した。多くの場合、イリペ・ナッツの木は、世代を越えて相続され、個人の所有権が明確である。以下は、サラワク側の地元民が所有するイリペ・ナッツの実をサンバスの住民が収穫することを嫌い、サラワク領内（すなわち自分の森）からの締め出しを求めた例である。自分の利益を「他国人」から守るため、地元住人が国家領域というものを戦略的に利用した例として興味深い。

マレー人タン・アハマットは、他の地区の者が当地区でエンカバン（イリペ・ナッツ）の収穫を行うことを禁止することを懇願。法務事務所の書記は、蘭領サンバス臣民による当地でのエンカバン収集が禁止されるべきか、そして禁止の際には、これをタン・アハマットに通知するか否かを書面で私［ルンドゥ駐在の白人行政官］に問い合わせてきた。私は、自分には本件に関する決定権はないことを伝えた（SG Feb. 1, 1912: 33）。

一九世紀末から二〇世紀初頭においては、森林産物に課される輸出関税は国家の重要な歳入源であった[19]。表3にみるように、サラワク政府は、頻繁にイリペ・ナッツ、燕の巣、籐類、樹皮、グッタ・ペルカ、ダマール、ジュルトンなどの森林産物への課税および税率の引き上げを繰りかえしている。当時、森林産物にかけられた関税の収入合計は、主要商品作物であった胡椒とガンビールからの収益よりも多く、サラワク植民地経営は森林産物の輸出関税に依存していた（表4）。

このように今世紀初頭まで、サラワク政府の関税収入は、森林産物に対する課税によるものが主であったが、一九二〇年代中頃を期して、ルンドゥ経済の中心は、ようやく小農的なゴム生産に移行し始める。一九二五年のルンドゥ地区報告書に「今月の一か月間に、一四件のゴム栽培申請と一件の胡椒栽培申請が認可された」（SG-LDMR Aug.

表3　サラワク政府による課税物産通告および税率の引き上げ通告 (1875–1908)

通告年	課税および税率引き上げ対象
1875	ガンビール，胡椒
1882	ブラチャン，エビ，魚
1885	燕の巣
1886	再輸出された海産森林物産
1891	籐類
1895	樹皮
1898	ニッパ椰子糖
1899	木材伐採
1900	グッタ・ペルカ，野生インディアン・ゴム
1901	籐類，胡椒，ダマール
1902	グッタ・ペルカ，ジュルトン，胡椒
1903	塩魚
1903	イリペ・ナッツ
1904	胡椒
1904	ダマール
1908	野生インディアン・ゴム

(出典：Sarawak Gazette 1875–1908)

表4　1895年度輸出関税収入 ($)

鉄木，その他材木	2,142.17
ビーズワックス	893.73
燕の巣	1,934.49
樟脳	258.90
カッチ	4.20
海産物	735.66
グリア	0.20
グッタ・ペルカ，野生インディアン・ゴム	13,849.28
ガンビール	2,419.15
胡椒	3,216.54
籐	6,017.46
サゴ (生)	895.08
サゴ (粉)	16,641.20
植物性タロー	630.71
その他	10.69
合計	50,249.46

(SG Apr. 1, 1896 : 80)

3, 1925: 10) とあるように、ゴム栽培のための土地登記数が胡椒のそれを凌駕するようになる。

管轄区は、現在きわめて繁栄しており、多数のゴム、ココ椰子、および胡椒栽培の許可申請を受理した。過去、当ルンドゥ地区においてはきわめて少量のゴムが植えられていただけであったが、政府ゴム園が開かれ、収穫が行われるのを目にした地元民たちは、今やこぞってゴム栽培許可の申請を始めている (SG-LDMR Jan. 2, 1925: 10)。

ルンドゥの農民たちのゴム栽培への参入が始まった一九二〇年代後半は、イギリスによるスティーヴンソン・スキームと呼ばれる生産調整策が効を奏し、ゴムの市場価格がもちなおした時期にあたっている。しかしながら、ゴム価格は、いったん回復の兆しをみせた後、大恐慌の影響で一九三一—三二年に再び暴落する。これに対して、英、蘭、仏などを中心としたゴム産出植民地は、一九三四年に国際ゴム協定（International Rubber Agreement）を発動し、生産量および輸出量を調整することにより不況を乗りこえようとした。英領マラヤ、蘭領東インド、セイロン、インド、仏領インドシナ、タイ、英領北ボルネオ、サラワクなどのゴム産出地域は、あらかじめ決められた割り当てに従ったゴムの輸出を義務付けられ、新たなゴム植え付けは禁止された。

サラワクは、積極的に協定に参加したのではなく、英国植民地政府の圧力のもとで不承不承に生産割り当てを受け入れた（Pringle 1970: 334）。まずサラワク政府は一九三四年に、新規のゴム作付けを全面的に禁止する。すでに植えられているゴムに関しては、「樹液採取休日」（tapping holiday）を定め、この期間のゴム生産を禁じた。一九三七年には、さらに生産者および輸出商人を管理する「クーポン制度」が導入され、それぞれの生産者が商人に卸すゴム板の量が規制された。現金化の際には、一種の兌換紙幣としてクーポン券が用いられ、三ケ月毎に定められた割り当て量に従ったゴムの売買が義務付けられた。

一九三四年は、サラワク国家の歴史のなかでも、メルクマールとなる年といえる。従来、森林産物の輸出に依存し、商品作物栽培の最周縁地域の一つであったサラワクは、英、蘭、仏などの植民地諸国による生産調整の協定への加入を余儀なくされ、その結果、国内のゴム生産者は、列強主導の国際的生産システムに完全に組み込まれていくことになる。

国際ゴム協定下のサラワク／蘭領西ボルネオの国境地帯では、他の多くの東南アジア島嶼部の農村社会とは異なり、宗主国—植民地国家—地域社会—農村を一つのセットとした経済的包摂の連鎖のなかで捉えることのできないような国家の領域支配と地域経済圏のズレが生じた。すなわち、ボルネオ島西部においては、ゴム協定の規制導入と時期を同じくして、蘭領西ボルネオ、サンバス地方から大量のゴムが、より高値で取り引きされたサラワク領に流れ込み、単一の国家領域を越境した流通経路が形成されるようになる。ゴム密貿易圏の誕生である。[20]

国境部におけるゴム密貿易の活発化は、国際ゴム協定のもとでサラワクという王国が近代国家として経済的および領域的に閉じた単体となるプロセスのなかで生じた反作用ともいうべきものであった。国家による領域支配と地域経済圏のズレは、国際協約のもとで国家単位でゴムの生産および輸出量の調整を行ううえで最大の障害であり、国境地帯における密貿易の取り締まりがサラワク政府にとり大きな関心事となっていく。以下は、ルンドゥ駐在の行政官が本庁に送ったゴム密輸に関する報告の一部である。

バウからルンドゥにかけての国境地帯で、大量のゴムの密輸が行われていることは疑いない。国境警備隊員のアリは、七ピクル[21]あまりのゴムを所持した二名の華人および一六名のダヤックの逮捕に成功した。ゴム板に刻印されたサラワク政府の登録番号は明らかに偽造されたものであり、華人の一人は、国境部は最近特に警戒が厳重であることを知らせる華人コミュニティの長（キャピタン・チナ）のオンからの手紙を所持していた（SG- LDMR Apr. 1, 1936: 86）。

「蘭領ボルネオの密輸者たちは、ゴムとタバコの海上運搬の危険を避け、陸路での密輸に切り替えようとしている」との噂話をテロック・スラバンの村人は聞いたとのことである。これも、ムアラ・トバスとダトゥ岬のあいだで最近行われた沿岸部パトロールの効果であろうと思われる（SG-LDMR Aug. 1, 1936: 188）。

サラワクの歴史における一九三〇年代は、国家による国境の画定がより明確になったという意味で重要な意味をもつ。国際協定のゴム輸出量割り当てのもと、領域内の農民の生産活動と華人による商業活動に対する国家規制が強化され、課税対象の商品作物としてのゴムの国際移動の監視が強まった。このような過程を経て、ボルネオ島西部は、サラワク／蘭領ボルネオという別個の経済単位に徐々に分断され、ダトゥ岬から内陸部にむけて分水嶺にしたがって二分された地域は、単に地図上の領域区分にとどまらない自立的な二つの植民地経済システムに分化していったわけである。

以上でみたように、国境地帯のルンドゥ地区において国家の境界が徐々に明確となるのは、二代目ラジャ、チャールズ・ブルックの治世のもとであり、後のサラワクの国際ゴム協約参加をもって、その領域的境界が実効的な意味をもつものとなった。約半世紀というながい時間の流れのなかで、人と商品の国家領域を越えた移動が社会的犯罪として処罰の対象となっていったのである。[22]

七　国家と社会の弁証法

マンダラ的な政治システムを特徴とした空間に、近代国家という異種の権力形態が持ち込まれると、英明なる王の威光によって伸縮するぼやけた帯域であった政治空間が、国家機構の最周縁部、すなわち国境線によって規定されるようになる。この変化は、類型論としては正しく理解できる。しかし、その過程を理解するためには、歴史のなかでの個別事例の検討、とりわけ類型論を排した動態的なアプローチが必要となる。その具体例として、本章では、サラワク南西部、当時の蘭領サンバスとの国境に隣接するルンドゥ地区に焦点をあて、一九世紀後半から今世紀初頭にかけての歴史のなかで国家の実効的な空間支配がいかに行われたかを明らかにしようと努めた。

すでに見たように、一八二四年の英蘭協定は、列強諸国によるボルネオの地図上の分割を意味したが、実際の政治経済的空間の分割が始まるのは、サラワクでは一八七〇年代を待たなければならなかった。イスラーム土侯たちの小マンダラ群の極としてのブルネイ・スルタンとサンバス・スルタンの威光の果てるインターフェースに建設されたのがサラワク王国であり、その政体は、初代ラジャ、ジェームス・ブルックのカリスマにもとづいたマンダラ的性格を当初は温存していた。従来のスルタンを中心とした前近代国家的政体と西洋列強諸国によって形成された植民地国家を二つの政体類型とすれば、サラワクは、いわばこれらの中間項にあたる王国であったわけである。サラワクのぼやけた帯域が一線的な国境にとってかわられるのは、第二代ラジャ、チャールス・ブルックの治世であった。王国のこの転成は、初代ラジャのジェームス・ブルック個人という中心から発する威信のベクトルが徐々に意味を失い、代わりに国家が国境線から内側に向かって領域支配のベクトルを伸ばし、一つの機構へと変化していく過程でもあった。

このようなベクトルの方向の転換、すなわち王国の植民地的転生は、どのような契機から始まったのか。まず、これが外因的であり、サラワクの国家機構の内的発展によるものではないことを理解しておく必要がある。サラワク王国が、蘭領ボルネオと接し、南シナ海を隔てて英領マラヤに向き合っていたことは、サラワクの植民地的転成を考えるうえで重要である(23)。シンガポールを結節点とした華人労働市場および商業ネットワークの急激な拡大、そして東南アジアを包摂する近代世界システムの形成とあいまって、サラワクは植民地的ネットワークの一部となると同時に、国家を一つの社会経済的単体として閉じることを要請されるようになる。すでに論じたように、サラワクにおいては、労働力と商品の国境を越える移動に対する国家管理は、国籍や関税に関する実効的支配の強化としてあらわれた。本質的にトランスナショナルな性格をもつ労働力と商品の囲い込み、そしてサラワク臣民の記憶と忘却に関するアイデンティティ・ポリティックスのもとで、サラワクの領土的生成が徐々に進んだわけである。

七〇余年という時間の流れのなかで、サラワク王国のフロンティアにおける制度的支配を眺めてみると、国家と社会のあいだにきわめて緩慢な拮抗関係が存在することに気づく。国家の領域形成にあずかる諸制度と、これに対する社会の反作用の関係は、あたかも横糸と縦糸が結ばれながら、徐々に一つの織物となっていくように、その反復と往還を特徴としている。今ひとたび表1を眺めてみると、これらの実効的支配の本質は、まさに場当たり的な法令ないし通告の発布にあることが明らかとなる。まず問題が生じてから、その後に対応する規制を周知させるという意味で、その支配のチャートは一貫した政策的視野を欠いていた。法的に禁止された後も、国境部におけるクーリーの逃散、密貿易、パスポート不所持、関税の不払い、サラワクとサンバス両方での重婚、国境を越境した焼畑耕地の開墾などは繰り返し行われ、これが更なる制度的強化を導くというパターンが特徴的にあらわれている。

国境社会を対象とした制度的支配の諸相に焦点をあてた以上の議論は、ややもすると読者に、サラワクがきわめて「強い国家」であったという印象を残したかもしれない。しかしながら、熱帯雨林の小王国の実効的支配は相対的に弱いものであったこと、そして、国境部の社会も、決して「弱い社会」ではなかったことを、ここでもう一度確認しておいたほうが良いだろう。

第一次熱帯雨林が支配的であったサラワク/サンバス国境地帯では、陸上の交通手段は徒歩に限られ、モンスーン中には悪天候のため海路は一年のうち半年間にわたり遮断された。通年航行可能なものはルンドゥ川に限られ、多くの河川は交通手段として機能しなかった。ルンドゥ地区の一八八九年当時の人口密度は、一平方キロメートルあたり二・二人であり、(24)約一八〇〇平方キロの広さの地区を担当したのは、わずかに白人行政官とマレー人官吏の二人であった。このようなルンドゥ地区国境部に点在するダヤックとマレー人の村々を行政官が視察することは稀であり、これらは行政機構の恒常的な管理から外れていた。

サラワク国家が、この熱帯雨林の小人口社会に支配の刻印を残すことができたか、言いかえれば、先に見たような数々の法的規制が実際にサラワク／サンバス国境社会に生きる人々を縛ったか——これらの問いに対する答えは否である。国境地帯に生きる人々の適応戦略の多くは、本質的に反国家的にならざるをえない。たとえば、密貿易に代表されるように、マージナルな社会的場での利益の最大化は、往々にして国家処罰の対象と見なされることになる。すでに見たように、サラワク王国がその歴史のなかで機構として最も国家的であることを国際コミュニティから求められた時期、すなわちゴムの生産制限を意図した国際ゴム協定（一九三四年）への参加に際しては、サラワク／蘭領サンバス間のゴム密貿易が活発化し、国境社会の人々の多くはきわめて合理的に反国家的な行為を選んだ。また、表-1で見たような諸規制に対する違反、たとえば重婚なり契約農園労働者の国境を越えた逃散などをとっても、記録に残された逮捕は、実際の違反行為のまさに氷山の一角であることは言うまでもない。

しかしながら、同時に、すでに検討したように、サラワクという国家がさまざまな規則をとおして辺境社会の人と物の移動、労働、そして国家に対するアイデンティティを、個人、家族、そして村落集団のあらゆるレベルで拘束しようとしたことも事実である。このような状況のもとでサラワク国家と社会の関係を考えるあたり、「強い国家」対「弱い社会」、もしくは「弱い国家」対「強い社会」といったような二律背反の問題設定（cf. Migdal 1988）そのものが、一九世紀後半から二〇世紀前半にかけてのサラワクを考えるうえでは生産的でないと考えたほうがよいだろう。ここでより重要なことは、国家と社会の弁証法とも呼ぶことのできる関係への注目である。

一九世紀後半から二〇世紀初頭のサラワクにおける社会と国家の関係は相互補完的であり、国家が社会に対して実効的な支配の働きかけを行うと同時に、社会が国家領域を成立させるために重要な役まわりをになっていたことに留意しなければならない。国家と社会の共鳴関係のもとで、一系的な国家制度の進化はおこらず、一九世紀後半からの歴史のなかで、あたかも時の流れが停止したと錯覚させるような同種の犯罪と国家による取り締まりが反復をもってあらわれている。場当たり的な支配と人々の適応戦略のどちらを欠いてもサラワク王国の植民地的転成は不可能であった。特に、サラワクのような初源的な形態の国家では、国家と社会のあいだの緊張関係を一種のドライブとする以外に国家という場が内在化されえなかった。

＊

本章では、国家領域形成にあずかる国家と社会のせめぎ合いのうち、特に国家の実効的支配に比重をおいて議論を進めた。国家領域の形成という目的で行使される権力のもとで、国境部の地域社会の人々と商品がいかにモビリティを失い、その国家的帰属が確定していったか——これらの問題を歴史的に考えることが、その目的であった。そもそも現在のポスト・モダンと呼ばれる時代精神のもとでは、先に検討した「なぜ人々は動くのをやめたのか」、「いかにして商品の国家的属性が固定していったか」、または「いかに国家という政治的空間が人の体や心、そして物を囲い込むようになったか」といった問い自体が流行らなくなってしまった感がある。グローバル・エスノスケープ（Appadurai 1991）やタイム・スペース・コンプレッション（Harvey 1989）などといった言葉の登場とともに、人や物が国家領域を越えて移動する主体として描かれるようになってすでに久しい[25]。

このような高い自律性をもった移動への関心は、歴史にきわめて無関心なトランスナショナリズム研究の近年の隆盛に呼応していると考えられる。人々は労働や余暇のために、そして商品は市場の原理によって、国境を越えて移動する。すでに国家は、個人の意思を束縛するかつての力を失い始めているようにも見える。しかしながら、意思決定の主体である個人への注目、説明ないし解釈におけるエージェンシーの重視の裏では、体制や実効的支配の忘却ともいうべき状況が往々にして生じている。エージェンシーの位置を突出させ、脱中心化の視点を敷延するあまりに、意識的または無意識的にかかわらず、支配や機構としての国家、そして全体性の存在を忘れ、歴史のグランド・ナラティヴを早々に否定するとすれば、これは昨今の文化主義のできの悪い模倣にしかならない。本章で実効的支配という言葉をあえて持ち出した理由は、国家領域の生成過程で顕在化した国家と社会の波動的関係、すなわち社会と国家の接合のバランスを歴史のなかで考える作業においては、近年いくぶん旗色の悪くなった実証主義を穏健につけ加えていくことが、まだまだ有効であると考えるからに他ならない。

（付記）本章のための英国における資料収集は、平成一〇年度文部省科学研究費補助金（中核的研究拠点形成基礎研究費）「アジア・アフリカにおける地域編成　原型・変容・転成」のもとで行った。

註

（1）『地中海』の第一部（「環境の役割」）では、地中海世界の「地理学的歴史」（ジェオイストワール）が描写されている。しかしながら、ここでブローデルによって論じられる空間は、循環しながら、ゆっくりと動いている社会史（第二部）と、めまぐるしく動く一回性の歴史である政治史（第三部）のいずれに対しても背景的なものとされ、動かないか、ほとんど動かない歴史の世界（「長期持続」もしくは「構造」）と規定されている。

（2）『ポスト・モダン・ジオグラフィーズ』(Soja 1989) での地理学復権の新しい試みは、一世紀にわたる「時間の空間に対するヘゲモニー」に対するアンチテーゼを主題としている。

（3）「空間の履歴」という視点から西行の旅を論じた優れた空間論としては桑子 (1999) を参照されたい。

（4）イギリスは、一七世紀以来のスマトラ島ベンクーレンから撤退し、シンガポール島より南、つまりリアウ・リンガ諸島には拠点を設けないことになり、オランダは、インドの拠点、一六四一年以来オランダの拠点であったマラッカ、そしてシンガポール島を含めてマレー半島における権利を放棄した。ベンクーレンとマラッカを交換し、マレー半島とスマトラを各々の勢力範囲として認め合ったのである

（深見 1985）。

（5）ジェームスおよびチャールス・ブルックの経済政策に関しては、Ishikawa（1998a, 1998b）参照。

（6）白人ラジャの脆弱な王国は、在地の土侯や華人の頭目の海容ないし無視の上に成り立っていたといってよい。実際のところ「いつでも寝首を欠くことのできたラジャ」という言説は、サラワクの村々で現在でもしばしば聞くことができる。一八五七年にクチンの宮殿は華人の武力蜂起の対象とされ、ラジャと間違えられた白人官吏の首が槍にかざされ攻撃が終息した際、当のラジャ・ブルックは「現在でもアスタナにある椰子の下にあった便所にかくれて九死に一生を得た」という逸話が今でも人々のあいだで記憶されている。

（7）タイの国家領域に関する考察としては田邊（1972a、1972b）を参照されたい。タイにおける国家領域生成を国家による森林資源の管理という点から論じ、トンチャイの議論に批判的検討を加えたものとしてはVandergeest and Peluso（1995）がある。

（8）国民統合ないし国家統合などの従来の研究とは視点を異にした政治的空間論としては、行政空間としての「インドネシア」の認識枠とその歴史的変容を論じた加藤（1996）、およびミナンカバウのフロンティアがインドネシアにおける一行政区へと変化した歴史を再構成したKato（1997）を参照。

（9）musket。十六世紀から十九世紀にかけて使用された長筒火器。ライフル銃にとって代わられた。

（10）『サラワク官報』は、一八七一年に創刊された月刊の政府官報である。その内容は、ラジャの名のもとで発布される「Notification」や「Order」、その他の条例の通告、行政地区報告抄録、市場商品価格、英国や海峡植民地英字新聞の転載記事、月間気象情報など多岐にわたり、地方行政官がクチンのみならず他の行政地区の状況を知るうえで重要な役割を果たした。行政官のみならず、一般購読も可能であり、サラワクにおける一種のコミュニティ・ペーパーの性格ももっていた。

『サラワク官報』の行政地区報告「Monthly Report」は、各地方行政官からクチンに送られた報告書が部分的に掲載されたものであり、サラワク古文書館およびロンドンの関係機関でも、オリジナルの報告書は存在しなかった。表-1は、筆者が、サラワク博物館に所蔵された『サラワク官報』所収のルンドゥ地区に関する報告書と関連記事から製作したものである。

(11)

ルンドゥ地区歳入（1892 年）

ダヤック歳入	$786
マレー歳入（Exemption Tax）	$342
裁判記録費および罰金	$692
諸免許	$92
登記審査費	$84
計	$1,726

(SG-LDMR May 1, 1893 : 78)

(12) 一九三〇年代末にいたるまで、サラワク政府にとり阿片統制はきわめて重要な問題であり続けた。政府の年次財政報告においては、阿片に関しては *Government Monopolies, Sarawak, Annual Opium Report* と呼ばれる個別の報告書がつくられ、政府による年間購買量、消費量、価格、登録された阿片吸引者数、阿片中毒者の死亡件数などが詳細に記録されている。

(13) 蘭領サンバス沿岸部のムンパワからサラワク領のダトゥ岬に近接するテロック・ムラノー村への移住史については、Ishikawa (1998a) に詳しい。

(14) インドネシア共和国、西カリマンタンに接するサラワク南西部国境地帯は、現在でもマラリアの多発地域として「ブラック・エリア」(kawasan Hiram) と呼ばれている。インドネシア人の越境入国が多く、彼（女）らがマラリア原虫の媒介となっているというのがサラワクの政府医療関係者の説明である。

(15) ダトゥ岬付近の入り江は、蘭領ボルネオのポンティアナックやサンバス、サラワクのクチン、ムカ、そしてブルネイなどのあいだを航行する船舶が、嵐を避け薪水を補給するために利用された。一九世紀前半から、このダトゥ岬周辺は、「海賊の湾」(Pirate Bay) と呼ばれ、スールー海を南下してボルネオ西海岸部にいたり収奪を繰り返したイラヌンや、ルジャン川を下り、沿岸部で首狩り行為をしていたイバンらの停泊地として知られていた。

(16) 村落成員の母村からの分出の結果、分村において母村に関する記憶が比較的短いあいだに失われることは珍しいことではない。このような集合的な健忘症は、国境を越えた人々の移動と定着をとおして母村との接触が疎遠となるなかでさらに加速することになる。

(17) フタバガキの双子葉植物。*Shorea pinanga.*

(18) イリペ・ナッツ (Illipe Nuts) : Meranti (Red) [*Shorea* 属, *Dipterocarpaceae* 科] の果実。ボルネオでの現地名は Engkabang, Ngabang など。果実の総重量の約五〇パーセントに及ぶ油成分は、チョコレートなどの製造に用いられる。

(19) 輸出入関税の収入がサラワクの国家歳入に占める割合は、一八九五年には、二一・四パーセント（歳入四五万三八〇〇・二四ドル中、輸出入関税収入は九万六九二八・八七ドル）に達している。

(20) サラワクの国際ゴム協定参加が国境部の農民社会に与えた影響とゴム生産者および商人の戦略的対応については、石川 (1997) を参照。

(21) 1pikul = 133.3lbs = 60.52kg.

(22) 東マレーシア、サラワク州ルンドゥ地区スマタン沿岸部のインドネシア領と隣接するマレー村落における一九九〇年代初頭の商品と人々の国境を越えた移動については Ishikawa (1998c) を参照されたい。

(23) ボルネオ西部における国家領域の生成を包括的に理解するためには、蘭領サンバス側での領域支配のプロセスを複眼的に考察する必要がある。このためには、サンバスにおけるオランダの植民地支配と自生的な政体の関係、特に、植民地化のもとでのサンバス・スルタンを中心としたマンダラの存続もしくは消滅の歴史的理解が重要となる。これに関しては機会を改めて検討していきたい。

(24) ちなみに一九九一年のルンドゥ地区の一平方キロメートルあたりの人口密度は一三・五人である (Buku Tahunan Perangkaan Sarawak 1994: 22)。

(25) ポスト・フォーディズムと呼ばれる生産形態のもとでの国際労働移動論に加え、従来の東南アジアにおける農民社会論も、ながらく移動を議論の要としてきた。すなわち、mobile peasant や「投機的農民」という視点のもとで、東南アジアの農業生産者の移動性の高さを積極的に捉え、これを小人口社会、双系的親族組織、二者関係などの社会的特徴とからめながら論じる系譜である。これらの移動農民論も、人々の自由意志、またはエージェンシーを前面に押しだしているという意味で、国家領域の生成にあずかる制度的側面についての議論が弱いものとなっている。

引用文献

SG: Sarawak Gazette

SG-LDMR: Sarawak Gazette-Lundu District Monthly Report

アンダーソン、B (1997) 白石さや・白石　隆訳『増補　想像の共同体―ナショナリズムの起源と流行』ＮＴＴ出版。

Appadurai, A. (1991) Global Ethnoscapes: Notes and Queries for a Transnational Anthropology, in *Recapturing Anthropology*, ed. Richard Fox. Santa Fe: School of American Research Press.

バリバール，E (1997) 若森章孝／他訳「国民形態：歴史とイデオロギー」『人種・国民・階級―揺らぐアイデンティティ』大村書店。

Boyarin, J. (1994) Space, Time, and the Politics of Memory. In *Remapping Memory: The Politics of TimeSpace*, ed. Jonathan Boyarin. pp. 1–37. Minneapolis and London: University of Minnesota Press.

Boyd, S. T. (1936) *The Laws of Sarawak* (Red Book). London: Bradbury, Wilkinson & Co.

ブローデル，F (1991–95) 浜名優美訳『地中海』I～V，藤原書店。

Breman, J. (1990) *Labour Migration and Rural Transformation in Colonial Asia.* Amsterdam: Free University Press.

Buku Tahunan Perangkaan Sarawak (1994), Jabatan Perangkaan Malaysia (Cawangan Sarawak).

Chew, D. (1990) *Chinese Pioneers on the Sarawak Frontier 1841–1941*. Singapore: Oxford University Press.

フィヒテ，J・G (1997) 細見和之・上野成利訳「ドイツ国民に告ぐ」『国民とは何か』河出書房新社。

Foucault, M. (1980) Questions on Geography. In *Power / Knowledge*, ed. Colin Gordon. pp. 63–77. New York: Pantheon Books.

深見純生 (1985)「ムラユの「くに」と近代国家――スマトラ」『第9回夏期東南アジアセミナー『マレー世界のなりたち』』(講義資料)。

Harvey, D. (1981) *The Condition of Postmodernity.* Oxford: Basil Blackwell.

Heine-Geldern, R. (1957) *Conceptions of State and Kingship in Southeast Asia.* Cornell University, Southeast Asia Program, Data Paper No. 18.

石川　登 (1997)「境界の社会史――ボルネオ西部国境地帯とゴム・ブーム」『民族学研究』61(4): 586–615.

Ishikawa, N. (1998a) *Between Frontiers: the Formation and Marginalization of a Borderland Malay Community in Southwestern Sarawak, Malaysia, 1870s–1990s*, Ph. D. thesis, Graduate School and University Center, City University of New York.

Ishikawa, N. (1998b) A Benevolent Protector or Failed Exploiter? : Local Response to Agro-economic Policies under the Second White Rajah, Charles Brooke (1871–1917) of Sarawak, Shamsul A. B. and T. Uesugi eds., *Japanese Anthropologists, Malaysian Society: Contribution to Malaysian Ethnography*, pp. 71–98, National Museum of Ethnology, Osaka.

Ishikawa, N. (1998c) On the Value and Value Equivalence of Commodity, Labor and Personhood: the Use and Abuse of Nation-States in the Borderland of Western Borneo, paper presented at the 4th International Symposium, *Population Movement in Southeast Asia: Changing Identities and Strategies for Survival*, Joint Research Project on Population Movement in the Modern World, September 17–19, 1998, Japan Center for Area Studies, National Museum of Ethnology, Osaka.

加藤　剛 (1996)「『インドネシア』の見方―行政空間の認識とその変容」『東南アジア研究』34(1): 78–99.

Kato, T. (1997) The Localization of Kuantan in Indonesia: From Minangkabau Frontier to a Riau Administrative District, *Bijdragen Tot de Taal-, Land-en*

Volkenkunde, Deel 153: 737-763.
桑子敏雄（1999）『西行の風景』NHKブックス、日本放送出版協会。
Muir, R. (1975) *Modern Political Geography*. New York: Macmillan.
Naimah Said Talib. (1999) *Administrators and Their Service: The Sarawak Administrative Service under the Brooke Rajahs and British Colonial Rule*, Singapore: Oxford University Press.
Migdal, J. S. (1988) *Strong Societies and Weak States: State-Society Relations and State Capabilities in the Third World*. Princeton: Princeton University Press.
Prescott, J. R. V., H. J. Coolier and D. F. Prescott (1977) *Frontiers of Asia and Southeast Asia*, Carlton: Melbourne University Press.
Pringle, R. (1970) *Rajahs and Rebels: The Ibans of Sarawak under Brooke Rule*, 1841-1941. New York: Cornell University Press.
Sahlins, P. (1989) *Boundaries: the Making of France and Spain in the Pyrenees*. Berkeley: University of California Press.
関本照夫（1986）「村と国家行事」原洋之介編著『東南アジアからの知的冒険——シンボル・経済・歴史』リブロポート。
関本照夫（1987）「東南アジア的王権の構造」伊藤亜人、関本照夫、船曳建夫編『現代の社会人類学3　国家と文明への過程』東京大学出版会。
白石　隆（1999）「東南アジア国家論・試論」坪内良博編著『〈総合的地域研究〉を求めて——東南アジア像を手がかりに』京都大学学術出版会。
Soja, E. W. (1989) *Postmodern Geographies: The Reassertion of Space in Critical Social Theory*. London: Verso.
Tambiah, S. J. (1976) *World Conqueror and World Renouncer*. New York: Cambridge University Press.
田邊繁治（1972a）「タイ旧制度下の国家領域に関する一考察」『東南アジア研究』10(2): 246-270.
田邊繁治（1972b）「タイにおける国家領域の成立過程——チャクリ改革期を中心として」『史林』55(6): 33-73.
Thongchai Winichakul (1994) *Siam Mapped: A History of the Geo-Body of a Nation*. Honolulu: University of Hawaii Press.
土屋健治（1988）「インドネシアの社会統合——フロンティア空間についての覚え書き」平野健一郎、山影進、岡部達味、土屋健治『アジアにおける国民統合—歴史・文化・国際関係』東京大学出版会。
Vandergeest, P. and N. L. Peluso (1995) Territorialization and State Power in Thailand. *Theory and Society* 24: 385-426.
若林幹夫（1995）『地図の想像力』講談社選書メチエ。
Wolters, O. W. (1982) *History, Culture, and Region in Southeast Asian Perspectives*. Singapore: Institute of Southeast Asian Studies.
Williams, R. (1976) *Keywords: a Vocabulary of Culture and Society*. New York: Cambridge University Press.

第7章

紅河デルタにおける地域性の形成

桜井由躬雄

はじめに

本章では、現在、北部ベトナム人が、「低地《ヴンチュン》」、として意識し、または「中游《チェンズー》」（周辺台地、扇状地、山地斜面）と明確に区別されて認識される空間を、「地域」としての「紅河デルタ《ドンバンソンホン》」としてとらえる。本章は紅河デルタにおける地域性の形成を文化と文明という二つの概念から考えようとする。

一　紅河デルタの地域性

1　景　観

大陸東南アジアは熱帯・モンスーン・デルタの地域として総括されることが多い。しかし、紅河デルタの自然環境は例外である。第一に気候帯としては冬季気温が著しく低下する亜熱帯気候に属し、年中高温の他デルタとは異質である。第二に冬季に湿った東北モンスーンの影響を受けるために、通年湿潤であり、冬季乾燥の強い他デルタとは異質である。第三に水文環境としての紅河水系は、平原が存在しないために山地とデルタが直結し、水源から直流するために流速が早く、流水量の季節変動また年々変動が大きい。第四に、その水文気候環境は、自然堤防帯の発達、後背湿地の卓越、沿岸砂丘列の発展により、デルタに多様な起伏を生じ、平板な他の三大デルタに比してきわめて特徴的である。

この自然環境と人間との相互交渉は、農業を通じて展開される。紅河デルタの農業基礎は稲作にある。アジア稲作ゾーンには数多くのタイプがあるが、その地理的（山地とデルタが直結している）、気候的（通年湿潤）環境特色から、紅河デルタは無犂、移植、堰潅漑の卓越、ジャポニカ類似の円粒種、穂刈りなどを特色とする照葉樹林稲作類型が展開された（桜井 1987: 250–259）。照葉樹林稲作は台地・扇状地地形に適した作法であり、低湿なデルタへの進出は東アジアでは江南で一〇世紀、木曽川デルタで一四世紀以降で、主として近世における展開が主流である。しかし、紅河デルタでは、すでに前一〇〇〇年紀初期において扇状地に、中期のドンソン期には一部の沖積面に稲作が展開している。この早期的な展開は、ルアチエム、または五月稲、農学者によってインドシニカと呼ばれている冬季稲の発見によって可能になった（桜井 1987: 245–249）。五月米の発見とその展開は、冬季湿潤デルタという紅河デルタに早期に稲作社会という人文環境をもたらした。人文環境が作用した新たな自然環境は、われわれが通常「景観[1]」と呼ぶものによって表徴される。景観は人間による自然環境の総合的認知の結果であり、主体は「景観」を通じてのみ、自然環境を全体として認識しうる。

コクタイン合作社は、ハノイから南方に直線で八〇キロ、紅河の分流ナムディン河（ダオ河）の西方に位置する。コクタイン合作社の夏の景観を思いつくままに列挙すれば、①低平地を埋め尽くす一面の黒い水田、②水田の中央を走る運河、③水田はるかに霞むダオ川大堤防の緑の斜面、④砂丘の盛り上がりに沖積土壌がかぶった微高地周辺には、香菜やサラダ菜、ジャガイモなどの季節の野菜畑、⑤樹林、竹林の植え込み、⑥広葉常緑潅木の生垣の列、⑦生垣の中の黒い瓦、赤煉瓦、白漆喰壁、⑧青深泥の池、⑨果樹の棚、などの景観要素があげられ、それが長い過去から変わらぬままに連続してきたような錯覚を感じるし、実際、伝統的農村の景観として紹介される。

しかし、現在の二五平米、三〇平米という整然緻密な小矩形に区切られた水田景観は、一九八一年の合作社集団所有田を家族に平等分割して以降のものであり、水田区画はもともと非定型で混沌としていた。夏季に水田に稲葉がそよぐのは六〇年代後半に排水ポンプ網がしかれ、これまで冬作一季しか作付けができず、夏季は一面の沼であった土地が、一気に二季作田に転換してからのものだ。水田のかなたの大堤防群は一九六〇年代後半、ポンプ網の設置とともに高く嵩上げされたものだ。畑作が貴重な現金獲得手段としてどこの農家にとりいれられるのも、八〇年代末の集団所有制の完全解体以後であるし、伝統的にみえる煉瓦壁と瓦屋根だての家でも、ほとんどは八〇年代の修復にかかわり、それ以前は泥壁に藁屋根、上に茅の類をかぶせたものにすぎなかった。景観は人文環境との関係を通じて歴史性を付与される。とりわけ、紅河デルタの景観はすぐれて歴史的な存在である。

2　文　化

一定のレベルでの同質的な自然環境の広がりの中に相互干渉により、構造化した生活様式の範域が分布し、一定の同質的な人文環境が成立する。同質で構造的な人文環境は、われわれが通常「文化」と呼ぶものによって表徴される。本来的に文化は環境に従属する。紅河デルタの地域文化は第一にモンスーンアジアの稲作という大きな自然環境に限定される。それはアジア稲作文化の中の一類型である。第二に紅河デルタ特有の気候、地形現象の中に育っている。そこでは、低温少雨という本来的に稲の生理に矛盾する冬作と、常時洪水の危険にさらされる夏作の併存という過酷な稲作が展開される。この環境の中にもたらされた照葉樹林稲作は、その人文環境に決定的な結果をもたらす二つの変異を生み出す。

第一は集約的な稲作の展開である。複雑な微地形と多様な土壌に対応したデリケートな稲種選択、冬季乾燥に対抗する運河網、発達した人力揚水システム、夏季冠水に抵抗する堤防網、通年繁茂する雑草駆除、細心の移植技術、集団的な、ときには軍隊的な規律をもった防虫作業、二季生産を保証する大量の化学肥料、有機肥料の使用である。現在、コクタイン合作社は、この集約労働の全面的な活用により、年二季総計籾一一トン強／ヘクタールという驚異的な収量をあげている。

しかし、これは一九八〇年代後半のＩＲ系新品種導入の結果であって、本来、伝統的な集約稲作は主として自然条件への対応としてなされる消極的、防衛的な性格が強いから、労働力投入は生産の安定性には意味があっても、収量増には大きな意味がない。一九三九年では平均収量はわずかにヘクタールあたり籾一・三三トン、一九五五年で一・五九トン、土地改革終了後の一九五六年で一・八六トン（Nguyen Sinh Cuc 1995: 17）にすぎなかった。この低生産性に対して一九二〇年代末の調査ではナムディン省の五月稲田では一畝《マウ》（伝統的な面積単位、フランス植民地時代に一マウ＝〇・三六ヘクタールに公定された）あたり男女あわせて六五日を必要とする（Henri 1932: 282）。ヘクタールでは一八〇人日となる。同時期の日本の約三倍の労働力が投入される。一人日あたりの収量は七・二キログラムである。膨大な労働力の集中による労働生産性のきわめて低い農業構造が形成される。

第二の変異は過大な人口圧力である。極端に低い労働生産性が要求する膨大な労働力需要は、東南アジア地域では例外的な早期的人口増大をもたらした。よく知られているように、紅河デルタはすでに紀元前後に、広東省よりも大きな人口集中が始まっていた（後藤 1975: 116–120）。一三世紀末の紅河デルタ報告である『安南志略』にはすでに「地狭くして、人衆《おお》し」と表現されている。信頼性の高い一九三一年の統計ではデルタはすでに六五〇万の人口を抱え、一平方キロメートルあたり四三〇人の人口密度であった。グールーの報告では、ナムディン省沿岸部のキエンラオ社では平方キロ一七五八人、ハインティエン社では三九〇〇人に達していたという（Gourou 1936: 138, 144, 154）。

一九九五年統計では、紅河デルタ[2]一万二六〇〇平方キロメートルに農業人口一〇八一万四〇〇〇人が集中し、平均農業人口密度は八五八人であり、砂丘列地帯のタイビン省では一〇六七人に達している。ナムディン省ザオトゥイ県の沿岸村落ザオティエン社では自然面積二一八ヘクタールに六五〇〇人が集住し、人口密度は平方キロメートルあたり二九八二人と農業地帯としては世界最高で、労働人口あたりの水田所有面積は二六〇平米を割っている（桜井ほか 1998a: 57–60）。コクタイン合作社では、一九九二年段階[3]で戸数で一〇二三、人口で三九六一人を管轄している。うち、農業人口は三六五〇人である。耕作面積は二一三・九ヘクタールであり、一労働力あたりは五二〇平米にすぎない。

グールーは「農事にいそがしくないときでも、人が景観から消え去るということはない」とその農村の雑踏を表現している（Gourou 1936: 109）が、現在のコクタイン合作社の道路もまた朝昼夕、水田からの人々の往来にごったがえし、また夏の水田や運河では、除草、虫取りにうごめく人の姿をみないことはない。一〇ヘクタールほどの宅地空間には、四〇〇〇の人口がひしめく。人はすでにデルタの景観の重要な一部となっている。

極端に過密な人口集中と、集約型低生産性農業という特徴的な人文環境は「寸土寸金」という合作社時代の標語が示すように（三尾 1973: 37）、あらゆる自然状況を食糧生産に従属させようとする。九〇年代はじめにコクタイン合作社と自然環境を同じくするタイビン省を調査したランボは、紅河デルタの生態環境をイネ《オリザサティヴァ》が植物種のドミナントであり、ヒト《ホモサピエンス》が動物種のドミナントであるとしている（Rambo 1993: 180）。

3　文明との邂逅

ヒトの生存に劣悪な自然環境において、自然環境に対して独立性が強く、また敵対性の強い文化要素が発生する。文明は自然環境に適応して発生したにもかかわらず、自然環境との相互作用が弱く、もしくは環境から隔絶した人文環境を形成する文化要素をさす。文明要素は文化要素から乖離し、それぞれの文化構造から遊離した単一要素として、つまり技術の単体として独立したときのみ他の地域に伝播しうる。

文明の優位性は、第一に文明技術のファッション性であり、第二に機能としての効率性である。したがって、受信地域がそれぞれの内的な必然性によって、美学性と効率性のコンセプトを文明の発信地域と共有するときに——多くの場合、自然的、人文的危機状況に地域が陥ったとき、異質な文明の優越性の認識を暴力的に強制されたとき——急速な文明要素の伝播がはじまる。紅河デルタにおけるもっとも新しい文明要素の流入は、一九七〇年代後半から一九八〇年代前半に起こった。地域は危機に陥った社会主義文明を捨て、これまでの社会主義的文化に、これまで峻拒していた市場価値という異質な文明要素を注入し、構造化しようとした。これがいわゆる刷新《ドイモイ》である。

紅河デルタでは一〇世紀に東アジア的国家建設への動きが起こる。紅河デルタに中央権力が発生すること自体は、きわめて文明的な事象であり、したがって東アジア文明世界の中では共通していても、紅河デルタ文化地域の中では、孤立化した現象である。一〇世紀から一三世紀にいたる丁朝、前黎朝、また李朝の成立期の混乱、また没落期の混乱は、文化的に認証を得ていない文明としての国家概念の流入と、その定着にいたる過程の混乱である。

文明は要素としてしか伝播しえない。受信地域は情報として受け取った文明を要素に解体し、独立した文明要素をその受信地域の文化的フィルターによって選択し、その文化構造の中に組み込むことによって、はじめて地域に定着する。李朝以降、紅河デルタの中央権力は、仏教、律令の個別的な選択を進め、文明の構造化を進める。ひとたび定着した文明要素は文化構造の中で、本来の文化要素を選んで交替し、またはその文化要素を変異させ、または新たな文化要素を発生付加させることによって、文化構造そのものを変質させ、新たな地域性を生み出す。ベトナム的な律令官制、ベトナム的な律令法体系、ベトナム的な儒教体系など、黎朝洪徳《ホンドゥック》年間には、このころまでに紅河デルタの慣習法秩序と社会文化の中に位置づけられた文明要素のヴァージョンが生まれ、新たな人文環境を生み出す。

二　集　団——紅河デルタ社会文化の形成

1　文明的集団としての社

ドンソン期までの紅河デルタの遺跡分布は、自然堤防、残丘、砂丘周辺の微高地に集中している（Vien Khao Co Hoc 1994）。ドンソン期の農業はいまだ、自然環境の絶対的な優越の中にある。コクタイン合作社の考古学発掘調査では、ドンソン期の遺物はいまだ発掘されていない。現ナムディン河西方三キロのズオンライゴアイ砂丘の発掘点では、地表から一五〇センチメートルの層（最下層の遺物層）から、北属期の磚が発見されているが、随伴遺物はない（西村ほか 1998: 162）。中華文明要素の流入はそれだけでは文化の変容をもたらさず、地域性の形成に関与できない。この時期には文化的技術が優先し、個々の文明要素は両環境から孤立して、放棄される。

一三世紀末から、紅河デルタ本流右岸、ダイ河左岸に大規模な洪水防御、河幅固定のための片輪中堤防列が建設される。この堤防建設という発想、片輪中という設計は一〇世紀末以来の江南デルタの堤防建設の文明的影響を受けていることはいうまでもない。しかし、その土木技術においてはきわめて地域的、文化的なものである（桜井 1989）。文化的土木技術の支援によって、ようやく東アジア的な開発文明は紅河デルタの環境形成に組み込まれた。

移住伝承によれば、一四世紀ごろ、草分け一二族がヴィェットチから移住したとされる。またブイゾアン漢文家譜によれば、初代裴允元は一四世紀末にバクニン省から移住している。地域の政治権力の希求した開発文明が、紅河デルタ地域文化の拡大と複合して、紅河デルタ農村という地域性を形成していく。

一二家族の移住直後に、紅河デルタ全域に社制という地方行政制度が施行される。黎朝政府は律令的政治体系という政治文明の導入とその文化的変容による定着により、国家建設を進めようとする。律令的国家の基本は小農群の創出と統制である。黎朝政府は既存の自然村落を併合整理し[4]（桜井 1987: 166–170）、紅河デルタ全域に五〇〇〇—六〇〇〇の社《サー》 xa を作り出した（桜井 1987: 171）。社は公田分給[5]、徴税、徴兵の基礎単位であり、その行政機能、構成については、関係法令によって厳密に規定されている（桜井 1987: 99–103）。したがって律令国家によって規定され、律令国家のために存在を課せられた、文明的要素である。現存コクタイン合作社の最古の碑文はチャンラム小学校敷地内で発見された崇庚八（一五七三）年「香盇庵碑《フォンカイアムビア》」碑文（嶋尾 1996）である。この碑文には寺院建築主として百穀《パックコック》社[6]の名がある。境界に関係して富穀《フーコック》の名がある。いずれの社の名も一九世紀はじめの地簿に継承され、一九四五年の行政改革による新しい社の建設まで、この地の区分の一つとして存在し続ける。

2　文化的集団ランの形成

一五世紀末の行政村落「社」は、現実にはその地縁的なまとまりによって、分割、統合を続ける。行政社がほぼ自然村落にそって分裂し、分裂単位がそれぞれに行政単位として、社と同様の機能、職制をもつと、村《トン》[7]と呼ばれる。このような分村の出現はデルタ南部の低湿地やゲアン、タインホアなどの、一六世紀以降に本格的な開拓を迎えた地に顕著である（桜井 1987: 175）。一八〇五年編纂の山南下鎮地簿[8]によれば、地簿の編集単位は百穀社ではなく、百穀社百穀村と同小穀村に分裂している。小穀村は現在、コクタイン合作社の北、排水運河を挟んだ対岸に位置するタンコック合作社にあたる。

地簿上の百穀村は二名の社長、九名の郷目、一名の看守からなる郷職《フオンチュック》（村役人）を有し、公田の分給権をもった末端行政単位である。この伝統的な末端行政単位をラン[9]という。ランは前植民地時代と植民地時代を通じて、「社」にかわって賦役、納税、徴兵の基本請負単位であった。しかし、ランはそれ自身の枠がすでに、外部の権力によって課せられた社の枠組みを文化的に再編して作られたものである。その内部もまた行政機関の末端を越えた自治共同体を構成していたことはよく知られる。ベトナム村落の強力な自治制、封鎖性を語るとき、よく引用される「王の法律も村落の慣習法に譲る」（Gourou 1936: 263）でいう「村落」はランである。ランの郷職《フオンチュック》（村役人）や在村官人、また名望家によって構成される会同《ホイドン》はランの内外行政を管理していた。

3　ソム集団の形成

紅河デルタ農村調査における最大の驚きは、同時に村落の枠の中で展開されるさまざまの紐帯の多層性である。現在のコクタイン合作社内部の社会紐帯は①ゾンホ dong ho と呼ばれる同族結合、②ニョム nhom、ゴー ngo、かつては甲《ザップ》 giap と呼ばれていた近隣結合、③祭祀結合、④社会組織結合[10]に分類できる。しかし、それぞれの結合は複雑な重層関係をもち、相互依存関係をもって最終的にソム xom といわれる地縁集団に統合される。現在、コクタイン合作社は八ソムからなっている。

裴氏の一族で、進士に及第した裴於台《ブイウダイ》は、死後、現在のソムBとソムCの境界に位置する一村《テンニャットトン》のデンと呼ばれる神社の主神となった。一六世紀までにはブイウダイ信仰集団が成立していた。崇庚八年碑文は武氏の二男二女が武氏の旧居を寺にした香蓋庵《フォンカイアム》に田地を寄進したことを記している。一六八六の紀年をもつ阮公氏の碑文は、阮公氏の女の旧居を寺にした際の水田寄進者の名を列挙している。以後、一八世紀を通じて碑文の大部分は仏教関係碑文である。年次の明確な一七三一年、一七三五年、一七七九年碑文はいずれも「后仏碑記《ハウファットビアキー》」である。后仏碑記碑文は基本的には個人、家族が後生の幸福を願う碑文であり、その寄進関係者も族とは関係なく、一七、一八世紀には個人を中心とする集団が形成されたと推定される。

阮功氏祠堂一六八六年碑文には百穀社壥村《チエントン》の名がある。壥村は第二村をさし、現在のソムCにあたる。阮功氏家譜には阮公朝《グエンコンチエウ》が本村つまり第一村、つまり現在のソムA、Bと分離して、第二村を建設したとする。阮公朝は一六九八碑文によれば、正和年間前後に侍内監僉太監にあった百穀社人であり、官位にあったときその得るところのものを村民に分け与えた、その恩を感じた人々が神にした。その範囲はバックコックを超えて、南隣村の果霊社《クアリン》（現在のランレロイ）に広がっている。またその生母裴氏の草庵を寺にしたときの記名者は裴氏、武氏、陳氏など族を越えた集団の名がみられる。裴輝族の第二支が別に裴村をなのったともいう。社や族を越えた集団「村」（内村）が、阮公朝をパトロンとするクライエント集団によって形成されている。

一七三一年碑文には「東・癸・求・来・同四甲官人」の名があり、また永佑元（一七三六）年の仏祀碑記には「百穀社百穀村東・癸二甲」の名があり、一八世紀には甲《ザップ》と称する小集団単位が存在している。聞き取りでは東・癸・求・来の四甲は第一村に属し、別に第二村には四甲があったという。碑文中には「四甲官員」「二甲官員郷老」「中甲郷老」などとあり、ソム内の地縁的下位集団が形成されていた。

バックコックの俗例《トウクレ》(11)は一九世紀前半に集中している。おそらく他社の例からみて、俗例は一八世紀には成立していた可能性があるが、現存していない。現存する俗例の最古のものは現在のソムA、Bにあたる一村の俗例（一八〇六年）であり、ついでソムCにあたる二村俗例《ニートン》（一八二七年）、裴村俗例《ブイトン》（一八二九年）ができている。本来、パトロンクライエント集団として始まった内村集団が、この時期には俗例という内部規範をもち、内村内部に近隣集団をかかえた固有の秩序をもった地域社会集団、後世のソムの原型を形成している。

4　平等性

紅河デルタでは、土地所有格差は大きくは進まず、圧倒的な零細農中心の社会を維持してきた。労働生産性の極度に低い社会にあっては、本来、大土地占有による労働力搾取のメリットがなく、土地所有の零細化は集約労働の効率化と、再生産労働の安定確保のための文化的選択であろう。一八〇五年に、ほぼ紅河デルタ全土の行政村落（社または村）の土地税台帳である地簿が作成された。百穀社百穀村一八〇五年地簿によれば、田土総数六〇六畝《マウ》で、うち私田が三一九畝である。この私田を百穀村人四一人、他村人三人が分割所有する。五畝未満の所有者が六三％を占め、最大の地主でさえ、五〇・六畝を一三の小規模な土地の集積によって所有しているにすぎない（桜井 1987: 307-322）。一九五四年の土地改革直前の状況でバックコックの最大の地主は二一マウ（七・五六ヘクタール）、第二位の地主は一五―一六マウを私有するにすぎない（桜井・岩井 1997a: 24）。一八世紀末の地簿との検証可能な河東省地簿などの分析では、土地占有の拡大が一世代においてみられても、多くは均分相続を主な理由として次世代においては分散所有に移行している（桜井 1987: 361-387）。

　公田制度は村落共有田の村落成員への割換耕作を制度化したものである。中国の王土論にもとづく均田法概念と、集団性、平等性をその地域性とする紅河デルタの小農社会文化は、公田制によって一つの地域文化構造を作り出した。公田は本来、徴税の便宜のための国有田として設定され、地方官の管理の下に、社登録員に分割耕作させたものである。しかし、一八世紀ごろ、つまりラン社会の成立とときを同じくして、その分配管理権はランに移動し、ランの共有田に昇華していた。この地の公田は在地では官田《クアンディエン》と呼ばれ、一成人男子あたり二サオ（一サオは一〇分の一マウにあたり、〇・〇三六ヘクタール、二サオは〇・〇七二ヘクタール）の割り当てを受けた。[12] 割換は毎年行われるが、実際は微調整にすぎない。里長が田簿にしたがって割換えを指揮した。公田は村落登録民の最低の土地占有を保障する平等原則の制度として一九五四年まで機能していた。

三　文明としての社会主義

1　新社

一九四五年の独立とともに、ランを基盤とする地方行政制度は解体し、複数のランをまとめる社（新社《サーモイ》）制度が生まれ、百穀村、富穀《フーコック》社、陽來《ズオンライ》社が合同してコクタイン社が、果霊《クアリン》上村、果霊下村がレロイ社、同美《ドンミー》社、沙中《サーチュン》社、詩料《トリエウ》社が合同してドンタム社が生まれた。一九六八年にコクタイン社とレロイ社が合同してタインロイ社が成立し、一九七二年にドンタム社のうちから旧ドンミー、サーチュン両社が加盟して、現在のタインロイ社ができた。現在、各ランはまったく行政的な意味をもたない（桜井 1996: 57–64）。

現在、社[13]は末端行政団体である。その意味では旧来のランの後継者であるが、規模の拡大とともに、ラン集団の連合にすぎず、その活動は著しく縮小した。九六年の調査では、社は行政サーヴィスとしては、公安関係、道路、渡し船など交通サーヴィス、村落市場管理、幼稚園託児所、小学校、中学校校舎の建設管理、文化関係（郵便サーヴィス、公開用の書籍、新聞の常置、体育振興、運動組織の維持）、医療センター、戦争犠牲者墓苑の維持管理、引退社幹部の年金、遺族傷病兵への見舞金など雑多な住民サーヴィスを行っているが、その財源は社財産の賃借料、住居税、営業税などからなり、最大の収入である社財産の運用収入は一億三〇〇〇万ドン（一三〇万円）程度にすぎず、年間総収入は三億ドン（三〇〇万円）にみたない[14]。

社人民会議の構成員二五人のうち、非党員は三人を数えるにすぎない。人民会議には社主席、同副主席、三合作社主席、党書記も含まれる。党《タン》Dang（ベトナム共産党）に関係しない社指導者は存在しえないし、議会は村落の党員代表者会議（二二人の党員議員のうち一二人が社党委員会委員）でもある。社が地域集団に対するもっとも大きな貢献は、第一には党を通じた国家と地域社会との結び目としての意義であり、第二にはランや合作社のような地域集団間の調整にある。

2 党

党は地縁関係、血縁関係、職場関係などで構成される独立細胞の集合体ともいえるベトナム社会において、軍とともに隔絶した効率性をもつ横断的、縦断的組織であり、同時に全国的かつ国際的なネットワークを独占している。党の価値観が基本的には地域の外部にあり、情報が外から内に発信されるという意味において、十分に文明的な存在である。

タインロイ合作社党支部には九六年段階で、三二六人の党員がおりこれはほぼ成人の五％にあたる。さらに各ソムの支部が二三、教育関係に一支部、計二四の支部がおかれている。党員の指導と管理にあたる党委員会は書記、副書記、社主席、同副主席、三合作社代表が含まれ、党と社、合作社の主要人事は完全に一体化している。党の常任職としては書記、副書記のほか民兵関係（一）、公安関係（二）、合作社の監査関係（三）など六人の専門職がある。党は社行政、合作社経営の指導にあたるが、党固有の任務は、党の組織工作、社や合作社指導部の監督、幹部研修、各大衆組織の統制管理、理論宣伝活動にある。かつて王朝政府官僚とその都市が東アジア文明の具現者であり、東アジアネットワークの独占者であったように、党は農民にとってはそのセンスにおいて社会主義・国際主義という文明の具現者であり、村と都市を結び、さらに海のかなたにいたる村外の権威的なネットワークの独占者である。つまり党と社は文明としての社会主義によって設定された単位であるが、同時にその文明と地域の文化構造との調和機能をもつことによって、ようやくその文化構造に認証される。

四　文化としての社会主義

1　土地改革⑮

ベトナム民主共和国の土地改革は、一九五三年、その土地改革綱領が「貧雇農に依拠し、中農と団結し」とするように、中国土地革命のほとんど忠実な模倣である（Woodside 1985: 367–368）。一九五四年までフランスの支配下にあった紅河デルタへの土地改革運動は、一九五五年度、土地改革第五波で地主階級と村落内の旧指導層の根絶を目的として発動された。この期の特色は地主の階級区分を機械的に村落の四－五％に設定したことであり、また南部のスパイ活動の摘発を兼ねて展開したことである（岩井 1992: 84–85）。

ランバックコックでの聞き取りでは、この地では一九五五年、土地改革が開始された。この年、南部出身の土地改革工作員のヴーがダオ河の岸辺に借り小屋を造り、フーコック社の小作運動指導者のレヴァンルオンと組んで、土地改革運動を展開した。運動は公田や地主の土地を回収して、貧農、雇農層へ分配し、また借金を帳消しにすることだった。この結果、村民一口あたり二サオの土地を占有することができた。これは改革前の公田の分給量と同額で、公田耕作者はその公田をそのまま占有することが許された。公田制度は意識と実態の両面で、土地改革と連動している。

それまでに、バックコックの村民が地主《ティアチュー》と認識していたソムAの地主で二一マウ（六マウとする説もある）を所有していたブイフイチャウは当主の老婦人と長女が南部に亡命し、夫は死亡するなど一家が解体していた。ソムCではグエンタイオアンなどの地主がいたが、いずれも逃亡していた。また村民は地主がソムBにいるとは思っていなかったが、土地改革委員会の判定では、富農であるべきグエンヴァンカインが地主とされた。当時の農会書記は、一〇〇人につき四人の地主、一人の富農を告発しなければならなかったという（桜井・岩井 1997a: 24）。同時に大きな打撃を受けたのは、地主逃亡時に地主の土地を買い上げた層で、多くが富農、中農判定を受けている。富農総数は一〇人程度で、彼ら自身も生活に苦しんでいたという（桜井・岩井 1997a: 26）。同時に村民がなお国民党事件と呼ぶ冤罪事件が発生している。一九五五年、委員会を開催していたランバックコックの幹部は主席を含め、いっせいに検挙された。罪状は国民党細胞を結成しようとしていたとされる。当時中央では旧村落の指導者層の解体をねらっていたというが（岩井 1992: 85–86）、おそらくこの指導方針にもとづいて冤罪的な弾圧が行われたのであろう。現在、この事件は党の指導方針の誤りとして、語り継がれている。実際、地主規定を受けたカインは五七年の修正で名誉回復を果たしているし、国民党事件の被疑者は五六年にはすべて釈放され、名誉回復している。

土地改革はたしかに既存社会秩序に一定の動揺を与えた。しかし、土地改革への村民の評価は、土地なし農民や貧農にとっては新たな土地所有の、小農では土地所有が確認できた喜びでは一致している。平等原則の価値観と、土地改革は共鳴するところが多い。逃亡した地主はすでに文化的正統性を失っていたからがゆえに、大きな秩序混乱にはいたらず、富農誤認や国民党事件は、たしかに農民層に大きな動揺を与えたが、その後の名誉回復で代償され、なによりも土地改革後の生産性の拡大が、本来文明的なおしつけ、外からの改革であった土地改革を、その文化構造の中に無理なく位置づけた。土地改革は、文明としての社会主義と地域にねざした平等性文化との接点に存在する。

2　替工組《トードイコン》（労働交換組織）

ベトナム農業生産の社会主義化は一九五五年に開始され、一九五九年以降に合作社に吸収される替工組から始まる。替工組は、土地改革で創出された小農群の近隣関係による労働交換組織であり、中国の互助組のコピーである。互助組は中国の農業協同化政策の中では、生産手段の私有制度を変えることなく、小農が社会主義教育と集団労働を学ぶきわめて重要な一段階とされる（童 1963: 98）。ベトナムにおいても、替工組運動は一九五五年以来、農業の計画生産、組織生産にいたる道程と位置づけられる（五五年六月三〇日党中央書記局指示 Vien Lich Su Dang 1982: 28-29）。ベトナム民主共和国全土では一九五五年には八万八〇〇〇戸、五七年末までに二七万八〇〇〇戸しか組織化されなかったが、土地改革の修正が終わった一九五八年には五七万戸が一挙に参加している（村野 1969: 25-26）。ランバックコックにおいては五七年にソムAで替工組が生まれ、二一戸が参加した。五八年のキャンペーン時に替工組化が進んでいる。替工組は道路で囲まれたゴー（ソム内の隣組）を単位に形成され、たとえばソムBだけで四替工組あり、一替工組は二〇世帯ほどであったと記憶されている（桜井ほか 1998c: 22）。替工組の基礎となるゴーは、おそらくは碑文にあらわれる一ソム(碑文中では村)に四つあった甲と連続する近隣共同体である。

ソムBの旧生産隊長は、替工組が一九五五年の土地改革以前に存在していたとしているが(桜井 1997a: 74)、これはゴーを組織単位とする労働交換組織が、党の指導による替工組の設立以前に存在していたことを示すものであろう。このゴーは初級合作社が成立した一九六一年には生産隊として活動する。さらに合作社が高級化した六〇年代後半では、農民の下部自主組織はニョム(班)と呼ばれ、生産隊の下で移植、除草、収穫など協同作業の単位となっていた。ニョムはソムBで五つ、ソムCで四つあり、それぞれに私的にニョム長がおかれた。八一年に各家族が合作社と直接請負契約をするようになると、このニョムが協同生産の単位となった。つまり、甲、ゴー、替工組、ニョムと一ソムに四-五ほどあった自発的な地域集団がもっとも強固にその結合を維持している。替工組は従来の協働慣行の延長上と認識され、明確な記憶をもって語られることはない。

3 初級合作社——文化としての農村社会主義

五〇年代末からベトナム民主共和国では、合作社化運動が本格化する。合作社化は農業社会主義の根幹である。一九五九年八月に初級合作社が成立した段階では各ソムが一合作社を形成していた(桜井・岩井 1997a: 72-85)。五九年にソムB、ソムC、六〇年にランフーコック、ソムA、ソムチャイノイで初級合作社が成立した。ソムはそれぞれ固有の俗例をもち、特にかなり明確な女性の婚姻圏であり、地縁社会の中心単位であるが、ゴーまたはニョムと違って労働互酬単位ではない。初級合作社の意味はソムが協働単位であり、生産手段の共有集団として設定されたことである。したがって、この段階では初級合作社は村落改革に積極的な農民の参加をみるだけだった。ソムBでは一二世帯、ソムCでは一二世帯、ソムAでは二一世帯が参加したにすぎない。

合作社への組織が進まなかった理由の第一は、土地改革でようやく自分の所有となった土地を、没収されることへの小農的反発である。第二は、合作社への加入を強制されることへの反感である（桜井ほか 1998: 9）。替工組から初級合作社への移行には大きな断絶がある。六一年までにはほとんどの農家が合作社に参加するようになったが、その理由としては、①初級合作社がソムを単位とする限り、ソム指導者の勧誘を拒否できないこと、②合作社に参加しないときの税賦課、生産資材の供給困難があり、合作社に入らざるをえないこと、があげられた。

同時に、多くの農民は初級合作社と替工組との断絶は意識していない（桜井・岩井 1997a: 77）。多くの老人が一九五七年に合作社に加盟したとしているが、これは替工組を合作社と誤認している。合作社と替工組の連続性は、協働単位としてのニョム組織が生産隊として機能したことである。初級合作社の下部では一〇戸前後のニョムつまり隣組が生産隊を組織し、合作社つまりソムと請負契約を結び、集団生産労働を組織し、生産手段と生産資材を合作社から供給され、生産物を合作社に納入する。ニョムが生産集団合作社の共同体性、社会文化を担い、ソムが国家への納入を担保した。初級合作社は文化としてのソムとニョムの構造の中に機能していた。

当時の生産隊長は、管理が楽であったことを述懐している。初級合作社には、集団労働もまた労働点数の規制がなく、農民が合作社と契約して割り当てられた土地を自由に耕して、合作社に規定量の籾を納入するだけであり、すべての籾を合作社倉庫に集中することもなく、会計帳など規制、規約はまったくなかったとする（桜井ほか 1998c: 5）。

初級合作社への肯定的評価としてあげられるのは、第一に国家による農業資材の供給であり、第二にその初期においては、食生活に顕著な変化があったことである。ある老人は合作社に入社したときにこれまで地主しか食べられなかった餅米や香り米が配給されたときの喜びを述べている。六〇年代初期には、合作社化は共同化においても、また農民生活のレベル向上においても、一定の意味があるものとして評価されている。

4　高級合作社――文明としての農村社会主義

高級合作社は合作社規模を大きくして、最終的には行政単位（社）と同一にし、またすべての生産手段（土地、農具）の集団化をはかるものである。これは従来のラン結合を合作社単位としたものである。一九六〇年、フーコック合作社とチャイノイ合作社が合同してフーノイ合作社が成立し、一九六二年、ソムA、B、Cとアップフーの四初級合作社が合同して、一八隊からなるバックタイン（ダイタイン）[16]合作社が成立した。この段階で、合作社は旧ラン結合を基礎とする集団になった。さらに一九六三年、ズオンライゴアイ、ズオンライチョンの二合作社が合同してズオンライ合作社が成立し、この地域（ランバックコック、ランフーコック、ランズオンライ）はランを基礎とする三合作社を形成し、生産隊の単位はニョムからソムに拡大するようになった。たとえば、初級合作社時代には、ソムCで三隊、アップフーで二隊の生産隊があったが、バックタイン合作社になると、ソムC、アップフーはそれぞれ単独で生産隊一隊とされた。わずか一季の収穫後、一九六四年、この三合作社は解体して再び八合作社に戻った。ソム―ニョム結合が実体的な生産集団化に適合し、またソムごとの土地所有状況の差の調節が困難だったためだろう。ソム単位での独立性がラン単位での生産結合を拒否している。

この当時、コクタインポンプ計画が開始された。コクタインポンプ網は当時のハナムニン省一市六県、潅漑面積にして一万二二二一ヘクタール、排水面積にして一万九八六三ヘクタールを管理する大プロジェクトである。一九六四年にそれまでの自然河川を基盤にコクタインポンプ場が建設され、以後、潅漑排水路の整備を続け、一九七四年に完成した（河野・柳沢 1996: 6–7）。コクタインポンプは六県の稲作構造の段階的な大改変である。この工事によって、これまで冬季一季の稲作しかできなかったこの地域に冬季夏季二季の集約稲作を可能にした。[17] しかし、同時に水利の広域化はラン、ソムの社会的孤立性を解体し、新たに水利単位を基礎とする農業集団結合を成立させる。

一九六五年以降、ベトナム戦争の激化とともに、合作社は継戦体制における兵員の補給、食糧など軍需の供給源、また銃後の労働力動員基盤として多大な意味をおわされた。ここに合作社は国家的生産単位に改変され、合作社内部の強化と同時に、再び、合作社の統合化が始まる。一九六六年にはズオンタイン合作社三隊、バックタイン合作社七隊、フータイン合作社三隊の合作社が再成立し、一九六八年、上記三合作社が合同してコクタイン合作社が成立した。この段階で、コクタイン合作社内部の生産隊は、ズオンライ二隊、バックタイン四隊、フータイン二隊に編成換えされる。再び、社会組織ソムが、生産単位に編成される。当時の生産隊長は、これまでの生産隊が拡大したために、管理負担が激増したことを伝える。

一九七六年（桜井・岩井 1997a: 72）、レロイ（クアリン）合作社一〇隊、ミーチュン合作社五隊、コクタイン合作社八隊が合同して、タインロイ合作社二三隊[18]が成立する。タインロイ合作社は行政村落タインロイと一致させたものであり、この合作社は面積七〇〇〇ヘクタール、社員総数一万一〇〇〇人という当時のハナムニン省最大の合作社であった。

しかし、合作社の生産性が問題となりだした八〇年、夏秋季から分裂論が出、八一年のチエム季に、再び、レロイ、ミーチュン、コクタインの三合作社に分裂し、この体制が現在まで一八年にわたって続いている。ここでは水利を共有するコクタインという生産単位が、伝統的な結合であるラン単位を超克し、しかし、上部から課された行政単位としての社単位を拒否して、成立存続している。

5　合作社の管理

以上のように合作社は、いわば文明としての社会主義が文化としての農民と直接に交わり、かつ衝突する場である。合作社は基本的に以下の四任務をもつ。第一は国家に対する義務であり、これは農業税をはじめ、生産物の半強制的な供出、各種の労役奉仕などがあり、合作社はこれら生産農民にかけられた義務が履行される場である。第二は事実上の国家の主権者である共産党の人的な、組織的な維持基盤である。第三は農民の再生産の場であり、剰余を生産する場である。第四は農民の社会的平等を維持し、福祉厚生を保障する場である。つまり、第一、第二において、合作社は国家的存在であり、それゆえに村落に超絶する価値観を有する文明的存在である。しかし、第三、第四において、合作社は同時に紅河デルタの社会文化をソムにかわり、ランにかわって継承する機能をもたされる。

八一年以前のコクタイン合作社管理委員会は、主任一、副主任二、労働担当委員一、生産担当委員一、文化社会担当委員一、からなり、監査委員会は監査長一、副監査二からなり、合作社計画班は計画長以下三の計一二人が合作社中央を形成し、これに八隊の生産隊が属した。生産隊には隊長一、副隊長一、書記一からなる（桜井・岩井 1997: 73)。合作社幹部は基本的には、各生産隊からの推薦を受けて、社党委員会が認証し、社員代表会議が選出するという形式をとっている（岩井 1997: 52–53)。実際には社党委員会が生産隊長まで、その人事を決定している印象をもつ（岩井・柳沢 1997: 59)。

しかし、生産隊長からの聞き取りでは、生産現場では合作社管理委員会は、外部、党や社、県の指令を合作社に伝え、ソムを単位とする生産隊長が実現する。その任務は社からの指示を末端に徹底することと同時に、ソム内部の諸問題の調整管理にあった。合作社と生産隊を通じて、文明としての社会主義国家は社会文化としてのランとソムに直接的に侵入し、国家の意志を村落内部に強制しようとする。それを可能にしたのは、第一にベトナム戦争の激化にともなう、国家の存在重量の著しい増大、第二にベトナム戦争後に生じた急激な社会主義化への努力である。

五　文明としての合作社の解体

1　生産の停滞

社会主義合作社制度の矛盾、問題点についてはすでに多くの指摘があり、その結果、すでによく知られるように、八一年の一〇〇号指示、八八年の一〇号決議を経て、集団生産組織としての合作社は解体した。コクタインにおける合作社制度への批判は、第一には生産性の低さ、第二には労働力単価の安さ、第三には労働力配分の非合理性、第四には合作社幹部、特に生産隊長レベルでの過剰労働にある。

政府統計によると、コクタインの属する旧ハーナムニン省の籾平均収量は土地改革後の一九五五年で一・六八三トン／ヘクタール、初級合作社成立後の一九六〇年で一・三六七トン、コクタインポンプ場の稼働した一九六五年で二・〇〇七トン、一九七〇年でやっと二・一〇二トンであり、一五年統計で、二五％増量している（Vu Nong Nghiep

1991: 139)。一九七〇年代以降の収量は、七六年に例外的に二・七トンを突破したほかは、二トン代を低迷し、特に深刻な飢饉のおそった七八年には、一・八八トン、八〇年には一・九五トンと、六五年代水準に停滞している。

合作社時代の生産性の低さは、聞き取り調査のいたるところで繰り返される。多くの記憶はポンプ場の完成する以前、六〇年代の収量を最低で一サオあたり二〇から三〇キログラム（ヘクタールあたり五五六キログラムから八三三キログラム）、平均で四五キログラム（ヘクタールあたり一・二五トン）位、ポンプ場建設後も最高では七〇キログラムから九〇キログラム（ヘクタールあたり一・九四トンから二・五トン）、平均で五〇－六〇キログラム（ヘクタールあたり一・三九トンから一・六七トン）とする。これは政府統計より著しく低い。この生産性低下の理由は以下のように説明される。①品種。ポンプ場建設以前は、水位高のために旧品種しか植えられず、収量増は困難であった。ポンプ場建設後、新品種としてA3、NN8などが導入されたが、生産は不安定であった。②肥料不足は深刻で、豚を飼う余裕がなかったために、特に有機肥料が不足した。国家は桑の葉を原料にした有機肥料を配給したが、とても足りなかった。③国防のため労働力が恒常的に不足した。④ベトナム戦後では、労働力の不合理な分配と対価問題が農民の労働意欲を減退させた。

統計においても、また農民の実感においても、合作社は生産性の拡大に結びついていない。文明としての効率性が機能しない限り、合作社の集団労働、集団管理は、その技術導入、インフラ投資を含めて、外部の装置としての認識しか与えていない。

2　労働力対価

一般に合作社社員への労働力対価支払いは、工点《コンディエム》制によっている。成人男子社員一人につき月二四日の工《コン》（労働日）が割り当てられる。一サオの総労働は九九点《ディエム》（九・九工）として計算される。一サオの生産力をかりに七〇キロとし、一工の対価を籾一キロとすると、収量の七分の一のみが労働力の対価である。工点数は家族の労働力によって大きく異なる。六〇年代では、水牛を所有し、子供の労働力もあり、家族で一〇労働力を有する場合には、一季一〇〇〇工を越す家族もあったが、こうした家族は一生産隊（ソム）に一－二戸しかなかった。老人世帯、女性だけの世帯では一季四〇－五〇工しか得られない家族もあった[19]。このような極貧の社員家族はたとえばチャイノイでは全戸の半分を占め、フーコックでは三分の二を占めたという[20]。土地条件の恵まれたズオンライゴアイでは、一季二〇〇工を越す家族は四－六戸、四〇から五〇工しか得られない家族が半分、平均では一〇〇工であったという。

生産性の低さを反映して、一工あたりの籾量は少ない。労働点数は時期によって大きく異なるが、一工は最高でも二キロ、最低では五〇〇グラムであり、平均的には七〇〇グラムにすぎなかったという。一応最低食糧として青年男子で月一二キロ、子供は七キロが保障されていたが、これではとても足りない。ある生産隊長は、平均的な食糧事情を一季六月のうち、四月は食事を保障しえても、あと二月はサツマイモ、トウモロコシで過ごすしかなかったという。結果的に、社会主義合作社時代はすべての農民にとって、飢えの日々であり、文明受入のメリットを享受しえない。

3　労働力動員の非効率性

合作社社員の労働は合作社での工点制にもとづく契約労働のほかに、堤防や道路修理などの公役、ベトナム戦争中はこれにハウカン(後方支援)[21]が加わり、労働需要が絶え間なくあった。これ以上に合作社の決定した労働配分にしたがって労働力を供出しなければならず、現在では一〇日で達成可能である農作業が合作社時代では一か月かかった。

生産隊長は、たとえばソムAでは水田五〇マウ、畑作地一五マウ、管轄社員一〇〇戸三〇〇人を管理し、合作社の作成した労働分配にしたがって、朝四時半から、労働票を配布し、労働力をかりだし、労働内容を点検する。その夜また労働票を回収し、季末に総労働点を清算して、合作社に報告し、収穫物を脱穀乾燥後、合作社に納入し、労働点数に応じて籾を受け取るなど、過大な労働が付随した。また、合作社末期には労働力が集まらず、その手配に多大な労力を必要とした。これに対し、生産隊長への報酬は初級合作社では一季二〇〇点、ほぼ二〇キロの籾、大合作社では一季一一〇キロ程度の籾にすぎず、実質労働にみあわなかった。工点計算が簡略化された一〇〇号指示をもっとも喜んだのはこの生産隊長クラスであろう。

しかもその権限はきわめて小さく、ある生産隊長は各家庭の見回りの際に、貧困家庭への籾割当てを増やしたく思っても、その権限がないことを悔やんだ経験を語っている(桜井・岩井 1997: 83)。つまり、高級合作社への移行過程で、生産隊長は労働管理者にしかすぎず、共同体の代表者としての位置を奪われていた。

4　合作社労働の放棄

食糧難は、社員家庭に集団労働からの逸脱を選択させる。第一は五％地《ダットファンチャム》（自留地）経営への集中である。五％地とは各生産隊の割当て地の一部を家族に割り当て、契約で野菜などの家族生産を許し、その生産物のうち、一部の納入を別にして剰余生産物の処分を自由にしたものである。ソム・フーコックでの採取では、五％地は各戸にほぼ一サオあり、野菜を植えて近くのガオ市場《チョーガオ》に売る。その収入は一季で籾二四キロに等しかったという。飯米の補助としての意味は大きい。ソムＢの七人家族で一婦人労働力だけの家では、家計の六〇％が五％地からの野菜収入であったとする（桜井ほか 1998c: 9）。ズオンライやソムＡなどでは、さらに病欠と称して合作社労働を放棄し、ガオ市場で野菜を仕入れて[22]、これをナムディンで路上販売するもの、さらに合作社の正社員でありながらナムディンで手工業合作社の社員となるもの、さらに合作社を逃亡して出稼ぎにでるものなどが増え、生産隊は労働力の確保に苦しんだ。またソムＢのある農家は合作社の工点報酬で食事がまかなえるのは一年四月で、残りの八月は別の収入が必要であるとする（桜井ほか 1998c: 12）。

七五年ごろから、土地放棄が激しくなり、生産隊は実質上の解体へ向かった。一〇〇号指示の直前、一九八〇年にはハナムニン省一帯で大規模な土地放棄があったようで、この年、夏作田の植え付けはわずかに一〇万ヘクタール、前年の六九％に低下している。最高の植え付けだった七六年に比べれば六五％にすぎない。総収量では八〇年は七六年の実に四三・五％である。合作社はいわば農民の消極的な抵抗によって八〇年代はじめには機能不全に陥っていた。合作社の生産崩壊は同時に農民の食糧供給源の停止でもある。ある農民はもし一〇〇号指示がなければ、すべての農民は餓死しただろうといいきっている。

文明としての社会主義合作社の生産システムは、発足以来二〇年を経ても、そのファッション性、効率性において失敗し、新しい文化構造をつくりだすことはできなかった。

5　社会文化としての合作社

しかし、合作社は同時に弱者保護、平等原則維持のための社会組織でもあった。集団生産期のコクタイン合作社は、以下の諸点において、社会組織としての機能をもっていた。

①調和籾販売《バントックディエウホア》　基準食糧月一人七―八キロに達しない場合、合作社がこれを補塡した。合作社はこのためにすべての工点総和の六％を貧困家庭救済のために留保していた。

②均衡政策《チンサックカンドイ》　特にベトナム戦争中は、労働力のある家族にも一月一労働力の報酬を工点にかかわりなく二一キロ、一年では二五四キロに限定し、余剰分を貧困家庭に支給する制度があった。

③生産隊長は隊の総工点数の一〇％を留保して、隊が請負任務を達成できなかったときの返済に用い、また合作社も合作社総工点数の一〇％を保留して、天災などによる未達成分の補充にあてた。

④六八、六九年の大飢饉のときは、米がまったくなく、国家はソ連からの小麦粉を合作社に供給し、合作社はこれを各家庭に分配した。また合作社はイエンバイなどの山地に、キャッサバを買い出しに出かけ、これを農民に配給した。

これらの施策は社会主義的平等原則に名を借りた農村社会文化の表現である。

六　ドイモイ後の合作社

1　ニョムの復活

八一年、一〇〇号指示により、家族単位での生産請負が可能になり、稲生産五工程のうち、三工程が家族の責任となり、また契約額以上の生産については直接生産者、つまり家族の自由処分が可能になった。しかし、移植、植物防衛(防虫)、除草、収穫などの協働が必要な工程については、ニョム単位が生産隊と契約を結んだ。ニョムはソムBでは五、ソムCでは四あり、それぞれ五－七世帯、一〇－一五世帯からなっている、旧来のゴー、ニョム、つまり初級合作社時代の生産隊にあたる。再びニョム結合が生産単位として大きな意味をもった。

2　生産性の拡大

一〇〇号指示による自由処分幅を農民は次のように理解している。たとえば一サオで標準収量一〇六キロと算定されている土地がある。この収量が実際に一五〇キロあるとすると、四四キロが家族の収入になる。合作社には契約量一〇六キロから、労働点数分、一サオ一〇工、一五キロを控除した九一キロを納入する。この納入額は合作社計算班が計算して各家庭に指示する（岩井・柳沢 1997: 73）。

この自由処分幅の拡大と家族経営権の復活は、同じ時期にようやく普及しだした新品種の集約管理栽培法の労働需要と一致し、大幅な生産性の拡大をひきだした。八三年以降、一サオ一〇〇キロが常態となり、一〇号指示以降では一五〇キロ、現在は二〇〇キロを超すという、三倍増、四倍増が可能になったコクタイン合作社の農民は例外なく、八一年以降の生産拡大と、余剰生産を獲得できる喜び、より具体的には腹をいっぱいにすることのできる時代の到来を伝える。文化構造が生産性の拡大をもたらすとき、文明としての社会主義はその意味を失う。

3　文化としての合作社の継続

一九八八年四月の政治局第一〇号議決により、合作社はその集団所有制を廃棄し、その土地の使用権を社員家族に均等に分配し、社会主義的集団所有、集団生産組織としての二八年の歴史を閉じた。しかし、紅河デルタの合作社はまったく解体したとする日本での通説（村野 1989: 24–32）とは違って、現在、農業サーヴィス機関としての重要な位置を与えられている（桜井 1997b: 6–50）（桜井ほか 1998b: 84–100）（桜井ほか 1998c: 101–103）。

合作社は社会厚生活動においても大きな意味をもっている（岩井 1999: 525–545）。コクタイン合作社はこうした合作社の一般的活動の上に、さらに公共サーヴィス（村落内道路建設、給電、社内放送）、各種の福利サーヴィス（独居老人、傷病兵への援助など）、公益事業への寄付、幼稚園託児所の経営、農業指導サーヴィスなど少なからぬ社会サーヴィス機能を負っている（岩井 1997: 52–68）。つまり合作社はその社会文化としての連続性において、文化構造の一環としての意味を維持している。

4　ソムの復権――新たな文化構造創造へ

現在コクタイン合作社には総計八つのソムつまり生産隊が健在である。ソムは行政的に認知された最小の集団単位であり、合作社、社の委任を受けた、徴税、公役などの社会義務、公職選挙などの社会権利の履行、また医療、福祉などの社会サーヴィスの組織単位である。また社会組織としての祖国戦線、青年団、婦人会、少年団、旧戦士会（在郷軍人会）などの末端単位であり、前述のように共産党の末端細胞もソムを単位におかれている。

構成員によって選挙されたソム長（九五年から生産隊長兼任）が、ソム内諸行政を管理している（岩井・柳沢 1997: 51-71）。ソム長の社に対する責任は住居税、公的賦役、各種寄付、県管轄道路に関する賦役の徴収である。合作社に対しては、農業税、水利費、各サーヴィス業務費用、合作社管理道路、診療所維持費用などの徴収責任を負っている。

コクタイン合作社において顕著なことはソム長（生産隊長）は合作社に対しては、諸義務を完納しているが、社に対しては、ソムズオンライチョンでは、県管轄道路賦役分の三分の一しか納入せず、ソムAでは社支払い分の七〇％納入にとどまり、ソムCでは各種公租公課の二〇％が未納であり、フーコックでは九六年に未納家族については社が直接徴収することを要求するなど、義務履行に消極的である。農家及び生産隊長ともに、合作社への義務と社への義務、県への、また国家への義務について区別し、後者には消極的といえようか（岩井・柳沢 1977: 53, 57, 62, 68）。

生産隊長の性格は八一年以降、大きく変質した。計算業務、労働管理任務、請負責任者としての生産責任のすべてから解除され、固定した土地面積にもとづいて、固定した農業税、固定した工点計算を機械的に農家に割り当て、ただ合作社に納入される契約籾を検査するだけになった（桜井・岩井 1997c: 73）。一〇号決議以降においては、農業サーヴィス任務は籾品種の選択指導、水田の見回り、潅漑排水秩序の決定などをのぞいて、経営管理にかかわる業務はほとんどない（岩井・柳沢 1997: 51–71）。さらに注目すべきことは、コクタイン合作社においては、生産隊長の職務の大きな部分を調停業務が占めていることである。調停業務は個人間のもめごとの調停、畦分けなど農業生産にかかわる調停、生産隊間の調停、さらに個人と合作社間のもめごとの調停などに分けられる（岩井・柳沢 1997: 66）。

現在の生産隊長、ソム長は、市場化経済の中における農民の新しい文化創造の動きと、これに対応しようとする合作社とを結ぶ役割を課せられている。

結　語

紅河デルタの自然環境と人文環境の相互作用は、紅河デルタの地域性として集団性、平等性、集約性を生み出した。この地域性は、中国の文明要素の導入により体系化され、一九世紀までにその内部ではソム、ニョム、ゴーなどの小社会単位社会によって表現され、またこれらの小社会集団をラン村落が対外的に代表した。社会主義革命は社会主義という新たな文明の導入である。ドイモイ変革もまた市場経済という新たな文明の導入である。しかし、社会主義的生産単位としての合作社という文明単位はついに、ファション性と効率性という文明が受入されるための価値を実現できず、紅河デルタの農村社会の文化構造の中に位置づけられることなく解体した。しかし社会文化を共有する合作社を単位とする共同体（新様式の合作社《ホップタックサーキエウモイ》）は、集団性、平等性、集約性に依拠する小農秩序という紅河デルタの地域性を代表して、現在も強力な継続性を有している。

註

（1）景観 Landshaft Landscape は個々の要素の集合としての空間の広がりが、全体として主体に感性によって認知されたものとする。

（2）統計上の紅河デルタの概念は、地形上のデルタとは異なる。現在のハノイ、ハイフォン、ハタイ、ハイズオン、フンイエン、タイビン、ハナム、ナムディン、ニンビン諸省の行政面積の総和である。ニンビン、ハナム、ハノイの西部には段丘、扇状地が分布し、またデルタの大きな部分を占めるバクニン省平地部、旧ヴィンフー省平地部が北部山地として、紅河デルタからのぞかれている。

（3）現在、一九九八年上半期までの合作社社員家族名簿を入手しているが、本章執筆段階では分析中である。ここでは分析の完了した九二年段階の統計を引用する。

（4）黎朝期以前に、郷《フォン》、甲《ザップ》、社《サー》などと呼ばれる村落が存在したことが史料に現れるがその実態はあきらかでない（桜井 1987: 164-166）。

（5）ベトナムの伝統的土地制度で、一五世紀に国家所有田として成立し、一八ー一九世紀以降、村落共有田に転化した。公田制度の概要については（桜井 1987）。

（6）注（1）参照。

（7）村と呼ばれる集落には社内が分裂して生じた村と、ここでいう独立村があり、両者はほぼ本質的といえる差がある。本章では前者を内村、後者を外村と呼ぶ。

（8）地簿は社ごとに田地、宅地の使用状況を登録した納税台帳である（桜井 1987: 299-305）。一八世紀ごろからのものが残存しているが、紅河デルタでは一八〇五年に一斉登録がなされ、そのほぼ全部が国立文書館第一局に保存されている。

（9）村の成立の少ないバクニンやハタイでは「社」、村が成立した地では外村をさす。

（10）このほか現在の青年会 Hoi Thanh Nien に代表される同世代結合があるが、コクタイン調査では、いまだ本格的調査を行っていないので、本章ではふれない。

（11）通常、村落の慣習法とされる（嶋尾 1992）。

（12）ただし官田の割り当てを受けず、また水田をいっさい占有しない村民も大量に存在し、もっぱら小作で生活していた（桜井ほか

1998a）。
（13）社は七名の議員からなる社人民行政委員会と二七名の議員によって構成される任期五年（九四年までは二年だった）の人民会議からなる。選出法、履歴、職務については（桜井 1996c: 89-95）
（14）本来、行政団体として均質的であるべき、社も紅河デルタではそれぞれの地域環境によって、その機能を別にする。タインロイ社では合作社活動が先行して社の活動は消極的であるが、たとえば合作社が解体している旧ヴィンフー省では、社が村落の社会サーヴィスを維持している場合が多い（桜井 1996a）。また旧ランと社が一致している規模の小さい社の場合も、社の機能は大きい（岩井 1997）。
（15）ベトナムの土地改革の過程及び農村社会における意味については（岩井 1992）が詳しい。
（16）バックコックを基礎とするこの新合作社の呼称は、古老によって一致していない。バックコック、ダイタインなどの名前が記憶されている。
（17）なおこの時期の紅河デルタでは、コクタインばかりではなく、ほとんどの省において大規模な水利開発が行われている。これは紅河デルタの社会文化の変質に大きな意味をもったし、またドイモイ以降の生産の急拡大を支えるインフラを提供した。
（18）レロイ一〇隊、コクタイン八隊、ミーチュン五隊。ソムと生産隊が一致している。
（19）水牛は一頭一季二〇工の労働力として計算された。
（20）家族の工数については時期によって大きな差があり、七〇年代のソム・ズオンライゴアイでは一季八〇〇工を越える家族は四－六戸、平均が五〇〇－六〇〇工、最低でも二五〇工であったという。
（21）記憶されるハウカンでもっとも苦しいものは、中国からの軍需用食糧物資をチンスエン Trinh Xuyen 駅で受け取り、ダオ河に運搬する役務で、夜間人力で行われたという（桜井ほか 1997: 76）。
（22）合作社社員は月二四日の義務があり、これを割る場合は労働点数による籾を支給されない。病欠については生産隊長がその状態を判断し、やむをえないときは特別価格で販売するが、あきらかな不正の場合は市場価格で販売する。しかし、貧困が理由の場合は、それ以外の罰則はなく、合作社労働より有利な労働を求めて多量の労働力が流出したという（桜井・岩井 1997: 76）。

引用文献

岩井美佐紀（1992）、「土地改革期における北部ベトナム村落の変容」、『地域研究』（東京外国語大学大学院地域研究会）9、64-116頁
岩井美佐紀（1997）、「コクタイン合作社の運営および社会機能」、『百穀社通信』7、東京、東京大学人文社会系研究科南東南アジア歴史社会研究室、52-68頁
岩井美佐紀（1998）、「コクタイン合作社の社会機能調査報告」、『百穀社通信』8、東京、東京大学人文社会系研究科南東南アジア歴史社会

研究室、155–158頁
岩井美佐紀（1999）、「ベトナム北部農村における社会変容と女性労働—バックニン省チャンリエット村の事例から」『東南アジア研究』36–4、525–545頁
岩井美佐紀・柳澤雅之（1997）、「コクタイン合作社生産隊長聞き取り記録」『百穀社通信』6、東京、東京大学人文社会系研究科南東南アジア歴史社会研究室、51–71頁
河野泰之、柳澤雅之（1996）、「ナムディン輪中の水利」、『百穀社通信』4、東京、東京大学人文社会系研究科南東南アジア歴史社会研究室、1–24頁
桜井由躬雄（1987a）、「ベトナム紅河デルタの開拓史」渡部忠世編『アジア稲作文化の展開—多様と統一』（稲のアジア史2）、東京、小学館、235–276頁
桜井由躬雄（1987b）『ベトナム村落の形成』、東京、創文社
桜井由躬雄（1989）、「陳朝期デルタ開拓試論1—西氾濫原の開拓」、『東南アジア研究』、27–3、275–300頁
桜井由躬雄（1992）、「陳朝期ベトナムにおける紅河デルタの開拓—新デルタ」、辛島昇他編『東南アジア世界の歴史的位相』、東京、東京大学出版会21–45頁
桜井由躬雄（1996）、「1995年度採集ソムB集落に関するベーシックデータ」『百穀社通信』5、東京、東京大学人文社会系研究科南東南アジア歴史社会研究室、1–114頁
桜井由躬雄・岩井美佐紀（1997a）、「10号以前の生産隊—旧生産隊幹部からの情報」、『百穀社通信』6、東京、東京大学人文社会系研究科南東南アジア歴史社会研究室、72–85頁
桜井由躬雄（1997b）、「合作社の経営危機—弱い合作社ということ—96年ヴィンフー省合作社調査報告から」、『百穀社通信』6、東京、東京大学人文社会系研究科南東南アジア歴史社会研究室、6–50頁
桜井由躬雄（1997c）、「バックコックの村内インフラ」、『百穀社通信』6、東京、東京大学人文社会系研究科南東南アジア歴史社会研究室、86–95頁
桜井由躬雄・大村晴・森絵里砂（1998a）、「ナムディン省沿岸合作社調査報告」『百穀社通信』8、東京、東京大学人文社会系研究科南東南アジア歴史社会研究室、49–83頁
桜井由躬雄・小川有子・柳沢雅之（1998b）、「後背湿地の合作社—1997年ハーナム省合作社調査報告」、『百穀社通信』8、東京、東京大学人文社会系研究科南東南アジア歴史社会研究室、31–48頁
桜井由躬雄・嶋尾稔・Vu Minh Giang・大村晴・小川有子・川上崇（1998c）、コクタイン合作社の老人たちの生涯(1)」、『百穀社通信』8、東京、東京大学人文社会系研究科南東南アジア歴史社会研究室、1–30頁

桜井由躬雄（1999）「19世紀の東南アジア村落」『岩波世界史講座』、東京、岩波書店
嶋尾　稔（1992）、「植民地期北部ベトナム村落における秩序再編について―郷約再編の一事例」、『慶応義塾大学言語文化研究所紀要』24　111-153頁
嶋尾　稔（1996）、『百穀社資料集　碑文編』、東京、東京大学人文社会系研究科南東南アジア歴史社会研究室、66頁
童大林（近藤康男訳）（1963）、『中国の農業協同化運動』、東京、御茶ノ水書房
末成道男（1995）、「ベトナムの『家譜』」、『東京大学東洋文化研究所紀要』、1-42頁
末成道男（1998）、『ベトナムの祖先祭祀―潮曲の社会生活』、東京、東京大学東洋文化研究所
西村昌也、西野範子、チン・ホアン・ヒエップ、グエン・クオック・ホイ（1998）「1997年度夏期考古学調査の概報」『百穀社通信』8、東京、東京大学人文社会系研究科南東南アジア歴史社会研究室、159-182頁
ベトナム中央統計局（村野勉訳）（1969）、『ベトナム民主共和国経済文化建設の五ヵ年』、東京、アジア経済研究所
三尾忠志（1972）、「北ベトナムにおける農業労働生産性の問題」『共産圏問題』16-9、1-28頁
三尾忠志（1973）、「北ベトナムの食糧事情」『共産圏問題』17-10、32-48頁
村野勉（1989）、「動き出す農業『刷新』―画期的な政治局決議」『アジアトレンド』1、24-32頁
村野勉（1976）、「北ベトナムの土地改革」斎藤仁編『アジア土地政策論序説』、東京　アジア経済研究所
Chaliand, Gérard (1969), *The Peasants of North Vietnam*, Harmondsworth and Middlesex, Penguin Books
Dumont, Rene (1995), *La Culture du riz dans le Delta du Tonkin*, Patani, Songkla Prince University
Gourou, Pierre (1936), *Les Paysans du Delta tonkinois*, Paris, Les Editions d'Art et d'Histoire
Gouvernement Général de L'Indochine (1927), *Annuaire Statistique de L'Indochine, Recueil de Statistiques relatives aux années 1913 à 1922*, Hanoi Gouvernement General de L'Indochine
Henri, Yves (1932), *Économie Agricole de l'Indochine*, Hanoi, Gouvernement Général de L'Indochine
Nguyen Sinh Cuc (1995), *Nong Nghiep Viet Nam, 1945-1995*, Hanoi, Nha Xuat Ban Thong Ke,
Rambo, Terry (1993), *To Many People, Too Little Land*, Honolulu, East -West Center
Tong Cuc Tong Ke (1985), *So Lieu thong Ke, 1930-1984*, Hanoi, Nha Xuat Ban Thong Ke
Vien Khao co Hoc81994), *Van Hoa Dong Son o viet Nam*, Hanoi, Nha Xuat Ban Khoa Hoc Xa Hoi
Vien Lich Su Dang (1982), *Nhung Su Kien Lich Su Dang, Tap IV*, Hanoi, Nha Xuat Ban Thong Tin Ly Luan
Woodside, Alexander, B. (1986), Southeast Asian Nations in a New Order ; Vietnam, Steinberg, Ddavid J. ed. *In Search of Southeast Asia ; A Modern History*, Revised Edition, Honolulu, University of Hawaii.

第8章

歴史とエスニシティ

――ジャカルタの生成

山下晋司

一　はじめに――「複合社会論」の再検討

イギリスの経済史家J・S・ファーニヴァルは、蘭領東インド社会を研究し、その特質を「複合社会」(plural society)という言葉でとらえた。複合社会とは、複数の人種的に異なるコミュニティが、経済の領域(市場)においてのみ交流するが、融合はせず、植民地体制という外面的な政治的統合のもとに併存する社会のことである。ファーニヴァルによると、同様なタイプの社会は、蘭領東インド以外でもタイ、南アフリカ、アメリカ合衆国、フランス領カナダなどに見いだされる(Furnivall 1944: 446)。

東南アジアにおいては、複合社会の形成は、二重の意味で植民地支配下における変化であった、と白石隆は述べている。すなわち、第一に、白人を頂点とし、東洋外国人(華僑、インド人)を中間層とし、そして「原住民」を底辺とする植民地的な階層構造を固定化した。第二に、複合社会の形成にともない、東洋外国人、とくに華僑が経済的に重要な地位を占めることになった(白石　一九八三：三〇四―三〇五)。

ここで注意したいのは、東南アジアにおけるこうした複合社会の形成は、一九世紀末から二〇世紀前半にかけて、西欧の植民地主義の新たな展開のなかで起こった現象だという点である。それ以前は、植民地社会はむしろ混交的であった。

わたしは近年、人の移動とそれにともなう人々の混交や文化の創造に関心をもっている(山下　一九九六ａｂ)。それゆえ、この論文では、インドネシアのジャカルタの歴史——植民地主義の展開とともに、異なった人種が集まり、交わり、新しい民族、新しい文化が創造される場としての歴史——を取り上げながら、植民地状況下における民族と文化の生成について従来の複合社会論とは異なる像を提出してみたい。そうしながら、「エスニシティと地域性の形成論理」という、本書でわたしに与えられた課題に答えてみたいのである。

二　二つの文化概念、二つの文化間関係、二つのグローバリゼーション

この問題を論じる枠組みとして、オランダの社会学者ヤン・ネーダーフェーン・ピータース（Pieterse 1995）の議論に言及しておくことが有益であろう。ピータースは「地域に根ざした文化」（territorial culture）と「地域を超える文化」（translocal culture）という二つの文化概念を対比する。「地域に根ざした文化」は、文化を本質的に地域的なものだとみる。それはある地域のなかで習得されるとされる。つまり、ある地域には、ある人々がいて、ある文化が存在するといった文化のとらえ方である。この文化のとらえ方は一九世紀のドイツのヘルダーのロマン主義にたどることができ、米国の人類学者フランツ・ボアズをとおして二〇世紀における人類学の文化概念を基礎づける文化相対主義と結びついた。

これに対して「地域を超える文化」は、文化をある種のソフト・ウェアーととらえる。この文化のとらえ方は進化論や伝播論にみられるもので、そこでは文化は地域を超えて習得されると見なされる。とくに近代の進歩主義的

表1　文化の諸前提 (Pieterse 1995: 61)

地域に根ざした文化	地域を超える文化
内発的	外発的
系統発生的	異形発生的
社会，国家，帝国	ディアスポラ，移民
地方，地域	交差点，境界，交錯
共同体に基盤	ネットワーク，仲介人，異人
有機的，同質的	伝播，異質的
オーセンティシティ	トランスレーション（翻訳）
内向的	外向的
共同体言語学	接触言語学
人種	混血
エスニシティ	ニューエスニシティ
アイデンティティ	アイデンティフィケーション

な学校教育における文化はこのとらえ方を強調してきた。そうしたなかでわたしたち日本人もシェークスピアを読み、ベートーベンを聞き、デカルトを語ってきたわけだ。

この二つの文化のとらえ方は、それらが前提としている考え方も対照的だ。ピータースは表1のように整理している。「地域に根ざした文化」においては、ある地域――共同体であれ、国家であれ、あるいは帝国であれ――に結びついた由緒正しい出自をもつ者が、内発的に、オーセンティックな（真正な）文化を形成する。その文化を担う人々は、同質的であり、有機的に結びつき、同じ言語をしゃべり、同じ人々（人種、エスニシティ、アイデンティティ）を構成する。文化はそこでは地域や人々の本質と結びつく。つまり、この立場は民族＝文化理論におけるいわゆる本質主義――ある文化はある民族に本来そなわったものだという考え方――にいきつく。

これに対して「地域を超える文化」においては、文化はある地域共同体を超えて、伝播し、混交する。文化が生まれ育つ場所は共同体のなかではなく、共同体と共同体のはざま、交差点である。文化の担い手は出自を異にする移民であり、ディアスポラ（故国離散者）であり、ハイブリッド（混血者）である。そこでは異なった言語が併用され、言語接触が起こる。また文化は、外発的、外向的に形成され、人々のアイデンティティはアイデンティフィケーションという動態のなかでとらえられ、民族集団のありようも本質主義に還元できないぶんだけ複雑なものとなり、

表2　文化間関係 (Pieterse 1995: 61-62)

静態的	流動的
複合社会	プルーラリズム，坩堝
(静態的な) 多文化主義	(流動的な) 多文化主義，インターカルチュラリズム
グローバル・モザイク	カルチュラル・フロー
文明の衝突	第三の文化

新しいかたちのエスニックな差異の構築が問題になる。

つぎに、この二つの文化概念に対応する文化間の関係はどうか。表2をみてみよう。そこでは文化間関係は「静態的」(static) と「流動的」(fluid) に分けられる。複合社会論は静態論に分類され、流動論である坩堝論と対立している。坩堝論、つまり「人種の坩堝」というような考え方は、二〇世紀初頭の米国で出てきたものだが、その背後には同化論があり、異文化の接触状況のなかで支配的な社会 (米国の場合はワスプつまりWhite Anglo-Saxon Protestantを中心とした白人社会) に同化するように「坩堝」が機能すると考えられていた。しかし、こうした考え方はとくに黒人の公民権運動が高まった一九六〇年代以降は受け入れられなくなり、グレイザーとモイニハン (一九八六) は、一九六三年に出版された『人種のるつぼを越えて』において、坩堝論にかわる「サラダボウル論」――サラダボウルのなかの野菜のように混在するが、溶解しない――を提起した。これは複合社会論の新しいヴァージョンと呼べるだろう。

さて、一九七〇年代から八〇年代にかけて米国を中心に多文化主義 (multiculturalism) が展開され、今日にいたっている。興味深いのは、多文化主義は複合社会論に連なる静態論と坩堝論に連なる流動論のあいだで揺れを示しているという点である。多文化主義は一面においては複数の文化を認め、共生しようとするものだが、他面ではそれが文化の本質主義と深く結びつくと、文化をめぐる戦争あるいは「文明の衝突」(ハンチントン) が起こり、共生不能になる。他方、流動的な文化関係モデルにおいては、文化のフローとインターカルチュラリズムの結果として「第三の文化」が形成されるというシナリオになる。

さらに、こうした二つの文化概念、二つの文化間関係のうえに、二つのグローバリゼーションが対比される。ピータースは表3のように対比している。ここでのポイントは、グローバル化という現象を西洋の覇権のもとの同質化、あるいは一つの近代化の過程とみるか、あるいはグローバル化はむしろ雑種化、多様化をもたらすもので、複数の近代性を認めるかという対立である。ピータースが主張するのは、後者で、わたしもこの立場に賛同する。(1)

表3　グローバリゼーション (Pieterse 1995: 62)

同質化としてのグローバル化	多様化としてのグローバル化
文化帝国主義	文化の惑星化
文化的従属	文化的独立
文化的覇権	文化的相互浸透
自律	混淆，統合，雑種
単数の近代化	複数の近代化
西洋化	グローバル・メランジェ
文化的同時化	クレオール化，交差
世界文明	グローバル・エクメネ

しかしここで注意しなければならないのは、「地域を超える文化」も場所をもたないわけではないという点である。どのような文化もそれが息ずく場所なしでは存在しえない。こうして、これまで述べてきたような二つのタイプの文化概念、二つのタイプの文化間関係、二つのタイプのグローバリゼーションを区別したうえで問題となるのは、グローバルであり、かつローカルであるような、つまりローランド・ロバートソンのいう「グローカル」(glocal) な文化のあり方である (Robertson 1995)。スウェーデンの人類学者ウルフ・ハナーツはこうしたグローバルな連関のなかでの地域文化の形成をグローバル・エクメネという言葉でとらえている (Hannerz 1992)。グローバル・エクメネとは、クローバリゼーションが進行していくなかで、複数の民族と文化のフローがあり、交渉をもち、混交し、新しいアイデンティティをもった民族や文化が産み出されるような領域である (Hannerz ibid.: 296)。

わたしはグローバリゼーション、そしてそれがもたらすグローバル・エクメネはいまはじまったのではなく、少なくとも一五世紀以来の西欧の植民地主義の歴史にさかのぼると考えている。こうした視野においてみるとき、ジャカルタの歴史は、東南アジアのフロンティア空間がグローバル・エクメネとして成長していく歴史である。以下でわたしが取り上げてみたいのは、そのような視点からのジャカルタの歴史である。

三　ジャカルタの歴史

西ジャワのチリウン川の河口に横たわるこの町は、一四世紀以来、パジャジャラン王国の外港としてスンダクラパという名前で知られていた。だが、一五二七年六月二二日に、この地に進出を企てていたポルトガルをファタヒラの率いるイスラーム軍が追放して、「偉大な勝利の町」を意味するジャヤカルタ（Jaya Karta）と命名し直した。ポルトガルはこれを訛ってジャカトラ（Jacatra）とした。これがジャカルタという都市名のはじまりで、この日は現在ジャカルタの創設記念日となっている（土屋　一九九一a：二〇〇）。

一五九六年一一月一三日にオランダの航海士コルネリウス・フットマンがこの地を訪れたとき、この町は主にスンダ人が住む人口数千人ばかりの小さな港町で、中部ジャワのマタラム王国と関係を結んでいたバンテン王国の配下にあった。が、一六一八年の末から一九年にかけて、ヤン・ピーターソン・クーンはイギリスと結んだバンテン軍を撃退し、この地をオランダ東インド会社の交易拠点として手に入れた。クーンは一六一九年に総督になり、都市名もジャヤカルタからバタヴィアに改めた。バタヴィアという名は古代のオランダにいたとされる民族のラテン

表4　バタヴィアとその郊外の人口 (Castles 1967: 157)

	1673	1815	1893
ヨーロッパ人／半ヨーロッパ人	2,750	2,028	9,017
中国人	2,747	11,854	26,569
マルデイカー	5,362	—	—
アラブ人	—	318	2,842
ムーア人	—	119	
ジャワ人（スンダ人も含む）	6,339	3,331	
南スラウェシ出身者	—	4,139	
バリ人	981	7,720	
スンバワ人	—	232	72,241
アンボン人／バンダ人	—	82	
マレー人	611	3,155	
奴隷	13,278	14,249	—
合計	32,068	47,217	110,669

名「バターフ」に由来するといわれる。以後三〇〇年以上にわたるオランダ植民地体制下にあって、この都市はインドネシアにおけるオランダ植民地支配の中心地バタヴィアとして知られるようになる。

もっとも、一七九九年にはオランダ東インド会社は倒産し、東インドはオランダ政府の直接統治となった。が、フランス革命後の西ヨーロッパの政治的再編のなかで、一八一一年から一六年のあいだはフランスと結んだイギリスのトマス・スタンフォード・ラッフルズが総督として統治した。

バタヴィアにかわって旧名ジャヤカルタがジャカルタとして復活するのは、オランダを駆逐して一九四二年に成立した日本軍政下である。そして一九四五年の日本の敗戦、それに続くインドネシアの独立宣言、一九四九年の独立承認を経て、ジャカルタは新生インドネシア共和国の首都となって、今日にいたっている。

この都市は民族的に多様に構成されてきたが、その構成は時代とともに変わってきた。つぎにランス・カッスルズ（Casles 1967）によりながら、その変遷を追ってみよう。

一七世紀後半、一六七三年にはこの都市の人口は三万二〇六八人で、その内訳はつぎのようである（表４）。（１）二七五〇人のヨーロッパ人あるいは半ヨーロッパ人、（2）二七四七人の中国人、（3）五三六二人のマルデイカー（Mardijker）、（4）六三三九人のジャワ人（スンダ人も含む）、（5）九八一人のバリ人、（6）六一一人のマレー人、そして（7）一万三二七八人の奴隷である。

（1）のうち「半ヨーロッパ人」とされているのは、ヨーロッパ人男性と現地人女性との混血児で、彼らは一般にユーラシアン（Eurasian　欧亜混血児）として知られた。（3）のマルデイカーはポルトガル領アジア（マラッカなど）から流れてきたキリスト教徒である。（5）のバリ人はオランダ東インド会社の傭兵として重用された（Abeyasekere 1989: 29）。バリ人はいまでこそ「芸術の民」として有名だが、当時は「勇猛な民族」として名をはせていたのである。（7）の奴隷は南スラウェシ、バリ、東インドネシアなどインドネシア、さらにアジア各地から売買されてつれてこられた。はじめは都市建設の労働力として使われたが、後には家庭内の労働力として使われた。ヨーロッパ人あるいはユーラシアンにとって奴隷をもつことは権威のシンボルでもあった（図1）。

この住民構成のなかでとくに注目すべきことは、第一にヨーロッパ人とほぼ同数の中国人が存在すること、第二に奴隷の数が住民全体の四四%を占めているという点である。第一の点に関しては、一六一九年から一七四〇年までのバタヴィアの歴史を検討したブラッセは、この都市を「オランダ統制下の中国人の植民都市」だととらえている（Blussé 1981: 160）。第二の点に関しては、アベヤセッカラが、一六一九年のバタヴィアの成立以降の一世紀半はこの都市の人口の大きな部分は奴隷によって構成されていたと述べている（Abeyasekere 1983: 286）。水汲みから洗濯、料理、さらに妾にいたるまで労働力としての奴隷の存在なしには、この都市の日常生活自体が成り立たなかったのである。フランス革命の人権宣言を経て、奴隷交易は一八一二年に禁止されたが、蘭領東インドにおいては公式の廃止は一八五九年になってからである。

図1　教会へ向かうユーラシアンの女性（Tylor 1983: 40）

都市の住民構成は、人口においてもまた住民のカテゴリーにおいても歴史をとおして変わっていく。一九世紀初期、一八一五年には、人口は少し増え四万七二一七人である。（1）ヨーロッパ人は二〇二八人で、フランス革命後のオランダの状況を反映してか、減少している。（2）中国人は一万一八五四人と増え全体の約二五％を占めている。（3）マルデイカーというカテゴリーは消え、アラブ人とムーア人（Moor　ムスリムのインド人）が加わり、（4）ジャワ人（スンダ人も含む）やバリ人の他に南スラウェシ出身者、スンバワ人、アンボン人、バンダ人などの東インドネシアの民族集団のカテゴリーが加わっている。（5）奴隷は一万四二四九人で、その比率は少し減ってはいるが、三〇％と依然高い。

一九世紀末の一八九三年になると、人口は一一万六六九人で、（1）ヨーロッパ人は九〇一七人、（2）中国人は二万六五六九人、（3）アラブ人とムーア人は二八四二人、（4）ジャワ人（スンダ人を含む）からマレー人にいたる原住民はまとめて七万二二四一人。奴隷は廃止されており、このカテゴリーはもはや存在しない。この表には「原住民」

表5　1930年センサスによるジャカルタの人口 (Castles 1967: 166)

	バタヴィア	近郊地域	大ジャカルタ
原住民			
バタヴィア人	192,897	226,000	418,900
スンダ人	135,251	15,000	150,300
ジャワ人	58,708	1,000	59,700
マレー人	5,220	100	5,300
北スラウェシ出身者	3,736	100	3,800
ミナンカバウ人	3,186	—	3,200
マルク出身者	2,034	—	2,000
バタク人	1,253	—	1,300
デポック及びトゥグー人	721	200	900
南スマトラ出身者	799	—	800
マドゥーラ人	317	—	300
その他・不明	5,553	1,400	6,900
非原住民			
中国人	78,185	9,400	88,200
ヨーロッパ人	37,076	100	37,200
その他	7,469	400	7,900
合計	533,015	253,800	786,800

というカテゴリーは設定されていないのだが、暗黙のうちに「原住民」が成立していることが読みとれる。

二〇世紀に入って一九三〇年のセンサス（表5）では、バタヴィアの人口は五三万三〇一五人に膨らんでいる。その内訳は、大きく「原住民」と「非原住民」に分けられている。「原住民」のうち、バタヴィア人が一九万二八九七人で最大多数を占め（バタヴィア中核領域の住民の三六％）、続いてスンダ人が一三万五二五一人、ジャワ人五万八七〇八人となっている。「非原住民」の方は、ヨーロッパ人が七万八一八五人、中国人が三万七〇七六人、その他が七四六九人となっている。また、この表では狭義のバタヴィア以外に二五万三八〇〇人を抱える「近郊地域」というカテゴリーが設定されており、両者をあわせた「大ジャカルタ」(Jakarta Raya) の人口は七八万六八〇〇人である。近郊地域に住む住民の八九％はバタヴィア人で、彼らは大ジャカルタの五三％を占め

表6　1961年のジャカルタの民族集団別推定人口（Castles 1967: 185）

		人口	パーセント
原住民			
バタヴィア人		655,400	22.9
スンダ人		952,500	32.8
ジャワ人・マドゥーラ人		737,700	25.4
アチェー人		5,200	0.2
バタク人		28,900	1.0
ミナンカバウ人		60,100	2.1
南スマトラ出身者		34,900	1.2
バンジャール人		4,800	0.2
南スラウェシ出身者		17,200	0.6
北スラウェシ出身者		21,000	0.7
マルク及びイリアン出身者		11,800	0.4
東ヌサトゥンガラ出身者		4,800	0.2
西ヌサトゥンガラ出身者		1,300	0.0
バリ人		1,900	0.1
マレー人その他		19,800	0.7
不明		38,600	1.3
非原住民			
中国人		294,000	10.1
内外国籍	102,200		
その他		16,500	0.6
内外国籍	10,200		
外国籍合計	112,400		
合計		2,906,500	100.0

る。バタヴィア人の比率が中核部より周辺部において高いのは、この時期にすでにバタヴィア人の周辺化が進んでいることを意味している。

さらに独立後の一九六一年の民族集団別推定統計（表6）では、ジャカルタの人口は二九〇万六五〇〇人となっている。民族集団別にみると、ジャワ人およびマドゥーラ人が七三万七七〇〇人（三二・八％）、スンダ人が九五万二五〇〇人（二五・四％）、バタヴィア人（ジャカルタ原住民）が六五万五四〇〇人（二二・九％）、中国人が二九万四〇〇〇人（一〇・一％）というのが主だったところだ。中国人のうちの約三分の一に当たる一〇万二二〇〇人は外国籍である。注目すべきは、一九三〇年には最大多数集団だったバタヴィア人は二二・九％に後退し、マドゥーラ人を含むジャワ人が最大多数集団になっているという点である。また、ジャワ島以外の出身者ではムランタウ（出稼ぎ）の民として知られるミナカバウ人が六万一〇〇〇人（二・一％）で最も多いが、インドネシア各地からの人口流入が進んでいることがわかる。

ちなみに、一九九〇年のジャカルタ首都特別区の人口は八二五万人を越えている。市街区もひろがっており、ジャカルタは加速的に膨張を続けている。だが、民族集団ごとの統計はとられていないので、今日のジャカルタの住民構成について詳しいことはわからない。

四 混血社会

これまで述べてきたジャカルタという都市の歴史的な生成プロセスのなかで、注目したいのは「人種の坩堝」としてのこの都市の側面である。以下では、（1）ユーラシアン（欧亜混血児）、（2）クレオール・チャイニーズ、（3）マルデイカー、（4）オラン・ブタウィ（Orang Betawi　バタヴィア人）の四つの住民集団を取り上げながら、この問題を検討してみよう。

(1) ユーラシアン

ユーラシアンとは、先述のようにオランダ人（ヨーロッパ人）男性と現地人とあいだに生まれた混血者である。蘭領

図2　ニャイ（Jayapal 1993: plate16）

東インドにおいては独身男性が単身赴任するのが普通だったので、植民地社会はながいあいだ男性の単身赴任社会だった。また会社も現地妻（マレー語でニャイ nyai と呼ばれる。図2参照）をもつことを奨励したので、ユーラシアンの誕生は必然であった。

一七世紀においては植民地への赴任は生死をかけたものだった。一六四〇年の航海の記録によると、オランダからバタヴィアまでは八か月と一〇日を要し、オランダから乗り組んだ三百人中八〇人が航海中に死に、上陸後も多くが死んでいる（Tylor 1983: 7）。植民地は、野心と冒険に満ちた男性の世界であり、女性が容易に行けるようなところではなかったのである。バタヴィアでヨーロッパ人女性が増加するのは、蒸気船が運行し、スエズ運河が開通し（一八六九年）、旅程が短縮された一八七〇年以降のことである。しかし一九〇〇年においてもバタヴィアのヨーロッパ人社会の男女比は、一〇〇〇対四七一で、女性人口は男性人口の半数以下だった。[(2)]

今世紀に入ると、現地妻や妾に対する批判が高まり、植民地政庁も一九一四年には妻の同伴を奨励し、そのための補助金を出すようになった。こうして、ようやく女性の植民地への同伴が定着していく。ジャカルタのヨーロッ

図3　1865年ころの中部ジャワのタバコプランターと家族。母親は「原住民」（Taylor 1983: 124）

パ人の男女比が同じになるのはじつに一九三〇年代になってからである（Tylor ibid.: 128）。

ところで、「ヨーロッパ人」には、（1）ヨーロッパ生まれの者、（2）ヨーロッパ人の両親をもち、アジア生まれの者、（3）ヨーロッパ人男性と結婚した女性、（4）ヨーロッパ人の父親の嫡出子、（5）ヨーロッパ人の父親によって認知された非嫡出子が含まれていた（Tylor ibid.: 76）。一九〇〇年の蘭領東インドには約七万人の「ヨーロッパ人」がいたが、その四分の三は混血児だったという。上記の（4）または（5）のカテゴリーである。また、ヨーロッパ人ステータスの女性に関しても、現地生まれがヨーロッパ生まれをしのいでいた（Tylor ibid.: 108）。さきほどの（3）により「原住民」女性もこのカテゴリーに含まれていた（図3）。

文化面をみておこう。一九〇〇年の約七万人の「ヨーロッパ人」のうち七〇％はオランダ語がしゃべれなかった（Stoler 1992: 530）。つまり、ユーラシア

図４　ヨーロッパ人の婦人と物売り（Tylor 1983: 143）

ンの母語はオランダ語ではなく、マレー語だったのである。服装、とくに女性の服装は、クバヤ（上着）にサロン（腰巻）というもので東インド風だった（図４）。食事も現地風で、いわゆるレイストターフェルはご飯にサテ（鶏肉、山羊肉などの串焼き）などのおかずがついたものである。また、午睡と白衣はヨーロッパ植民地文化の熱帯アジアへの適応形態だったといわれている（Tylor 1983: 101）。さらに、彼らは後に述べるクロンチョン音楽などの独自のユーラシアン文化を創り出すのに貢献した。

しかし、一九世紀末から二〇世紀はじめになると、混血児たちをめぐって論争が起こる。すなわち、彼らは植民地の支配者たるヨーロッパ人の品位にふさわしくないというのである。こうしたなかで「純粋の」ヨーロッパ人が強調され、混血児は不純として排除されていく。これについては後に取り上げよう。

(2) クレオール・チャイニーズ

すでに述べたように、中国人の役割はバタヴィアの成立当初から重要だった。そしてヨーロッパ人同様、彼らもまた単身赴任者だった――一九世紀末までは中国は女性の出国を認めていなかった（Skinner 1996: 52）――ので現地人との混血児を生んだ。現地生まれの中国人はプラナカン（peranakan）と呼ばれ、彼らはマレー語を話し、ムスリム化し、部分的にはつぎに述べるオラン・ブタウィ、つまりバタヴィア人にマージしていった。一九世紀末のオランダ領東インドの分類では彼らはアラブ人、インド人（ムーア人）とともに「東洋外国人」（Foreign Orientals）と分類された[3]。

図5　1930年のプラナカン・チャイニーズの女性（Jayapal 1993: 41）

ウィリアム・スキナーによると、東南アジアの中国人社会は少なくとも歴史的にはクレオール社会として検討されるべきで、彼らは混淆による新しい社会文化システムを作り、独自の文化、とくにクレオール言語をもっていた（Skinner 1996）。そのようなクレオール・チャイニーズの例として、彼はフィリピンのメスティソ、マレーシアのババ、そしてインドネシアのプラナカンを挙げている[4]。

しかしながら、一九世紀後半の植民地

図6　19世紀末のバタヴィアの馬車の内部（Jayapal 1993: 54）

主義の新たな展開とそれに呼応した大量の中国人の東南アジアへの移住にともない、クレオール・チャイニーズはむしろ後退していく。フィリピンのメスティソの言語と文化は上流フィリピノ社会のなかに溶解し、マレーシアのババは後からきた新しい中国人移民に飲み込まれて中国人化した。クレオール・チャイニーズとしていまでも残っているのは、インドネシアのプラナカンだけだという（Skinner ibd.: 93）。ここでも混血児が基本的に排除され、原住民化するか中国人化して、いわゆる複合社会モデルが成立していったことがわかる[5]。

(3) マルデイカー

マルデイカーとは、語義的にはサンスクリット語の「マハルディカ」(mahardhika)、つまり「偉大な人」に由来する語で、マレー語では「ムルデカ」(merdeka)すなわち「自由」を意味し、先述のように、ポルトガル領アジアから解放され、流れてきたキリスト教

図7　ブタウィの民族衣装をつけ，トゥンパン（円錐形のご飯の山）をきり分けるスハルト大統領（1995年インドネシア50周年記念事業，クンドリ・ナショナル）（Kompas 1995. 8. 20付）

徒のことである。しかし、必ずしもポルトガル人ではなく、むしろアジア人の方が多かったといわれる。バタヴィアの歴史の初期においては彼らは数も多く重要な存在で、彼らの話すポルトガル語は一八世紀まではこの都市のリンガフランカだった（Tylor 1983: 47; Abeyasekere 1989: 33）。

しかしながら、時とともに彼らは「バタヴィア人」のなかに溶け込んでいった。先述のように、一八一五年の住民統計ではこのカテゴリーはなくなっている。だが、今日でもポルトガル人の末裔を主張する人々は、タンジュンプリオック港近くのトゥグーと呼ばれる地区に見いだされ、彼らは後に述べるクロンチョン音楽の継承者として知られる。

(4) オラン・ブタウィ

ブタウィという呼称はバタヴィアに由来する。オラン・ブタウィとはバタヴィア人の意である。彼らはもともと単一の民族ではなく、ジャワ各地、バリ、スラ

図8　ブタウィのパレード（1995年インドネシア独立50周年記念事業　著者撮影）

ウェシ、さらにマルデイカー、あるいはプラナカン・チャイニーズなどバタヴィアで生活するようになった雑多な人々が、一八、一九世紀をとおして、ブタウィ人になっていった。

アベヤセッカラによれば（Abeyasekere ibid.: 65）、ブタウィ人にはいくつかの文化的な指標がある。第一に、彼らはファナティックといわれるほどのムスリムである。第二に、彼らは自らの言語、つまりマレー語の方言をしゃべる。バタヴィアのリンガフランカも一九世紀はじめころにはバタヴィア弁つまりバタヴィア・マレー語になっていた。さらに彼らは独自の慣習、衣装、音楽、舞踊、そして口碑伝承をもっていた。例えば、オンデル・オンデルと呼ばれる巨大な人形による大道芸能やタンバリンの助奏を伴う儀礼音楽レバナを発達させた。その混血性を端的に示しているのは、彼らの家屋のスタイルで、そこにはブギス、マカッサル、中国そしてオランダの要素が認められる。

ブタウィ人は都市のなかにカンプン（集落）、をつくって生活していた。一八五〇年代のヴェルトフレーデン（同時コーニヘンスプレインと呼ばれた市の中心部。現在の独立広場の東側の地区）のブタウィ人の集落はつぎのように描かれている。「朝、コーニヘンスプレインからパラパタン橋をわたってくると、川岸に大きなカンプン・クゥイタンがある。住民たちはチリウン川で水浴びをしている。草や野菜をのせた船が川をゆきかい、人が水浴するそばで馬を洗い、リネンを洗っている。集落のなかでは女たちが稲を踏んで脱穀したり、縫い物をしたり、サンバルを作ったりしている。男たちはヤシの実をとって市場に出す準備をしている。子どもたちは鶏やアヒルやガチョウや犬を追い回して走り回っている」（Abeyasekere 1989: 66）。都市のなかの「村」（カンプン）に住み、ブタウィ人はバタヴィア社会の最下層に位置していた。

だが元来雑多であったバタヴィア人は今世紀の歴史のなかでオラン・ブタウィという名とともに、実体化されていく。一九二三年にはM・H・タムリンによってブタウィ人協会（kaum Betawi）がつくられ、これがやがてナショナリストの運動体に変身していく。しかし、ジャカルタが移民都市として成長していくにつれて、ブタウィ人は少数化し、周辺部へとおいやられていく。しかしまさにその過程で彼らは「ジャカルタ原住民」（Orang Jakarta Asli）として本質化されていくのである。(6)

五　複合社会の誕生

最初に述べたように、ファーニバルの複合社会論のモデルはオランダ領東インドだった。しかし、すでにみてきたように、一七世紀以来のジャカルタの歴史において、混血者たち――ユーラシアン、プラナカン、マルデイカー、オラン・ブタウィ――はきわめて重要な役割を果たしてきた。この視点からみると、人種の差異を強調する複合社会は、一七世紀以来のジャカルタの社会史の延長上に構成されたものというより、むしろ過去との断絶をはかって新たに創出された社会体制であるとみた方がよいように思われる。

この変化の背景にはまた一九世紀後半からの西欧における新しい人種理論の展開があった。そして人種についての新しい認識は、その出発からして混血の問題と密接に結びついていた。渡辺公三（一九九六）が検討しているように、一八五九年にポール・ブロカを中心に結成されたパリ人類学会は諸人種の科学的研究を目的とするものであったが、同時にそれは誰がフランス人なのかを決めることを課題としており、その背後には帝国つまり植民地の問題、さらにそこにおける混血の問題があったのである（渡辺一九九六：三一一頁）。

植民地においては、これは科学の問題ではなく、現実の問題であり、行政の、さらには政策の問題でもあった。渡辺は、一九一〇年に『パリ人類学会誌』に寄せられた、仏領ヴェトナムの現地行政にあたる陸軍中佐の報告を引用している。「……わたしの報告から読者諸兄は、隔たった人種間の混血が不稔性となるというブロカの観念とはおそらく正反対の結論を引き出すであろう。わたしはA・フォレルの『教養ある成人に向けた性問題』に、混血児がほとんど生殖力のない『変質』した人種となると書かれているのを何度も読み直した。……ヨーロッパ人と混血児の家族、混血児どうしの家族は完全に再生産能力をもっている。……いわゆる劣等人種との交渉への嫌悪感といわれるものについていえば、事実は全く正反対であり、ヨーロッパ人が居住する土地ではどこでも数多くの混血児が見いだされる」。

この混血児（metis）の存在は、アン・ストラーが検討しているように、一九世紀後半から二〇世紀初頭の仏領インドシナにおいても蘭領東インドにおいても、政治的、法的、社会的論争の焦点として登場していた（Stoler 1992, 1995）。問題は、植民地におけるヨーロッパ人を頂点とした人種的ヒエラルキーの創出にとっての混血児の位置づけだった。植民地社会の権威が確立されるには、第一に、植民者であるヨーロッパ人とは誰であるかが明確であり、第二に、植民者と非植民者の区別が明確でなければならないのだが、現実はそうでなかったのである（Stoler 1992: 52）。そこで、被植民者と明確に区別されるヨーロッパ人を創り出し、権威を保証する必要があった。混血児問題はまさにこの問題にかかわっていた。そこには植民地における性、人種、権力、モラルにかかわる基本的な問題がある。

すでに述べたように、植民都市バタヴィアは単身赴任社会だった。そして単身赴任とは現地妻との生活を意味し、東インド風ともいうべき植民地の雰囲気に浸って暮すのが普通だった（永積　一九八〇：四三）。オランダ東インド会社もむしろこれを奨励し、その結果生まれてくる混血児は、強く健康だと考えられていた。また、インドネシアの女性にとってはヨーロッパ人男性との結婚は社会的な上昇と誇りと名誉をもたらした（Stoler 1992: 544）。

だが、現地妻のなかには、正式の結婚手続きを経ない妾が多かった。一九二〇年においてでさえ白人男性を父とし、現地人女性を母とする混血児の半分は正規の結婚以外から生まれていた。生まれた子どもを認知しなかったり、本国への帰国の際、妻も子どもも置き去りにされることも多かった。後者の場合、女性には子どもに対する権利がなかったので、父親に見捨てられた子どもは「孤児」となった。こうしたなかで、妾制――およびこれに基づいた植民地の家庭生活――は政治的、道徳的に非難されるようになった。大英帝国においては一九一〇年に妾制が禁止された。蘭領東インドにおいても、一九一四年には、植民地政庁は夫人の同伴を奨励するようになった。白人男性と現地女性の結婚は一九〇〇年から一九二〇年のあいだにむしろ増加しているが、一九二五年以降は、オランダ生まれの女性が東インドへ多く移住するようになり、現地人女性との結婚は減少していった（Stoler 1992: 543–544; Abeyasekere 1989: 115)。

他方で、「貧しい白人」という問題があった。植民地のヨーロッパ人は誰もが成功し、裕福なわけではなかった。とくに、父親から見捨てられた貧しいユーラシアンのなかには犯罪に走る者もいたし、女性のなかには娼婦になる者もいた。ユーラシアンは法的にはヨーロッパ人の地位にあったが、現実には彼らがヨーロッパ人官吏の地位を得る機会はかぎられていた。一九世紀末から二〇世紀初頭にかけて行われた「ジャワにおけるヨーロッパ系住民の貧困化」についての調査では、ヨーロッパ人貧困者とは大都市近郊のスラムに住むユーラシアンと同義だった（永積 一九八〇：一四一―一四二）[7]。こうした貧しい白人、ヨーロッパ語ができず、現地風に染まったユーラシアンは、ヨーロッパ人の権威や品位にふさわしくないと考えられるようになった。そして貧しい白人を産み出す原因として妾制があると考えられた。

さらに、二〇世紀初頭には「環境」(milieu)が、教育のキーワードとして登場してくる。すなわち、混血児ばかりでなく、現地で生まれ育ったり、長く居住したヨーロッパ人も現地の気候的、文化的環境のなかで、現地化する、つまり「オランダ人の本質は壊れやすく、知らず知らずのうちにジャワ的なものに変質していく」というのである (Stoler 1992: 535–536)。

こうしたなかで、植民地社会の頂点に立つべき「純粋の」ヨーロッパ人が強調されることになる。人種を定義する指標として文化（とくに言語）と経済（豊かなヨーロッパ人、貧しい原住民）の要因が重要となり、ヨーロッパ語もしゃべれず、経済的にも貧しいユーラシアンは不純分子として排除されていく。ニャイは「妻」から「家政婦」になり、ヨーロッパ人社会から疎外されていく。ヨーロッパ人は妻を同伴するようになり、現地人の居住区とは区別された環境のよいヨーロッパ人居住区ができあがる。複数の人種的に異なるコミュニティが、経済の領域（市場）においてのみ交流するが、融合はせず、植民地体制という外面的な政治的統合のもとに併存する社会、いわゆる複合社会の成立である。

純粋化したのはヨーロッパ人だけではない。中国人もクレオール・チャイニーズから「中国人」へという道をたどった。一九世紀後半には中国本土での政治的・経済的混乱もあり、大量の中国人が東南アジアに流入してきた。これらの中国人移民一世は、現地生まれ、現地育ち、現地語を日常語とするプラナカンに対して、トトックもしくはシンケと呼ばれた。より正確に言えば、プラナカンやババに吸収されないトトック、シンケと呼ばれる中国人が形成されたのである。それにはきわめて現実的な理由もあった。山本信人によると、プラナカン・コミュニティに利益をもたらしていた徴税請負制が、一九世紀末から二〇世紀初頭にかけて廃止され、参入する魅力が減少していたのである。こうしたなかで、プラナカン自身、再中国人化し（山本　一九九七：二八一―二八二）、東洋外国人というカテゴリーのなかに閉じこめられていくのである。

こうしてみると、複合社会とは一九世紀末から二〇世紀はじめにかけて、ヨーロッパ植民地主義の新たな展開を背景にしたヨーロッパ人の自意識の発展とそれに基づいた植民地政府の混血に対する政策の結果として生じたものだということがわかる。それはヨーロッパ人の自意識を当時の人種理論と文化理論で包みつつ、クレオール社会とクレオール文化を排除することによって成立した社会秩序であった。

六　ナショナリズム、あるいは混血者たちの政治と文化

このようにして複合社会が成立し、人種あるいはエスニシティの差異が強調され、ヨーロッパ人が純化するとともに、インドネシア人は原住民というカテゴリーのなかに閉じこめられていった。しかし、歴史的にはまさにそこからインドネシアのナショナリズムが立ち上がっていった。

このインドネシアにおけるナショナリズムの立ち上がりに際して、ダウエス・デッケルのようなユーラシアンの存在があったことは強調されてよい。永積（一九八〇：一一二）によると、デッケルは一九世紀のオランダ植民地主を批判した小説『マックス・ハーフェラール』の著者ムルタトゥーリ（本名エドゥアルト・ダウエス・デッケル）の遠縁にあたり、父はオランダ人、母はユーラシアンであった。中部ジャワに生まれ、中学校を卒業後、コーヒー園で働いたり、教師をしたり、スイスの大学で勉強したり、南アフリカのブーア戦争に参戦したりした人物である。彼は一九〇二年には東インドに戻り、ジャーナリストとして活躍していたが、彼の家は、インドネシアにおけるナショナリズムの最初の団体といわれるブディ・ウトモの旗揚げ（一九〇八年）を担った医学生たちのたまり場、クラブハウス兼書斎兼図書室となっていて、民族の将来のことや当時流行の社会ダーウィニズムなどが熱心に論じられていたという。

一九〇九年から一一年にかけてのオランダ滞在を終えて東インドに戻ったデッケルはチプト・マングンクスモや

スワルディ・スリヤニングラトとともに、一九一二年に東インド党を結成した。その母体は東インド同盟とインシュリンデというユーラシアンの団体であった。東インド同盟は、入会条件を「ヨーロッパ人およびそれと同等と見なされる者」としており、インスュリンデは「とくにオランダ東インド生まれのヨーロッパ人、そしてヨーロッパ人のうちのいわゆる永住者の利害」を追求するものだった。この「永住者」(blijver) は、「一時滞在者」(trekker) と異なり、いわば東インドを故郷にしたヨーロッパ人である。デッケルはこの二つの団体を統合したうえで、オランダ領東インドのすべての住民の政治団体に発展させようとしたわけだ（永積　前掲書：一三八―一四七）。

興味深いのは、ここで問題になっているのがオランダ人対原住民という対立ではなく、オランダ本国（オランダ人）対蘭領東インド（ユーラシアン）という対立だという点である。この構図はベネディクト・アンダーソンのナショナリズムの起源についての議論――最も早いナショナリズムとしてのクレオール・ナショナリズム――を想起させる。つまり、世界で最初に起こったナショナリズムはヨーロッパではなく、ラテン・アメリカのクレオール（現地生まれのスペイン人）が本国のスペイン人に対してもつ意識から起こったというのである（アンダーソン　一九九七：九二―一一八）。

東インド党は当局からは認められず、非合法とされ、デッケルら幹部は一九一三年に、国外追放され、オランダに移る。こうして、東インド党は機能を停止し、政治の舞台から姿を消すが、デッケルらは当時オランダに滞在していた留学生らに刺激を与え、インドネシアのナショナリズムが育つための地盤を提供した（永積　一九八〇：一四七）。アンダーソン（一九九三）のいう「遠隔地ナショナリズム」である。チプトは一九一四年まで、デッケルは一九一八年まで、スワルディは一九一九年まで、オランダに滞在した。

東インド党の基盤はユーラシアンであり、イスラームでも階級でもまた特定の民族集団でもなかった。その意味でインドネシアという単位で思考し、行動する唯一の政党だったのである。スカルノはバンドンでオランダから帰国したチプト、デッケル、スワルディと会い、その出会いは後のスカルノの思考に大きな影響を与えた。スカルノも、イスラームの関与のない、階級闘争理論に基づかない、そして特定の民族集団に結びつかないナショナリズムを目指した（Ricklefs 1991: 182）。

混血者とナショナリズムというテーマをめぐるもう一つの例はブタウィ人の動きである。ブタウィ人は、さきにみたジャカルタの歴史のなかで生成してきたきわめて混血的な民族だが、ブタウィ人の利益を促進するためにカウム・ブタウィという団体が結成される。その結成にあたっては、自らもブタウィ人だったM・H・タムリンが大きな役割を果たした。彼はいわゆる倫理政策が展開されるなかで、近代教育を受け、オランダの会社で働き、オランダ語にたけ、多くのオランダ人と交友関係をもち、きわめて西洋化した人間だった。しかし、同時にブタウィの伝統に目覚めた人物でもあった。タムリンはカウム・ブタウィを母体としてバタヴィア市議会、後には国民参議会（Volksraat）で活躍するが、やがてより広いナショナリズムの運動に関心を示していく。こうしたなかで、一九二八年にはスカルノがつくったインドネシア政党同盟の会計担当となり、一九三一年には国民党に加わり、インドネシアのナショナリズム運動の重要な担い手となっていった（Saidi 1994）。

文化の面では、バタヴィアという「人種の坩堝」で、混血した人々が作り上げたのがクロンチョンという音楽である。クロンチョンがインドネシアのナショナリズムを担う媒体となってゆく歴史については、かつてわたしは論じたことがあるが（山下　一九九五）、以下に簡単に触れておこう。

クロンチョンの起源はジャカルタの歴史と同様、一七世紀にさかのぼる。さきに述べたマラデイカー、つまり、当時バタヴィア近郊のトゥグーに移住させられたポルトガル系住民が、遠い祖先を思いつつギターでリズムを刻みながら歌いついできたものがクロンチョンの原型だといわれている。一八七〇年代になると、ポルトガル語で歌われていたクロンチョンはマレー語、あるいはオランダ語で歌われるようになり、トゥグー地域を越え、大衆演劇と結びつき、ブタウィ（ジャカルタ）的、あるいはジャワ的な要素が加味されつつ、植民地の都市空間に広まっていった。重要なのは、この担い手がユーラシアンやプラナカンの中国人であったという点である。とくに「クロンチョン・ブタウィ」（ジャカルタ風クロンチョン）には、ヨーロッパ、中国、マレーの文化要素の見事な混交を聞き取ることができる（中村　一九九〇）。

一九二五年にはインドネシアでラジオ放送がはじまり、クロンチョンはマスメディアにのるようになる。そうしたなかで日本でもよく知られたクロンチョンの名曲「ブンガワン・ソロ」が生まれる。日本軍政期には日本軍によってユーラシアンが追放されたので、ユーラシアンの歌手にかわってインドネシア人歌手が登用され、インドネシア語で歌われるようになる。日本軍も反オランダのプロパガンダのためにクロンチョンを奨励した。独立革命期（一九四五—四九年）には、クロンチョン革命歌とか、クロンチョン愛国歌が作られ、都市の混血音楽であったクロンチョン音楽にインドネシアの「国籍」が与えられる。そして一九七〇年代初頭までにはクロンチョンはインドネシアの国民音楽としての地位を獲得するにいたるのである。

いずれにしても、ボロニア・コーンハウザーが指摘するように（Kornhauser 1978: 104）、クロンチョン音楽はこうして五世紀近くにわたるインドネシアとヨーロッパの出会いの産物である。そしてそこにはジャカルタの歴史が凝縮されているのである。

七　結語――ジャカルタの生成

『カルティニの風景』のなかで、土屋健治は、オランダ植民地下のインドネシアには、複合社会論とは別のもう一つのベクトル、つまり「それぞれの文化集団が共有しうるような新しい文化が生まれてくるというダイナミクス」が観察されると述べている（土屋　一九九一ｂ：一二四）。それを土屋は「メスティソ的文化現象」と呼んで、カルティニの書簡、うるわしのジャワの風景画、そしてクロンチョン音楽について論じた。本論でも、この方向性を追求し、ジャカルタ、とくにそこにおける混血社会の生成に注目しながら、異種混交状況のなかで生成していく民族、あるいは文化に光をあてた。

この議論はたんに植民地社会論あるいは植民地文化論というだけでなく、マクロな体系を背景にしてミクロな場所の社会や文化を描き出すマクロ・エスノグラフィー（Appadurai 1991）やマクロ・アンソロポロジー（Hannerz 1989）、あるいはマクロなグローバルなシステムを背景としたローカルな地域研究を実践するときにも当てはまる。グローバルとローカルの関係については、すでに述べたようにローランド・ロバートソンが「グローカリゼーション」(glocalization) という概念を用いて、グローバリゼーションとローカリゼーションとは相対立する方向性を示しているのではなく、実はこの二つのものは一つの過程の二つの側面だという認識を示している。そのような認識においては、グローバリゼーションは地域の問題を排除するものではないばかりか、地域の形成はそのようなグローカリゼーションの論理のなかで立ち上がっていく問題としてとらえることができるのである。
本論で検討したジャカルタの生成は、そうしたグローカリゼーションの一つの事例としてみることができる。繰り返すが、わたしはグローバリゼーションはいまはじまった現象ではなく、植民地主義もグローバリゼーションの一形態だと考えている。近代におけるスンダクラパという小さな港町と西洋との出会い、以後五世紀にわたる歴史のなかでのジャカルタの生成、そこにおける民族＝文化の形成は、グローバル・エキュメネとしてのジャカルタのグローカルなプロセスの帰結なのである。

註

(1) 同様に、マーシャル・サーリンズは、社会が変化する仕方はその社会の本来的な価値に深く結びついているので、地球の近代化とはしばしば地域的な多様性を再生産することになると述べている（Sahlins 1994: 377）。

(2) 比較のために、シンガポールのケースを挙げておく。可児弘明（一九八五：八三—八四）によると、中国人女性がシンガポールに移住してくるようになるのは一八六三年以降だが、中国人男性一〇〇〇人あたりの中国人女性の数は、一八八一年には一九五人であった。その後女性の占める比率はあがっていくが、一九三一年においてさえ六〇二人にすぎない。また、移住してくる女性のなかには「豬花」と呼ばれる海外娼妓も多数含まれていた。

(3) 日本人も初期にはこのカテゴリーに入れられていた。が、脱亜入欧、富国強兵政策に基づいた外交努力などによって、日本人は一八九九年に改正された蘭領東インド統治法では、ヨーロッパ人と同等の法的地位を認められた。このことはアジアにおける日本人の人種的地位をある意味であいまいなものにした。

(4) ここでは立ち入らないが、クレオール・チャイニーズ社会が東南アジアの大陸部でなく、とくに島嶼部で形成されたということに注意されたい（Skinner 1996: 64, 70）。

(5) ベネディクト・アンダーソンは、アイデンティティ・カテゴリーの政治学について論じている（アンダーソン　一九九七：二七四—二八四）。つまり、植民地政府がどのような集団名で人口調査を行うかが問題なのだ。フィリピンではフィリピン生まれの中国人はラテンアメリカと同様、「メスティソ」としてカテゴリー化された。他方、マレーシアではハーシュマンや加藤剛が検討したように、二〇世紀の初頭までには住民は「欧米人」「マレー人」「中国人」「インド人」の四大人種カテゴリーに分類された（Hirschman 1987、加藤　一九九二)。

(6) 一九九五年のインドネシア独立五〇周年事業の一環として行われたジャカルタ市主催のクンドリ・ナショナルという催しは、ブタウィのクンドリと呼ばれる儀礼をモデルにして行われ、スハルト大統領(当時)がブタウィの民族衣装を着てトゥンパン(円錐形のご飯の山)をきり分けた(図7)。

(7) 一九世紀のバタヴィアでは、貧しいユーラシアンの多くはヴェルトフレーデン地区の北側のクマヨラン地区周辺に住んでいた(Abeyasekere 1987: 121)。

引用文献

Abeyasekere, Susan (1983) Slaves in Batavia: Insights from a Slave Register. A. Reid ed. *Slavery, Bondage and Dependency in Southeast Asia.* St Lucia, London and New York: University of Qeensland Press, pp. 286–314.

―― (1989) *Jakarta: A History* (Revised Edition). Singapore: Oxford University Press.

アンダーソン、ベネディクト(一九九三)(関根政美訳)「〈遠隔地ナショナリズム〉の出現」『世界』九月号:一七九―一九〇頁。

―― (一九九七)(白石さや・白石　隆訳)『増補・想像の共同体』NTT出版。

Appadurai, Arjun (1991) Global Ethnoscapes: Notes and Queries for a Transnational Anthropology. Richard Fox ed. *Recapturing Anthropology.* Santa Fe: School of American Research Press, pp. 191–210.

Blussé, Leonard (1981) Batavia, 1619–1740: The Rise and Fall of a Chinese Colonial Town. *Journal of Southeast Asian Studies* 12: 159–78.

Castles, Lance (1967) The Ethnic Profile of Djakarta. *Indonesia* 3: 153–204.

Furnivall, J. S. (1944) *Netherlands India: A Study of Plural Economy.* New York: Macmillan.

Hannerz, Ulf (1989) Culture Between Center and Periphery: Toward a Macroanthropology. *Ethnos* 54: 200–216.

―― (1992) *Cultural Complexity: Studies in the Social Organization of Meaning.* New York: Columbia University Press.

Hirschman, Charles

―― (1987) The Meaning and Measurement of Ethnicity in Malaysia: An Analysis of Census Classification. *Journal of Asian Studies* 46: 552–82.

グレイザー、ネイサン、ダニエル・P・モイニハン(阿部　斎・飯野正子訳)(一九八六)『人種のるつぼを越えて』南雲堂。

Jayapal, Maya (1993) *Old Jakarta.* Singapore and New York: Oxford University Press.

可児弘明(一九八五)『海峡都市シンガポールの風景』岩波書店。

加藤剛(一九九二)「『エスニシティ』概念の展開」坪内良博編『東南アジアの社会』二一五―二四五頁、弘文堂。

Kornhauser, Bronia (1978) In Defense of Kroncong. Margaret J. Kartomi ed. *Studies in Indonesian Music.* Monash Papers on Southeast Asia No. 7. Centre of Southeast Asian Studies, Monash University.

永積　昭（一九八〇）『インドネシア民族意識の形成』東京大学出版会。

中村とうよう編（一九九〇）『クロンチョン入門』オーディブック。

Pieterse, Jan Nederveen (1995) Globalization as Hybridization. M. Featherstone, S. Lash and R. Robertson eds. *Global Modernities.* London: Sage Publications, pp. 45–68.

Ricklefs, M. C. (1991) *A History of Modern Indonesia since c. 1300.* Second Edition. London: Macmillan.

Robertson, Roland (1995) Glocalization: Time-Space and Homogeneity-Heterogeneity. M. Featherstone, S. Lash and R. Robertson eds. *Global Modernities.* London: Sage Publications, pp. 25–44.

Sahlins, Marshall, (1994) Goodbye to Tristes Tropes: Ethnography in the Context of Modern World History. R. Borofsky ed. *Assesing Cultural Anthropology.* New York: McGraw-Hill, Inc., pp. 377–395.

Saidi, Ridwan (1994) *Orang Betawi dan Modernisasi Jakarta.* Jakarta: LSIP.

白石隆（一九八三）「国民統合をめぐって」『東南アジアの民族と歴史』三〇一—三五〇頁、山川出版社。

Skinner, G. William (1996) Creolized Chinese Societies in Southeast Asia. Anthony Read ed. *Sojourners and Settlers: Histories of Southeast Asia and the Chinese,* St Leonards: Allen and Uwin, pp. 51–93.

Stoler, A. L (1992) Sexulal Affronts and Racial Frontiers: European Identities and the Cultural Politics of Exclusion in Colonial Southeast Asia. *Comparative Studies in Society and History* 34: 514–551.

—— (1995) Carnal Knowlwedge and Imperial Power: Gender, Race, and Morality in Colonial Asia. M. di Leonardo ed. *Gender at the Crossroads of Knowledge: Feminist Anthropology in the Postmodern Era.* Berkeley: University of California Press, pp. 51–101.

Taylor, Jean Gelman (1983) *The Social World of Batavia: European and Eurasian in Dutch Asia.* Wisconsin: The University of Wisconsin Press.

土屋健治（一九九〇）「クロンチョン音楽、そのはるかな旅路」中村とうよう編『クロンチョン入門』二一—一〇頁、オーディブック。

——（一九九一ａ）「ジャカルタ」石井米雄監修『インドネシアの事典』一九九—二〇〇頁、同朋舎。

——（一九九一ｂ）『カルティニの風景』めこん。

山本信人（一九九七）「国民国家の相対化に向けて——東南アジア華人の可変性と越境性」濱下武志・辛島昇『地域史とは何か』二五〇—二九〇頁、山川出版社。

山下晋司（一九九五）「20世紀インドネシアの大衆音楽——ナショナリズムの自己表現」櫻井哲男編『20世紀の音』二五三—二七〇頁、ドメス出版。

――（一九九六ａ）（編）『観光人類学』新曜社。

――（一九九六ｂ）「南へ！北へ！――移動の民族誌」『岩波講座文化人類学7・移動の民族誌』一―二八頁、岩波書店。

――（一九九七）「ジャカルタ――文化の混交と創造」川田順造・上村忠男編『文化の未来――開発と地球化のなかで考える』五三―六一頁、未来社。

渡辺公三（一九九六）「帝国と人種」栗原彬編『講座差別の社会学3・現代世界の差別構造』二九九―三一八頁、弘文堂。

後記――本稿は一九九七年三月一五日に開かれた東京外国語大学主催の公開シンポジウム『文化の未来――開発と地球化のなかで考える』で発表した論考（山下 一九九七）を発展させたものである。また、それにさきだって一九九六年三月三日に本稿のもとになった考えを文部省重点領域研究総合的地域研究「地域性の形成論理」研究班の京都大学東南アジア研究センターにおける研究会で発表した。

地　名　索　引

人 名 索 引

索　　引（事項索引／人名索引／地名索引）

1．すべて音による五十音順である．アルファベットは末尾に掲載した．
2．ただし地名表記に関しては，それぞれの執筆者の属する研究領域等の慣例，あるいは執筆者自身の主張から幾つかの表記の幅がある．以下の索引では，多くの場合それらを最も一般的な表記で代表させている．したがって，本文中の表記とは若干のずれがあることをお許しいただきたい．
3．その他，適宜階層づけした項目や，他の項目を参照するよう→で示したものもある．ご留意いただきたい．

事　項　索　引

編著者・執筆者紹介

編著者

坪内良博（つぼうち　よしひろ）

京都大学大学院アジア・アフリカ地域研究研究科教授（研究科長）

1938 年京都府に生まれる．京都大学文学部卒業

京都大学東南アジア研究センター助手，助教授を経て

1982 年より同センター教授

1993 年より同センター所長を兼務

1998 年大学院アジア・アフリカ地域研究研究科開設に伴い同研究科へ移籍

主要著書『離婚——比較社会学的研究』（共著），創文社，1970 年

『マレー農村の研究』（共著），創文社，1976 年

『核家族再考——マレー人の家族圏』（共著），弘文堂，1977 年

『東南アジア人口民族誌』勁草書房，1986 年

『東南アジアの社会』（編著），弘文堂，1990 年

『マレー農村の 20 年』（地域研究叢書 1）京都大学学術出版会，1996 年

『小人口世界の人口誌——東南アジアの風土と社会』（地域研究叢書 4）京都大学学術出版会，1998 年

『総合的地域研究を求めて——東南アジア像を手がかりに』（地域研究叢書 6）京都大学学術出版会，1999 年

執筆者（執筆順）

加納啓良　東京大学東洋文化研究所教授

田中耕司　京都大学東南アジア研究センター教授

石井　溥　東京外国語大学アジア・アフリカ言語文化研究所教授

北原　淳　名古屋大学経済学部附属国際経済動態研究センター教授

水島　司　東京大学大学院人文社会系研究科・文学部教授

石川　登　京都大学東南アジア研究センター助教授

桜井由躬雄　東京大学大学院人文社会系研究科・文学部教授

山下晋司　東京大学大学院総合文化研究科・教養学部・超域文化科学専攻教授

地域形成の論理
（地域研究叢書　9）

平成 12（2000）年 3 月 20 日　初版第一刷発行

編著者　坪内良博
発行人　佐藤文隆

発行所　京都大学学術出版会
京都市左京区吉田本町京都大学構内（606-8501）
電話（075）761-6182
振替 01000-8-64677

ISBN 4-87698-097-7
Printed in Japan

印刷・製本 ㈱クイックス
定価はカバーに表示してあります